DAS REINE LAND

BEIHEFTE DER ZEITSCHRIFT FÜR RELIGIONS- UND GEISTESGESCHICHTE

IN VERBINDUNG MIT F. W. KANTZENBACH UND H. J. SCHOEPS
HERAUSGEGEBEN VON
HANS - JOACHIM KLIMKEIT

XXIX

CHRISTIANE LANGER-KANEKO

DAS REINE LAND

E. J. BRILL — LEIDEN — 1986

DAS REINE LAND

Zur Begegnung von Amida-Buddhismus und Christentum

VON

CHRISTIANE LANGER-KANEKO

E. J. BRILL — LEIDEN — 1986

ISBN 90 04 07786 3

Copyright 1986 by E. J. Brill, Leiden, The Netherlands

All rights reserved. No part of this book may be reproduced or translated in any form, by print, photoprint, microfilm, microfiche or any other means without written permission from the publisher

PRINTED IN THE NETHERLANDS BY E. J. BRILL

Für Yuima und Shōken

INHALT

Verzeichnis der Abkürzungen	XI
Einleitung	1
1. Das Ziel	1
2. Historische Einordnung der Reinen-Land-Lehre	4
3. Shinran Shōnin (1173-1262) und die ,,Wahre Schule vom Reinen Land'' (*jōdo-shin-shū*)	14

1. Teil:
Die Lehre des Amida-Buddhismus

A. Leiden — Die Grundsituation des Menschen

I.	Das ,,Leiden'' des Menschen	21
	1. Leiden als ,,Unklarheit'', als Nichtwissen über die wahre Wirklichkeit	21
	2. Leiden als Festhalten am Ich	23
	3. Shinrans Verständnis vom Menschen	24
II.	Wirkursache für die Befreiung vom Leiden: Amidas Hongan (KYŌ)	27
	1. Amida Buddha	27
	2. Die Bedeutung des *Hongan*	29
	3. Die Kraft des Hongan — die ,,Andere Kraft'' (*tariki*)	33
	4. Die Zuwendung (*ekō*) und die Gestalt des Bodhisattva	37

B. Glaube — Weg zur Befreiung

III.	Nenbutsu: das Aussprechen des Namens als Ausdruck des Glaubens (GYŌ)	42
	1. Die Bedeutung des *Nenbutsu*	42
	2. Der Name Amida Buddhas (*myōgō*) und das Aussprechen des Namens: *namu-amida-butsu* (*shōmyō*)	44
IV.	Was ist Glaube? (SHIN)	49
	1. Glaube (*shinjin*) — das totale Vertrauen auf die Kraft des Hongan	50
	2. Glaube — ausgedrückt in den drei Aspekten des dreifach gläubigen Herzens (*sanshin*)	54
	3. Der wahre Glaube, verdeutlicht an der Parabel ,,Die zwei Ströme und der weiße Pfad''	58

	4. Entstehen des Glaubens — ,,Der eine Augenblick'' und ,,kreuzweise springen''	60
	5. *Jinen* — ,,Natürlichkeit''	63
V.	Wirkung und Macht des Glaubens	66
	1. Das Verweilen in der Gruppe der wahrhaft Bestimmten (*shōjōju*)	67
	2. Resultat des Glaubens in dieser Gegenwart: Geburt (*ōjō*) im Reinen Land (*jōdo*)	69

C. Befreiung — das Ziel

VI.	Erlangen der vollkommenen Höchsten Erleuchtung oder die Realisation des Nirvāna (SHŌ)	76
VII.	Befreiung als Einssein mit der wahren Wirklichkeit	82
	1. Das So-wie-es-ist-sein als wahre Wirklichkeit (*shinnyo*)	82
	2. Die wahre Wirklichkeit als Leere (*kū*)	85
VIII.	Die wahre Wirklichkeit offenbart sich in allem Sein als der Dharmakörper (*hosshin*)	88
	1. Der Dharmakörper an sich (*hosshō hosshin*)	88
	2. Der Dharmakörper in seiner manifesten Form (*hōben hosshin*) als Mittler zwischen Absolutem und Endlichem (*nyorai*)	90
IX.	Die Buddha-Natur (*busshō*)	94

2. Teil:
Zur Begegnung von Amida-Buddhismus und Christentum

X.	Geschichte der Begegnung	101
XI.	Hans Haas: Die Lehre von Amida Buddha und dem Reinen Land — ein Krypto-Christentum?	109
	1. Der ,,Erlöser'' Amida Buddha	111
	2. Das Reine Land und der Weg zum Reinen Land	113
XII.	Horst Butschkus: Die Selbstaufgabe als Selbsthingabe an ein Anderes	116
	1. Die Wirklichkeit des ,,Glaubens''	116
	2. Der ,,Gottes''-Begriff	119
	3. Das ,,Jenseits''	122
XIII.	Karl Barth: Die Reine-Land-Lehre — ein primitiv verstandener christlicher Protestantismus?	124

	1. Die Gnadenreligion von Amida Buddha: Ähnlichkeiten mit dem Protestantismus	125
	2. Unterschiede zwischen Amida-Buddhismus und Protestantismus	127
XIV.	Gemeinsame Fragen	131
	1. Glauben	132
	2. Das Nicht-Ich und das wahre Selbst	142
	3. Reines Land und Befreiung	147
	4. Gott, Amida und die ,,Leere''	153

Schlußwort 163

Bibliographie 166

Index 187

VERZEICHNIS DER ABKÜRZUNGEN

Hinweise: Die Abkürzungen der in der Arbeit verwendeten Zeitschriften befinden sich auf Seite 166.
In den Anmerkungen wird der vollständige Titel, sowie Erscheinungsort und -jahr nur beim erstenmal angeführt. Bei wiederholten Zitaten wird der Titel nur in Kurzform genannt.
Shinrans Werke werden nach folgenden Ausgaben zitiert:
— *Shinshū Seiten* (Heilige Schriften der Shinshū) edited by Higashi Hongwanji (Kyoto 1978);
— *Kyōgyōshinshō*. The Collection of Passages Expounding the True Teaching, Living, Faith, and Realizing of the Pure Land, in der Übersetzung von D. T. Suzuki (Kyoto 1973). Diese Übersetzung umfaßt nur die ersten vier Kapitel ,,Lehre, Praxis, Glaube und Realisation'' (diese werden mit I.II.III.IV. gekennzeichnet); die Kapitel ,,Wahrer Buddha und Wahres Land'' (V) und ,,Buddha der Transformation und Land der Transformation'' (VI) nach der Übersetzung von K. Yamamoto (Ube ²1975);
— *Mattōshō*. Letters of Shinran, nach der Ausgabe Shin Buddhism Translation Series I vom Hongwanji International Center (Kyoto 1978); ebenso
— *Yuishinshō-mon'i*. Notes on "Essentials of Faith Alone", Shin Buddhism Translation Series II (Kyoto 1979);
— *Tannishō*. Passages Deploring Deviations of Faith, nach der Übersetzung von S. Bandō und H. Stewart, in: EBud NS XIII/1 (1980) S.57-78.
Die übrigen Werke werden nach den Ausgaben zitiert, wie sie in der Bibliographie aufgeführt sind.
Für das Große Wörterbuch des Buddhismus 3Bde. ,,Bukkyō Go Daijiten'', hrsg. v. H. Nakamura (Tokyo ²1975), wird die Abkürzung GWB verwendet;
Sanskrit = skt.; Japanisch = jap.; Japanische Wörter werden nach der Hepburnschen Transkription in lateinischen Buchstaben umschrieben. Deshalb wird ein- und derselbe Begriff — je nach Zitat — in verschiedener Schreibweise gebraucht.
Der Buchstabe *j* wird im Japanischen wie weiches *dsch* ausgesprochen, also *Jōdo* sprich ,,dschodo''. Entsprechend wird *sh* als *sch* gelesen, also *Shinran* sprich ,,Schinran''. Z ist ein stimmhaftes *s*, also *Zen* sprich ,,*Sen*''.

Die Katholisch-Theologische Fakultät der Universität Tübingen hat diese Arbeit 1982 als Dissertation angenommen. Sie wurde von Professor Dr. Hans Küng betreut. Für vielfältige Hilfe und kritische Hinweise danke ich neben ihm Sh. Bandō (Kyoto), H. Häring (Nijmegen), G. Kraus (Regensburg), B. Lang (Mainz), B. Mayer (Tübingen), A. Mineshima (Tokyo), H. Waldenfels (Bonn). — Besonderer Dank gilt Herrn Professor Dr. H.-J. Klimkeit, der die Publikation in die Wege leitete, dem Verlag E. J. Brill/Leiden, der die Arbeit freundlicherweise annahm, sowie dem Verein zur Förderung der kulturellen und wissenschaftlichen Beziehungen zwischen Japan und der Bundesrepublik Deutschland, e.V. Köln, durch dessen finanzielle Unterstützung der Druck dieser Arbeit ermöglicht wurde.

EINLEITUNG

1. *Das Ziel*

,,Läßt sich in unserem Leben Sinn finden''? ,,Was ist der Mensch, wie kann er sich selbst verwirklichen''? — Fragen des Menschen, die nie zum Schweigen gebracht werden können. Bedingt durch das Leiden in der Welt, die Qualen und Ängste des einzelnen und der Gesellschaft, entsteht unausweichlich die Frage nach den Ursachen all dieses Unheils. Der Mensch sucht nach einem Weg, nach Möglichkeiten, davon befreit zu werden. Eine Aufgabe der Religion ist es, auf die Frage der menschlichen Not und ihrer Überwindung zu antworten. Viele Religionen gehen davon aus, daß der Mensch sich selbst entfremdet ist, und daß darin der Grund seines Leidens liegt. Der Mensch ist, so wie er sich in dieser Welt vorfindet, nicht der wahre, wirkliche Mensch. Um aus der Entfremdung zu seinem wahren Sein, seiner Identität zu finden, ist ein Wandel, eine Umkehr, notwendig[1]. Die Antworten, die die Religionen anbieten, die Wege, auf die sie hinweisen, sind vielfältig: Je auf ihre eigene Weise versuchen die verschiedenen Religionen dem Menschen Sinn zu vermitteln. Gelingt es ihnen, ihren Anhängern eine menschlichere Welt aufzuzeigen? Konnten sie dem Menschen aus der Entfremdung zu seiner Identität verhelfen? Und wie ist es ihnen gelungen?

Wir wählen aus den Religionen eine Richtung des Japanischen Buddhismus, die wir bekannt machen möchten: den Amida- oder Reinen-Land-Buddhismus. Der Leser wird überrascht sein! Hört er ‚Japan' und ‚Buddhismus', so verbindet er das vermutlich mit dem Wort ‚Zen'. Das klingt inzwischen selbst den Ohren des westlichen Menschen vertraut. Aber ‚Amida', ‚Reines Land' — was kann das bedeuten? Ist damit irgendeine längst vergessene Form des Buddhismus gemeint oder etwa irgendeine dieser neuen Religionen, die seit Kriegsende so zahlreich entstanden? Nichts von alledem!

Der Amida-Buddhismus ist in Japan selbst zeitlich parallel unserem Mittelalter anzusiedeln zwischen der Entstehung des Zen- und des Nichiren-Buddhismus. Das bedeutet nicht, daß er eine Schöpfung dieser Zeit ist. Nein, der Gedanke von Amida Buddha und dem Reinen Land

---

[1] *W. Kohler*, Mission als Ruf zur Identität. Vergleichende Hinweise zum Missionsverständnis im Zusammenhang mit Religionskritik und Buddhismus, in: Fides pro mundi vita. Missionstheologie heute. Hans-Werner Gensichen zum 65. Geburtstag, hrsg. v. Th. Sundermeier (Gütersloh 1980) S.79f und 83f; *H. Küng*, Christsein (München 1974) S.239f und 339f; *H. Häring*, Die Macht des Bösen (Zürich-Köln 1979) S.9ff.

ist bereits im Indischen Buddhismus zu finden und kam über die chinesische Rezeption nach Japan. Das heißt, daß die verschiedenen Schulen — Zen, Amida, Nichiren — keine eigentlichen Neugründungen darstellen, sondern schon ideenmäßig wie auch in der religiösen Praxis bereits in Indien, China und dann in Japan wirksam waren. So liegen die Unterscheidungen in der verschiedenen Betonung besonderer Sutren- und Lehrtexte wie in der Wahl der Methodik und des Weges zum Ziel der buddhistischen Lehre.

Seine große Blütezeit erlebte der Amida-Buddhismus jedoch im 12./13. Jahrhundert unter den Gestalten Hōnen und Shinran, Zeitgenossen von Albertus Magnus und Thomas von Aquin. *Hōnen* (1133-1212) wird der Begründer der *Jōdo-shū*, der ,,Schule vom Reinen Land'', genannt; auf seinen Schüler *Shinran* (1173-1262) geht die *Jōdo-shin-shū* zurück, die ,,Wahre Schule vom Reinen Land''. Shinran hat den Gedanken seines Lehrers Hōnen aufgenommen, vertieft und mit allen Konsequenzen weitergeführt. Mit seiner Lehre, der radikalsten Form des Amida-Buddhismus, kurz auch ,,Shin-Buddhismus'' genannt, beschäftigen wir uns im besonderen.

Es legt sich die Frage nahe: Was besagt uns im 20. Jahrhundert der Buddhismus des Mittelalters? Leben wir nicht in einer völlig anderen Zeit? Warum zurück ins Mittelalter? Müssen wir nicht froh sein, es überwunden zu haben? — Dies wäre ein zu voreiliger Schluß!

Heute verzeichnen die Reinen-Land-Schulen unter den japanischen Buddhisten über 20 Millionen Anhänger; die bei uns weitaus bekanntere Richtung des Zen dagegen nur 9,5 Millionen! Die Amida-Gläubigen werden in Japan ,,myōkōnin'' genannt, ,,wunderbar gütige Menschen'', die ,,Lotosblüten im Sumpf''[2]. Ihre Glaubensüberzeugung geht auf die Lehre Shinrans zurück. Shinran — der ,,Reformator'' des Japanischen Buddhismus, dessen Gedanke heute noch so aktuell ist wie damals! Ein japanischer Luther also? Lassen wir ihn durch seine Texte selbst sprechen!

Im ersten Teil stellen wir dar, wie im Shin-Buddhismus das Menschsein und die Frage nach dessen Sinn verstanden werden. In der Erläuterung dieser Heilslehre legen wir vor allem Shinrans Hauptwerk ,,Kyōgyōshinshō'' zugrunde, dessen vier Silben ein wichtiges erkennbares Strukturprinzip des ersten Teils ergeben:

Kyō = Lehre
Gyō = Praxis
Shin = Glaube
Shō = Verwirklichung

[2] *C. Lenel*, Lotosblüten im Sumpf. Überlieferung der wunderbar gütigen Menschen. Aus dem japanischen Jodo-Shin-Buddhismus (Freiburg 1983).

In Kyōgyōshinshō sind die früheren Etappen des Amida-Buddhismus reflektiert, das heißt, Shinran zitiert die früheren Patriarchen des Amida-Buddhismus, die indischen Werke Nāgārjunas und Vasubandhus, die chinesischen T'an-luans, Tao-ch'os und Shan-taos, die wiederum die japanischen Reinen-Land-Lehrer Genshin, Hōnen und zuletzt Shinran beeinflußten.

Ziel dieses Teils ist es, den Shin-Buddhismus bekanntzumachen und ihn von innen heraus zu verstehen. Bei der Darstellung der ,,Reinen-Land-Lehre'' haben wir vor allem den Leser im Auge, der mit der Begrifflichkeit des Buddhismus nicht oder wenig vertraut ist. So erhält die Arbeit einen ,,Einführungscharakter'': Es werden Grundbegriffe erörtert, umschrieben und erklärt, um die wesentlichen Anliegen dieser buddhistischen Schule deutlich zu machen und zu erhellen. Mit einem solchen Grundverständnis wird die Basis für eine Begegnung der Religionen geschaffen.

Der Zugang zu buddhistischem Denken hat einige Schwierigkeiten: die völlig verschiedene Denkweise des Ostens und die damit verbundene andersartige Sprache und Sprachstruktur. Wir versuchen deshalb, die Sache selber zur Sprache kommen zu lassen. Zum richtigen Verständnis ist es nötig, auf die Primärtexte zurückzugehen. Da es nur wenige deutsche Texte zum Shin-Buddhismus — primär und sekundär — gibt, sind die meisten Zitate, die wir in der Arbeit verwenden, eigene Übersetzungen aus dem Japanischen und Englischen.

Im zweiten Teil setzen wir uns mit der Bewertung der ,,Reinen-Land-Lehre'' in abendländischer, christlicher Theologie auseinander: Wir stellen die Interpretation der ,,Reinen-Land-Lehre'' vor, wie sie exemplarisch bei drei deutschsprachigen Vertretern der Theologie und Religionsgeschichte vorliegt. Der erste ist *Hans Haas*, der um 1900 längere Zeit als protestantischer Missionar in Japan lebte und später eine Professur für Religionswissenschaft in Leipzig innehatte. Er übersetzte als erster Texte des Amida-Buddhismus ins Deutsche; diese wurden damit zur Grundlage für spätere Autoren. Neben seinen Schriften über den Japanischen Buddhismus sind seine Werke über die Ausbreitung des Christentums in Japan bekannt geworden.

Unter den Religionswissenschaftlern sind vor allem Gustav Mensching und sein Schüler Horst Butschkus zu nennen. *Horst Butschkus* verfaßte 1940 eine Dissertation über den Protestantismus und seine Entsprechung im Amida-Buddhismus. Er setzte sich darin sehr gründlich mit der Reinen-Land-Lehre auseinander.

Der theologisch bedeutsamste Autor ist zweifellos *Karl Barth*, der sich in einem Exkurs seiner ,,Kirchlichen Dogmatik'' mit der Reinen-Land-Lehre befaßt hat und damit verschiedene Reaktionen auf japanischer Seite auslöste.

Im Schlußkapitel weisen wir auf gemeinsame Ausgangspunkte für eine Begegnung zwischen Buddhismus, insbesondere Amida-Buddhismus, und Christentum hin. Fertige Lösungen können wir nicht bieten: In der Begegnung beider Religionen stehen wir erst am Anfang.

2. *Historische Einordnung der Reinen-Land-Lehre*

Der japanische Mahāyāna-Buddhismus ist in seiner Form eine Weiterentwicklung des indischen *Mahāyāna* („Großes Fahrzeug". jap. *daijō*)[3], dessen Lehre wiederum auf der des *Theravāda*-Buddhismus aufbaut („Lehre der Älteren", jap. *jōzabu*)[4]. Rund 400 Jahre nach *Śākyamunis* Tod (der historische Gautama aus dem Geschlecht der Śākya wurde zum Weisen (muni) und Erleuchteten (Buddha))[5] trat in Indien die neue Form des Mahāyāna in Erscheinung, die beanspruchte, die wahre, vollständige Lehre Buddhas zu verkünden. Ursprünglich bezeichnete Mahāyāna das höchste Prinzip oder höchste Sein, dessen Manifestation das Universum ist, das Sein, durch das allein Erlösung möglich ist. Erst um die Zeit *Nāgārjunas*, des großen indischen Philosophen, der zwischen 150 und 250 n.Chr. lebte, wurde der Begriff *Mahāyāna* für die Schule verwendet, die im Gegensatz zur „Lehre der Älteren", dem *Theravāda*, die universale Erlösung aller Lebewesen verkündet. Die ältere Form des Theravāda wurde von den Mahāyānisten auch verächtlich als *Hīnayāna* bezeichnet („Kleines Fahrzeug", jap. *shōjō*)[6], da es nur einen Teil der Lehre Buddhas darstelle[7].

Das Theravāda hat die Grundlehren des Ur-Buddhismus, wie sie im Pāli-Kanon enthalten sind, bewahrt. Entstanden ist die Theravāda-Tradition, als sich der Buddhismus von seinem Ursprungsgebiet löste und in Indien ausbreitete (ca. 600 v.Chr. bis ca. 200 v.Chr.)[8]. Im Kontakt mit der Umwelt in Indien und durch die neuen Bedingungen, mit denen sie konfrontiert wurde in Ceylon und Südostasien (seit etwa 200 v.Chr.), entwickelte und veränderte sie sich. Ihre Lehren blieben jedoch wichtige Ansatzpunkte für das Mahāyāna. Es entwickelten sich allmählich verschiedene Auffassungen bezüglich der „Drei Kleinodien" (skt. *triratna*, jap. *sanbō*)[9]: Buddha, Dharma (Lehre) und Samgha (Gemeinde), die als Symbole der höchsten Wahrheit galten. Während im

---

[3] *Bukkyō Go Daijiten* (Großes Wörterbuch des Buddhismus), hrsg. v. H. Nakamura (Tokyo ²1975) Bd.II/S.920 „daijō".
[4] AaO. Bd.I/S. 741 „jōzabu".
[5] AaO. Bd.I/S. 610 „Śākyamuni".
[6] AaO. Bd.I/S. 694 „shōjō".
[7] *D. T. Suzuki*, Outlines of Mahayana Buddhism (New York 1963) S.7.
[8] *H. Dumoulin* (Hrsg.), Buddhismus der Gegenwart (Freiburg 1970) S.35.
[9] *GWB* I/S. 487 „sanbō".

Theravāda der historische Śākyamuni der einzige Buddha für diese unsere Weltepoche ist, gibt es im Mahāyāna ein Pantheon zahlloser Buddhas und Bodhisattvas (Wesen, die auf dem Weg zur Erleuchtung sind). Im Mittelpunkt der Theravāda-Lehre stehen die ,,Vier heiligen Wahrheiten'' und der ,,Achtgliedrige Pfad'' — Lehren, die das Mahāyāna aufnimmt, sie aber weiterentwickelt; besonders die Gedanken von Karma, Nirvāna und Mitleiden wurden zu metaphysischen Lehrgebäuden ausgebaut. Samgha, die Gemeinde, der streng disziplinierte Mönchsorden, nimmt im Mahāyāna viel freiere Formen an. Das Mahāyāna wird weithin eine ausgesprochene Laienreligion[10].

D. T. Suzuki, der berühmte Zen-Buddhist, charakterisiert die beiden Formen mit den Begriffen ,,Buddhismus der Arhats'' und ,,Buddhismus der Bodhisattvas'' (Buddhismus der Heiligen und Buddhismus der Wesen, die auf dem Weg zur Erleuchtung sind)[11]. Allgemein gesagt betont das Mahāyāna mehr die spekulative, intellektuelle, philosophische Seite, während das Theravāda die ethischen Ideale bewahrt. Beiden gemeinsam ist die *Lehre vom Anātman* (Nicht-Selbst), die Verneinung der Existenz einer konkreten Ich-Substanz. Während das Theravāda nicht über diese negative Feststellung hinausgeht, hat das Mahāyāna sie logisch weitergeführt; es hat die Theorie von der subjektiven Bedeutung auf die objektive Welt ausgedehnt: Es gibt nicht nur keine Ich-Substanz, sondern die ganze objektive Welt hat kein Ātman, sie ist ,,leer'', śūnyā. Fälschlicherweise wurde deshalb das Mahāyāna oft als Nihilismus mißverstanden. Aber das Ziel dieses Gedankens ist nicht Negation, sondern die Negation ist nur ein Weg zur höheren Form der Affirmation[12].

Aus der logischen Schlußfolgerung der Theorie vom Nicht-Ich entsteht im Mahāyāna der philosophische Begriff des ,,Soseins'' (skt. *tattva* oder *bhūta-tathatā*), als religiöser Terminus auch ,,Dharmakörper'' (skt. *dharmakāya*) genannt: Hinter allen Dingen steht ein ewiges Absolutes, die letzte, wahre Wirklichkeit allen Seins, der Grund jeder Existenz. In dieser Konzeption des Soseins oder Dharmakörpers ist die höchst mögliche Affirmation erreicht; all Formen von Widersprüchen sind hier vereint[13].

Der *Lehre vom Karma*, wie sie im Theravāda vertreten ist — nämlich daß jede Wirkung ihre Ursache hat, daß jede Tat, sei sie gut oder

---

[10] *H. Dumoulin*, aaO. S.36.
[11] Zum Folgenden siehe *D. T. Suzuki*, The Development of Mahayana Buddhism, in: ders., The Awakening of Zen (Boulder 1980) S.1ff.
[12] *H. W. Schumann*, Buddhismus. Ein Leitfaden durch seine Lehren und Schulen (Darmstadt 1973) S.69ff; *D. T. Suzuki*, Outlines of Mahayana Buddhism, S.62ff und S.140-180; *S. Ueda*, Das Nichts und das Selbst im buddhistischen Denken, in: StPh XXXIV (1974) S.144-161.
[13] *D. T. Suzuki*, The Awakening of Zen, S.6; *ders.*, Outlines of Mahayana Buddhism, S.217-241.

schlecht, unweigerlich ein gutes oder schlechtes Resultat mit sich bringt — wird im Mahāyāna ihre Härte genommen, denn es gibt hinter dem Prinzip von Ursache und Wirkung das Sosein als Quelle unbegrenzter Liebe[14]. Das Mahāyāna entwickelt so ergänzend zur Karma-Lehre die des *Pariṇāmanā*, des stellvertretenden Opfers. Das heißt: Zum Wohl des anderen stellt der einzelne seine eigenen Interessen zurück und wendet seine Verdienste den anderen zu, um ihnen zur Erlösung zu verhelfen. Mit anderen Worten: Dem *Arhat-Ideal* im Theravāda, dem Ideal des ,,Heiligen'', der sich durch *eigene Kraft* vervollkommnet und so Erleuchtung erlangt, steht im Mahāyāna das *Bodhisattva-Ideal* gegenüber und damit verbunden die Vorstellung der Erlösung durch die *Andere Kraft*. Bodhisattva ist das Wesen, das auf dem Weg zur Erleuchtung ist, aber darauf verzichtet, sofort ins Nirvāna einzugehen, bis nicht alle zusammen mit ihm gerettet sind[15]. Der Lehre vom Karma ist so ihre Schrecklichkeit, ihre Unbeugsamkeit und Unversöhnlichkeit genommen, denn die Konzeption von Pariṇāmanā ist menschlich, ist absolute Liebe.

Nirvāna ist im Theravāda als Gegensatz von *Samsāra* — des Kreislaufs von Geburt und Tod — ein endgültiges Ausscheiden aus der Welt. Im Mahāyāna ist dies in der Erleuchtung verwirklicht. Nirvāna ist Befreiung vom Leid: frei sein von Dualismus, von Positivismus und Negativismus, von Sein und Nicht-Sein, von Subjekt und Objekt, von Ich und Nicht-Ich[16].

D. T. Suzuki betont, daß Theravāda und Mahāyāna im Grunde eins sind und daß der Geist des Stifters in beiden herrscht. Beide haben vieles gemeinsam: ,,In der Tat, der Geist des früheren ist auch der des späteren, und insofern es sich um die allgemeine Strömung des Buddhismus handelt, darf nicht eine Schule höher eingeschätzt werden als die andere''[17].

Es war das Mahāyāna, das über China im Jahre 552 n.Chr. in Japan Eingang fand. Bis heute sind verschiedene Schulen lebendig, wie Tendai, Shingon, Zen, Nichiren, Jōdo und Jōdo-shin, wie die ,,Neuen Religionen'', von denen viele nach Kriegsende entstanden sind.

Obwohl der größte Teil der japanischen Buddhisten den Amida- oder Reinen-Land-Schulen angehört, ist diese Richtung in Europa weithin unbekannt.

Die Lehre von Amida Buddha und seinem Reinen Land ist, so hörten wir, bereits im Indischen Buddhismus grundgelegt. Über den Ursprung

---

[14] AaO. S.181-216.
[15] AaO. S.277-310.
[16] AaO. S.331-371.
[17] AaO. S.74.

der Amida-Verehrung sind sich die Wissenschaftler noch uneinig. Aber sicher ist, daß die frühesten Schriften, die von Amida Buddha sprechen, in die Zeit um Christus zu datieren sind. Damals hatte die Kuṣāṇa Dynastie rege Handels- und Kulturbeziehungen zu Persien und Rom. Die Frage entsteht deshalb, ob ,,theistische Tendenzen'' den Buddhismus beeinflußt haben. Japanische Wissenschaftler streiten das ab, denn Amidas Eigenschaften ,,Ewiges Leben'' und ,,Unbegrenztes Licht'' und ihr Bezogensein auf den historischen Buddha sind bereits im frühen Buddhismus zu finden[18]. H. Dumoulin meint, daß die Lichtgestalt des Amida Buddha wahrscheinlich aus dem Iran stammt. Zur Erklärung des devotionellen Aspekts wird die indische Bhakti-Frömmigkeit herangezogen[19]. Wie auch immer eine solche religionsgeschichtliche Abhängigkeit zu bewerten ist, sicher ist, daß etwa um die Zeit Christi die Rede von Amida Buddha vorzufinden ist.

In den drei Sanskrit-Sūtren, die die Gruppe der Reinen-Land-Literatur konstituieren, hat Śākyamuni die Lehre von Amida Buddha offenbart. Es sind dies: das *Größere Sukhāvatī-vyūha-sūtra* (dt. Größeres Sutra vom Ewigen Leben, jap. Daimuryō-jukyō), das *Amitāyur-dhyāna-sūtra* (dt. Meditations-Sutra, jap. Kanmuryōjukyō) und das *Kleinere Sukhāvatī-vyūha-sūtra* (dt. Kleineres Sutra vom Ewigen Leben, jap. Amidakyō)[20].

Im *Größeren Sukhāvatī-Sutra* wird geschildert, wie sich Śākyamuni Buddha, umgeben von seinen Anhängern, auf dem Vulture Peak (Geiergipfel) in der Nähe der Stadt Rajagriha aufhält. Sein Schüler Ānanda versucht herauszubekommen, was die Ursache für Buddhas strahlendes Gesicht ist. Daraufhin erzählt Śākyamuni die Geschichte des Bodhisattva *Dharmākara* (jap. *Hōzō*):

Vor unendlichen Zeiten gelobte Bodhisattva Dharmākara, tief bewegt beim Anblick des Leidens der sterblichen Wesen, für sie alle ein Land der Freude zu schaffen, in dem sie von ihrem Leiden befreit werden können. Aus diesem Grund besuchte er die verschiedenen Buddha-Länder, wählte von jedem das beste aus, um so das vollkommenste Land zu schaffen. Er legte 48 Gelöbnisse ab, in denen er versprach, nicht eher zur Er-

---

[18] *H. Dumoulin*, Begegnung mit dem Buddhismus. Eine Einführung (Freiburg 1978) S.23; s.a. *J. J. Spae*, Buddhist-Christian Empathy (Chicago/Tokyo 1980) s.85ff.
[19] Ebd.
[20] Die drei Sutren sind vermutlich um Christus entstanden. Übersetzt in: F. M. Müller, Buddhist Mahāyāna Texts, edited by E. B. Cowell (New York 1969). Das *Größere Sukhāvatī-vyūha-sūtra* wurde 252 n.Chr. von Samghavarman ins Chinesische übersetzt; das *Amitāyur-dhyāna-sūtra* 424 n.Chr. von Kalayaśas; das *Kleinere Sukhāvatī-vyūha-sūtra* 402 n.Chr. von Kumārajīva; siehe *D. T. Suzuki* (transl.), The Kyōgyōshinshō. The Collection of Passages Expounding the True Teaching, Living, Faith and Realizing of the Pure Land (Kyoto 1973) Kommentar S.291/Nr. 275.

leuchtung zu kommen, bis er dieses Ziel erreicht habe. Unzählbare Zeitalter hindurch wirkte er in grenzenloser Liebe und vervollkommnete sich in der höchsten Weisheit. Als er sein Versprechen erfüllt hatte, wurde er Buddha dieses Landes, genannt *Amitābha*, der ,,Buddha des unbegrenzten Lichts'' oder *Amitāyus* ,,Buddha des ewigen Lebens'' (jap. *Amida Butsu*)[21]. Śākyamuni Buddha ist es nun, der diese Geschichte von Amida Buddha den Menschen der gegenwärtigen Zeit verkündet.

Im *Kleineren Sukhāvatī-Sutra* beschreibt Śākyamuni ausführlich das Reine Land und erklärt die Bedeutung des Namens Amida Buddhas. Alle Buddhas der verschiedenen Welten preisen Amida und das Sutra, das von ihm erzählt. Das Sutra ist verhältnismäßig kurz. Vor allem wird das Aussprechen des Namens Amida Buddhas (jap. *nenbutsu*) betont. Es ist deshalb für die Praxis der Reinen-Land-Schulen sehr wichtig[22].

Das *Meditations-Sūtra* ist, wie schon der Name aussagt, das Buch der Meditation über den Buddha des unendlichen Lebens. Śākyamuni beschreibt die Meditationspraktiken, um zur Vision von Amida Buddha zu kommen oder im Reinen Land geboren zu werden: Es wird die Geschichte von Prinz Ajatasatru erzählt, der seinen Vater, König Bimbisara, gefangennahm. Die Königinmutter Vaidehi im Palast von Rajagriha war über den darauf folgenden Tod ihres Mannes sehr traurig und deprimiert und verlangte in ihrem Herzen von Buddha getröstet zu werden. Śākyamuni, der sich auf dem Geiergipfel außerhalb von Rajagriha aufhielt, fühlte Vaidehis Schmerz und gab ihr eine Vision vom Reinen Land. Er führte sie in die verschiedenen Arten der Meditation ein, durch die sie eine Vision von Amida Buddha bekommen kann und dadurch von ihrem Leid befreit wird.[23]

Auffallend ist nun, daß der Gedanke vom Reinen Land und Amida Buddha schon bei den beiden Indern *Nāgārjuna* (zwischen 150 und 250 n.Chr.) und *Vasubandhu* (400-480 n.Chr.) auftaucht, die ja den Ausgangspunkt des meditativen Buddhismus und seiner inhärenten Philosophie markieren. In der gesamten Tradition und Entwicklung des Buddhismus von Indien über China bis Japan bleibt dann dieser Gedanke erhalten. *Nāgārjuna* (jap. Ryuju) wurde von Shinran als erster Patriarch der Reinen-Land-Überlieferung angesehen, obwohl die Beziehung zum späteren Reinen-Land-Gedanken noch sehr fern ist. Nāgārjuna gilt als Begründer der Madhyāmika-Philosophie, die auf dem

---

[21] *GWB* I/S.388 ,,Amida''. *Das Größere Sukhāvatī-Sūtra* siehe M. Müller, Buddhist Mahāyāna Texts S.1-75. Siehe dazu auch *A. Bloom*, Shinran's Gospel of Pure Grace. The Association For Asian Studies: Monographs and Papers No. XX (Tucson, Arizona ⁴1977) S.1-6.
[22] Das *Kleinere Sukhāvatī-Sūtra* in: M. Müller, aaO. S.89-103.
[23] Das *Meditations-Sūtra*, in: M. Müller, aaO. S.161-201.

Prinzip der ,,Leere'' (skt. *śūnyatā*, jap. *kū*) basiert und in seinem monumentalen Werk ,,Mahāprajñāpāramitā-śāstra'' (dt. Abhandlung über die Höchste Weisheit, jap. Daichido-ron) niedergeschrieben ist. Nāgārjuna gilt als Vater aller großen Mahāyāna Schulen. Besonders in seinen späteren Jahren hat er sich dem Reinen-Land-Glauben hingegeben: Seine Schrift ,,Daśabhūmika-vibhāsa-śāstra'' (dt. Kommentar zum Daśabhūmika, jap. Jūjūbibasha-ron) ist ein Kommentar zum ,,Kapitel über die zehn Stufen der Bodhisattvaschaft'' des Avataṃsaka-Sūtra (jap. Kegonkyō)[24]. Der Abschnitt ,,Buch über die Leichte Praxis'' (jap. Igyōhon) wird von den nachfolgenden Reinen-Land-Lehrer angeführt wegen der darin beschriebenen Unterscheidung der ,,Schwierigen Praxis'' oder des ,,Schwierigen Pfades'' (jap. *nangyōdō*) und der ,,Leichten Praxis'' oder des ,,Leichten Pfades'' (jap. *igyōdō*). Ein Wandel im religiösen Verhalten ist also hier bereits sichtbar: der Haltung der Erlösung durch eigenes Bemühen und eigene Kraft (jap. *jiriki*) wird zunehmend die Haltung des Vertrauens auf die Andere, rettende Kraft Buddhas (jap. *tariki*) gegenübergestellt.[25]

Der Inder *Vasubandhu* (jap. Seshin oder Tenjin), ein Vertreter der Yogācāra-Philosophie (skt. vijñānvāda, jap. yuishiki, dt. ,,Nur Geist'', ,,Nur Bewußtsein''), stand der Reinen-Land-Lehre schon näher. Sein Werk ,,Jōdo-ron'', die ,,Abhandlung über das Reine Land'', ist ein Kommentar zum Größeren Sukhāvatī-vyūha-sutra. Diese Schrift gilt als einer der kanonischen Texte des Shin-Buddhismus und bildet den Ausgangspunkt für die chinesischen Reinen-Land-Lehrer[26]. Während es Nāgārjuna und Vasubandhu noch primär um die Übung des Bodhisattva ging, wandten die chinesischen Lehrer den Gedanken auf das Leben des einfachen Gläubigen an.

Diese Popularisierung begann mit *T'an-luan* (jap. Donran, 476-542 n.Chr.). Er wird als Begründer der chinesischen Reinen-Land-Schulen bezeichnet. Hauptsächlich in seiner Schrift ,,Jōdo-ronchū'', einem Kommentar zu Vasubandhus Abhandlung über das Reine Land, schrieb er seine Gedanken von Amida Buddha und seinem Land nieder, sowie in ,,San-Amida-butsu-ge'', den ,,Hymnen über Amida Buddha''. T'an-luan betonte Amida Buddhas soteriologische Rolle, wofür er die Bezeichnung tariki, Andere Kraft, im Unterschied zu jiriki, Eigenkraft, verwandte. Es ging ihm um die höchste Wirklichkeit, die sich der Erlösung

---

[24] Das *Avataṃsaka-Sūtra* (jap. Kegon-kyō) ist das Sūtra, das Śākyamuni sofort nach seiner Erleuchtung gepredigt haben soll. Er erklärt darin den Inhalt der Erleuchtung; siehe D. T. *Suzuki*, aaO. S.249/Nr. 140. Über Nāgārjuna siehe aaO. S.230/Nr. 81-82.
[25] Eine kurze historische Einführung der sieben Patriarchen bietet *A. Bloom*, Shinran's Gospel of Pure Grace, S.7-25.
[26] D. T. *Suzuki*, aaO. S.240/Nr. 109-110.

aller Lebewesen annimmt: Alle Wesen, wenn sie auch nur einmal an Buddha denken und seinen Namen aussprechen, können im Reinen Land geboren werden. Selbst die, die schwere Sünden begangen haben, sind eingeschlossen. Die Ursache für das Aussprechen des Namens, Nenbutsu, ist Amida Buddha selbst. T'an-luan hob besonders die Bedeutung des Namens Amida Buddhas hervor. Seitdem spielt der Name und seine Kraft eine wichtige Rolle im Reinen-Land-Gedanken[27].

Tao-ch'o (jap. Dōshaku, 562-645 n.Chr.) las auf einem Monument zu T'an-luans Erinnerung einen Text von diesem. Er war davon so stark beeindruckt, daß er sich der Reinen-Land-Lehre hingab. Mit seiner Schrift ,,Anraku-shū'', der ,,Abhandlung über Friede und Freude'', einem Kommentar zum Meditations-Sutra, wollte er aufzeigen, daß die Reine-Land-Lehre das einzige angemessene Mittel der Erlösung ist in diesem Zeitalter des Verfalls und Niedergangs. Tao-ch'o unterschied zwei ,,Tore'' oder Wege, die zur Befreiung führen: das ,,Tor des Heiligen Pfades'' (jap. *shōdōmon*) und das ,,Tor des Pfades des Reinen Landes'' (jap. *jōdomon*)[28]. Er hielt den heiligen Pfad der Askese und Meditation, den Weg der eigenen Bemühung, als zu schwer. Denn die Menschen leben nach ihm in einer Zeit, in der die Lehre Buddhas nicht mehr gehört wird, in den ,,Letzten Tagen des Gesetzes'' (jap. *mappō*)[29]. Nach allgemein buddhistischer Geschichtsauffassung wird die Zeit seit Śākyamunis Kommen in drei Perioden eingeteilt, die eine ständige Degeneration der Lehre Buddhas darstellen: Die erste Periode, die Zeit des Rechten Dharma (Lehre Buddhas) (jap. *shōbō*); die zweite Periode, die Zeit der Nachahmung der Lehre (jap. *zōbō*); die dritte Periode, die letzten Tage des Rechten Dharma. Diese letzte Zeit ist jetzt angebrochen, d.h. die Erleuchtung kann nicht mehr durch eigene Kraft verwirklicht werden. Allein durch das eine Tor des Reinen Landes, im Vertrauen auf Amida Buddha kann der Mensch Befreiung erlangen. Auch Tao-ch'ō betonte das Aussprechen des Namens Amida Buddhas. Seine größte Bedeutung aber lag wohl darin, daß er Lehrer von Shan-tao war, der den Reinen-Land-Gedanken systematisierte und zum Höhepunkt in seiner Entwicklung in China brachte.

Shan-tao (jap. Zendō, 613-681 n.Chr.) traf mit 29 Jahren Tao-ch'o und war von dessen Darlegungen so sehr beeindruckt, daß er die Reine-Land-Lehre annahm und sie in seinem Werk ,,Kanmuryōju-kyō

---

[27] AaO. S.242/Nr. 115-116.
[28] AaO. S.247/Nr. 130-131.
[29] *GWB* II/S.1284 ,,mappō''; siehe auch *Shinran*, Kyōgyōshinshō S.279ff/VI, 96 (zitiert Saicho, Mappō tōmyōki); *D. T. Suzuki*, Kyōgyōshinshō Kommentar S.290/Nr. 272; *P. O. Ingram*, Honen's and Shinran's Justification for Their Doctrine of Salvation by Faith Through ,,Other Power'', in: CRJ IX/3 (1968) S.244f.

shijō sho", kurz ,,Kangyō-gi" weiterführte, der ,,Exposition des Meditations-Sutra". Shan-tao interpretierte die verschiedenen Weisen der Meditation und erklärte die Rezitation des Namens Amida Buddhas als das ausgezeichnetste Mittel der Meditation, demgegenüber alle anderen nur Hilfsmittel sind. Er nahm so eine Auswahl und gleichzeitig eine Zurückweisung verschiedener buddhistischer Übungen vor, d.h. er akzeptierte nur die Praktiken, die allein zur Verehrung Amidas waren und lehnte alle anderen ab. Von den Praktiken der Amida-Verehrung betonte er die Rezitation des Namens und erklärte alle anderen als sekundär und untergeordnet. Auch versuchte Shan-tao zu beweisen, daß die Reine-Land-Lehre den übrigen Lehren gegenüber kein geringerer oder unterlegener Weg ist. Gründend in der Theorie des Verfalls der buddhistischen Lehre — wie sie Tao-ch'o verkündet hatte — entwickelte Shan-tao ein tiefes religiöses Bewußtsein des Bösen und der menschlichen Sündhaftigkeit. (Schon bei T'an-luan war dieser Ansatz zu sehen). Shan-tao's Hymnen ,,Hōjisan" (Preis des Dharma), ,,Ōjō raisan" (Preis der Geburt im Reinen Land) und ,,Hanju san" (Preis der Weisheit) beeinflußten die weitere Entwicklung der Reinen-Land-Lehre sehr[30].

In Japan war die Lehre von Amida Buddha schon früh gepredigt worden: Der Tendai-Meister *Genshin* (942-1017 n.Chr.) verfaßte die Schrift ,,Ōjōyōshū" (dt.: Wichtige Passagen über die Geburt im Reinen Land), in der er das Sagen des Namens Amida Buddhas als wesentliche Praxis für das religiöse Erwachen ansieht. Er führte damit den Gedanken Shan-tao's in Japan ein. Genshin's besonderes Verdienst ist es, daß er den Amida-Glauben aus den Klöstern herausbrachte und dem gewöhnlichen Volk zugänglich machte. Durch das einfache Aussprechen des Namens Amida Buddhas ist selbst für den geistig Schwachen Erlösung möglich. Genshin unterscheidet zwei Arten des Nenbutsu, das kontemplative und das vokale, wobei er die Rezitation als einen untergeordneteren Weg ansah im Gegensatz zur Meditation als überlegeneren. Da jedoch die meditativen Übungen für gewöhnliche Menschen zu schwierig sind, betrachtete er die Rezitation als einen angemesseneren Weg für die Schwachen. Genshin's Werk hatte eine große Wirkung auf den Buddhismus jener Zeit. Selbst in den damals führenden Schulen Tendai und Shingon wurde die meditative Übung als Konzentration auf Amida Buddha praktiziert[31].

Der Umschwung von der Meditation zum Glauben, von der Erlösung durch eigene Kraft zur Erlösung durch die Andere Kraft, oder anders gesagt: die Konsequenz aus der Lehre von Amida Buddha und seinem

---

[30] *D. T. Suzuki*, aaO. S.251/Nr. 146.
[31] AaO. S.271/Nr. 215 und S.272/Nr. 216.

Land für die religiöse Praxis wurde erst durch *Genku*, auch *Hōnen Shōnin* (1133-1212) und seinem Schüler *Shinran Shōnin* (1173-1262) voll verwirklicht.

Die ausgehende *Heian*-Periode (794-1192) und die beginnende *Kamakura*-Periode (1192-1333), in der Hōnen und Shinran lebten, war eine Zeit der politischen Unruhen: Die Macht des Kaisers wurde zunehmend geschwächt, es herrschte eine allgemeine Gesetzlosigkeit. In der Führungsschicht fanden ständige Wechsel statt und die Ordnung in den Tempeln war vollkommen heruntergekommen: Der Buddhismus war eine korrupte, dekadente und verwirrende Religion geworden, die Klöster militärische Machtzentren. Selbst die Mönche kämpften; Aberglaube und Geisterbeschwörung waren weit verbreitet; Trunksucht und Intrigen untergruben die moralische Stellung der Mönche. Daneben sorgten Armut, Epidemien und Naturkatastrophen für eine allgemein pessimistische Stimmung.

In diesen Geschehnissen sah man den Beweis für die angebrochene Zeit des *mappō:* Die Welt geht dem Ende entgegen. Zu dieser Zeit bestand die Meinung, daß mappō im Jahre 1052 begonnen habe, und man ging davon aus, daß sowohl shōbō, die Zeit der rechten Lehre, als auch zōbō, die Zeit der Nachahmung der Lehre, tausend Jahre dauerten[32].

Der Mensch, der in diesen letzten Tagen geboren ist, steht dem mappō völlig passiv gegenüber und wünscht, diese unreine Welt möglichst schnell zu verlassen und im Reinen Land geboren zu werden.

Aus dieser Stimmung des Untergangs und Verfalls erwuchsen während des 12. und 13. Jahrhunderts verschiedene Strömungen, die eine Wende und Neuerung wollten: *Eisai* (1191-1215) brachte das Rinzai-Zen nach Japan, *Dōgen* (1200-1253) das Sōtō-Zen und *Nichiren* (1222-1282) gründete die Nichiren-shū, die auf dem Lotus-Sutra basiert (skt. Saddharma-Puṇḍarīka-Sūtra, jap. Myōhō Renge kyō oder Hokkekyō)[33]. Zu diesen ,,Reformern'' sind auch Hōnen und Shinran zu zählen.

Hōnen Shōnin war, wie die oben genannten Reformer, Mönch der Tendai-Schule. Diese war neben Kegon und Shingon eine der führenden Schulen jener Zeit. Alle drei stimmten darin überein, daß jedes Wesen die Buddhanatur in sich hat, d.h. ursprünglich Buddha ist, was

---

[32] *M. Ishida*, M., Jōdokyō no Tenkai (Entwicklung des Jōdo-Buddhismus) (Tokyo ⁴1977) S.146.

[33] Das Saddharma-Puṇḍarīka-Sūtra gilt als das größte literarische Werk in der Geschichte des Mahāyāna-Buddhismus. In ihm wird Buddha als ewiges Leben gepriesen. Übersetzt wurde es 406 n.Chr. von Kumārajīva; siehe *D. T. Suzuki*, Kyōgyōshinshō Kommentar S.308/Nr. 345.
Über die japanische Religionsgeschichte im allgemeinen siehe *W. Gundert*, Japanische Religionsgeschichte (Tokyo 1935); *J. P. Asmussen und J. Laessøe* (Hrsg.), Handbuch der Religionsgeschichte Bd. III (Göttingen 1971) S.98-133.

nur verwirklicht werden muß durch Übungen, unter denen die Meditation die Hauptrolle spielte. Diese war jedoch für den einfachen Menschen viel zu schwierig, sodaß die Amida-Verehrung schon länger als eine alternative Form angesehen wurde.

Hōnen hatte auf dem Berg Hiei lange die verschiedenen Richtungen des Buddhismus studiert und sich in allen Formen asketischer Meditation geübt. Ihm mißfiel die Behauptung der Schulen, von denen jede meinte, sie vertrete die richtige Lehre. Sein Gefühl der eigenen Sündhaftigkeit und Verderbtheit ließ ihn nach einem neuen Weg suchen. Über Genshin's Ōjōyōshū (Schrift über die Geburt im Reinen Land) stieß er auf Shan-tao's Kommentar zum Meditations-Sutra. Beim Lesen kam er, 43-jährig, schließlich zur Erleuchtung: Er stieß auf die Stelle, die besagt, daß allein das fortwährende Aussprechen des Namens Amida Buddhas — sei es gehend, stehend, sitzend oder liegend — zur Erlösung führe[34]. Von da an gab er sich ganz der Nenbutsu-Praxis hin und erklärte sie als die rechte Praxis für alle. Das Jahr 1200 wird als Gründungsjahr der Jōdo-shū, der Schule vom Reinen Land, angegeben[35]. Hōnen fand bald unzählige Anhänger selbst unter den Adeligen, auch viele Samurai folgten ihm. Unter den Klerikern war er erfolgreich: Einige bekannte Tendai-Mönche nahmen seine Lehre an. 1198 schrieb Hōnen sein Hauptwerk „Senjaku Hongan Nenbutsu shū" (dt. Sammlung der Passagen über das Nenbutsu, das im Gelöbnis gewählt wurde), das aus ausgewählten Passagen der Reinen-Land-Sutren besteht, sowie Zitaten aus Shan-tao's Kommentar zusammen mit eigenen Erklärungen.

Hōnen folgte im großen und ganzen Shan-tao's Interpretation: er unterschied scharf zwischen dem Heiligen Pfad — eigenen guten Werken und religiösen Übungen, wie sie die übrigen Schulen empfahlen — und dem Reinen-Land-Pfad: Der einzige Weg, Befreiung zu erlangen, ist das Anrufen des Buddha-Namens in Aufrichtigkeit, in tiefem Glauben und in dem Verlangen nach Geburt im Reinen Land. Ungeachtet dessen wie schlecht ein Mensch ist, wiederholt er nur mit gläubigem Herzen die Formel „namu-amida-butsu", das heißt: ich nehme Zuflucht zu Amida Buddha", so wird Amida ihm in der Todesstunde erscheinen und ihn zum Land des Glücks führen.

Die Jōdo-shū hielt sich an die gebräuchlichen mönchischen Regeln und religiösen Zeremonien, — was sich dann mit Shinran änderte — forderte aber als besondere Übung für die Erlösung die ständige Wiederholung des Nenbutsu. Auch war Hōnen darauf bedacht, die Verehrung anderer Buddhas nicht zu unterlaufen. Trotzdem blieb die Kritik von

---

[34] Shinran zitiert *Shan-tao*, Kangyō-gi in Kyōgyōshinshō S.96/II,15.
[35] *D. T. Suzuki*, Kyōgyōshinshō Kommentar S.274/Nr. 224.

seiten der Mönche der traditionellen Schulen unvermeidlich. Sie verwarfen die Meinung, das Nenbutsu sei der beste Weg zur Erlösung. Schließlich kam es zur öffentlichen Anklage. Hōnen wurde 1207 ins Exil geschickt. Erst Ende 1211 kehrte er nach Kyoto zurück, wo er bald darauf erkrankte und 1212, mit 80 Jahren, starb[36].

Hōnen's bekanntester Schüler, der seinen Lehrer an Erfolg und Berühmtheit noch überragt, ist Shinran.

3. Shinran Shōnin (1173-1262) und die ,,Wahre Schule vom Reinen Land'' (jōdo-shin-shū)

Shinran, auch Hannen, erhielt von Hōnen den Namen Shakkū, den er später zu Zenshin abänderte und schließlich, abgeleitet von Vasubandhu (Sen*shin*) und T'an-luan (Don*ran*), zu *Shinran*. Schon früh Waise geworden, kam er bereits mit 9 Jahren auf den Berg Hiei, dem Zentrum der philosophisch orientierten Tendai-Schule. Diese Schule war die einflußreichste des Japanischen Buddhismus der Heian-Zeit. Allerdings hatten nur wenige Gebildete Zugang zu ihren philosophischen Spekulationen und schwierigen Praktiken. Der einfache Gläubige konnte damit wenig anfangen. Shinran selbst studierte 20 Jahre auf dem Berg Hiei. Jedoch unbefriedigt durch die komplizierten Lehren, suchte er — wie schon Hōnen vor ihm einen Weg, der auch für die Ungebildeten und Schwachen zu begehen sei. Er fand keine Ruhe, bis ihm eines Tages im Traum Kannon[37] erschien und ihm riet, Hōnen aufzusuchen. Shinran verließ daraufhin seinen Tempel und schloß sich, 28-jährig, Hōnen an. Seine spätere Frau Eshin-ni schildert dieses Ereignis so:

> ,,Shinran stieg den Berg Hiei herab, zog sich für hundert Tage in den Rokkakudō-Tempel zurück und dachte angestrengt darüber nach, welcher Weg ihn zur Erlösung führen könnte, bis am 95. Tag ihm im Traum Shōtoku-Taishi[38] einen Satz verkündete, der ihm den Weg zur Erleuchtung wies. Shinran war ganz erfüllt von diesem Traum, verließ sofort den Rokkakudō-Tempel und suchte den Mönch Hōnen im Kissui-Tempel auf, dessen Lehre er hören wollte. Fortan ging er täglich, wiederum hundert Tage lang, ohne sich von irgend etwas abhalten zu lassen, zu Hōnen und hörte ihm zu''[39].

---

[36] Ebd.

[37] Kannon (skt.: Avalokiteśvara) ist die Bodhisattva-Gestalt des großen Mitleidens und der großen Liebe. Im Laufe der Geschichte entstand aus dem männlichen Avalokiteśvara die weibliche Erlöserin, die die Begleiterin Amida Buddhas ist.

[38] Prinz Shōtoku (jap.: Shōtoku Taishi, 574-622 n.Chr.) regierte in Japan unter dem Kaisertum seiner Tante Suiko. Er war ein großer Förderer des Buddhismus und wurde damals allgemein als eine Erscheinung der Kannon betrachtet.

[39] Zitiert nach der Übersetzung M. Shimizus, in: *M. Shimizu*, Das ‚Selbst' im Mahāyāna-Buddhismus in japanischer Sicht und die ‚Person' im Christentum im Licht des Neuen Testaments (Leiden 1981) S.67.

Shinrans Beziehung zu seinem Lehrer Hōnen war ungewöhnlich stark und voller Vertrauen, was in folgendem Ausspruch Shinrans sehr gut zum Ausdruck kommt:

> „Es gibt für mich, Shinran, keine Alternative, als die Lehre meines Meisters Hōnen zu akzeptieren und ihr zu vertrauen: nämlich, daß ich durch das einfache Sagen des Nenbutsu von Amida erlöst werde. Ist das Nenbutsu wirklich der Grund für die Geburt im Reinen Land oder ist es eine karmische Ursache, um in die tiefste Hölle zu versinken? Von solchen Fragen verstehe ich überhaupt nichts. Selbst wenn ich von meinem Lehrer Hōnen Shōnin getäuscht worden wäre und in höllische Qualen fallen sollte, hätte ich überhaupt nichts zu bedauern! Der Grund ist der: wäre ich einer, der die Gewißheit hätte, durch irgendeine andere geistige Übung Buddhaschaft zu erlangen, und würde doch durch das Sagen des Nenbutsu in einen niedrigeren Zustand fallen, so könnte ich im Bedauern, daß ich getäuscht wurde, gerechtfertigt werden. Aber da ich mich für völlig unfähig halte, irgendeine verdienstvolle Tat auszuführen, wäre in jedem Fall die niedrigste Hölle die für mich bestimmte Wohnung"[40].

Viele Probleme entstanden mit der neuen Lehre: Wenn allein das Aussprechen des Namens Amida Buddhas Ursache für die Erlösung sein soll, welche Bedeutung hätten dann noch die verschiedenen religiösen Übungen, die bisher in den Schulen gelehrt wurden? Welchen Wert hätte das Mönchtum überhaupt? Wenn es nur auf das Sagen des Namens ankommt, wie oft muß dann dieser ausgesprochen werden, einmal oder mehrmals? Wann ereignet sich dann die Erlösung? Erst mit dem Augenblick des Todes oder schon hier mit dem Erwachen des Glaubens? —

Für die traditionellen Schulen war die neue Lehre revolutionär! Es kam zu offener Feindschaft und das Nenbutsu wurde verboten. Hōnen und Shinran mußten *1207* für vier Jahre als Häretiker ins Exil: Hōnen nach Shikoku im Süden, Shinran nach Kokubu in Echigo (heutige Niigata-Präfektur). Shinrans Ausspruch: „Ich bin weder Priester noch Laie"[41] ist in diesem Zusammenhang zu sehen. Seine priesterlichen Privilegien hatte er verloren und nur Laie war er auch nicht, da er aus seiner tiefen Religiosität heraus die wahre Lehre unbedingt verwirklichen mußte.' Er wies die Dualität das religiösen Lebens und Laienlebens zurück und protestierte gegen die weltliche Macht wie auch gegen den etablierten Buddhismus. Noch im Exil heiratete er *1210* Eshinni, mit der er fünf oder sechs Kinder hatte, und lebte seit *1214* in Hitachi im Ibaraki-ken circa 100 km nordöstlich Tokyos an der Pazifikküste. Dort predigte er den Glauben an Amida Buddha und fand viele Anhänger aus den ver-

---

[40] *Shinran, Tannishō.* Passages Deploring Deviations of Faith, translated by S. Bandō and H. Stewart, in: EBud NS XIII/1 (1980) S.60f/II.
[41] Ders., *Kyōgyōshinshō* S.332/VI, 133.

schiedensten Schichten, vor allem aber aus den untersten Schichten der Gesellschaft. Wie sehr er gerade die Ärmsten und Ungebildeten ansprach, zeigt folgendes Zitat:

> ,,Damit die Leute vom Land, die die Bedeutung der geschriebenen Zeichen nicht verstehen und die hoffnungslos unwissend sind, leicht verstehen können, habe ich dieselben Dinge immer wieder gesagt. Der Gebildete wird diese Schrift wahrscheinlich eigenartig und lächerlich finden. Aber ungeachtet jeder Kritik, schreibe ich nur, damit unwissende Leute leicht die Bedeutung erfassen können''[42].

Shinran wollte keine neue Schule gründen; er wollte stets nur ein bescheidener Schüler seines Lehrers Hōnen sein. Aber er war es, der das Neue in Hōnens Lehre in seiner dogmatischen und religiösen Tragweite erst voll erfaßt und formuliert hat.

Mit seiner Heirat war er der erste, der das mönchische, asketische Leben nicht als notwendig für die Erlösung ansah: Das einzig Wichtige ist, mit gläubigem Herzen darauf zu vertrauen, daß der Mensch aus eigener Kraft nichts tun kann, und sich ganz auf Amida Buddhas Versprechen zu verlassen. Dazu sind keinerlei Übungen und Werke erforderlich, die Verehrung verschiedener Buddhas und Bodhisattvas ist damit aufgehoben, nicht einmal das beständige Aussprechen des Namens ist nötig, ebensowenig das Warten auf den erlösenden Tod; denn: Mit Amida Buddhas Versprechen ist die Erlösung bereits hier und jetzt Wirklichkeit geworden.

1224 begann Shinran sein Hauptwerk zu schreiben: ,,Ken-Jōdo-Shinjitsu-Kyōgyōshinshō-Monrui'', gewöhnlich ,,*Kyōgyōshinshō*'' genannt, was übersetzt heißt: Sammlung der Passagen, die die wahre Lehre, die wahre Praxis, den wahren Glauben und die wahre Realisation des Reinen Landes darlegen. Es enthält eine Anthologie der Aussprüche der Reinen-Land-Patriarchen, auf denen Shinran seine Lehre gründet, sowie seine eigenen Kommentare und Erklärungen. Auf dieses Werk führt die Jōdo-shin-Schule ihren Ursprung zurück. Shinran selbst hatte keine neue Schule proklamiert. Erst sein Ur-Enkel *Kakunyo* (1270-1351) organisierte die Anhänger der ,,wahren Lehre'' zu einer selbständigen Schule und bezeichnete Shinran als deren Begründer und Hōnen als Vorläufer[43].

Um *1234* kehrte Shinran nach Kyoto zurück, wo weitere Schriften entstanden. Ein Jahr später wurde die Reine-Land-Lehre erneut verboten. *1247* schloß Shinran Kyōgyōshinshō ab. In den folgenden Jahren

---

[42] Ders., *Yuishinshō-mon'i.* Notes on ,,Essentials of Faith Alone''. Shin Buddhism Translation Series II (Kyoto 1979) S.52f.
[43] *W. Gundert*, Japanische Religionsgeschichte S.92.

entstanden ,,*Jōdowasan*'' (Hymnen über das Reine Land), ,,*Kōsōwasan*'' (Hymnen über die Patriarchen, 1250), ,,*Yuishinshō-mon'i*'' (Bemerkungen zu ,,Nur Glaube allein'', *1250*). Aus den Jahren *1251-1262* stammen Shinrans Briefe, die als ,,*Mattōshō*'' (Licht für die letzten Tage) bekannt wurden. Schon in hohem Alter, schrieb Shinran verschiedene kleinere Schriften: *1255* "*Gutoku-shō*" (Sammlung über Shinrans Meinung zum Glauben), ,,*Jōdo monrui jushō*'' (Auswahlsammlung von Jōdomonrui = Kyōgyōshinshō) und ,,*Jōdo sangyō ōjō shinan shō*'' (Auswahl über die drei Reinen-Land-Sutren); es folgten *1256* "*Saihō shinan shō*" (Sammlung von Hōnens Worten), *1257* "*Ichinen-tanen mon'i*" (Einmal den Namen Buddhas aussprechen, mehrmals den Namen aussprechen); *1258* ,,*Shōzō matsu wasan*'' (Religiöse Hymnen). 89-jährig starb Shinran im Jahr *1262*. Ungefähr 30 Jahre nach seinem Tod schrieb sein Schüler Yuien (geb. unbekannt, gest. 1289) die Worte Shinrans nieder, bekannt als ,,*Tannishō*'' (Passagen, die die Abweichungen vom Glauben beklagen), die als eine der wichtigsten Schriften des Reinen-Land-Buddhismus gilt[44].

Die Reine-Land-Lehre verbreitete sich rasch, obwohl die traditionellen Schulen immer wieder die Regierung aufforderten, das Nenbutsu zu verbieten. Die schöpferische Zeit des Reinen-Land-Buddhismus und des Japanischen Buddhismus im allgemeinen war aber mit den vier großen Gestalten der Kamakura-Zeit — Hōnen, Shinran, Dōgen, Nichiren — zu Ende gegangen. 1276 wurde nochmals eine neue Schule gegründet von *Ippen Shōnin* (1238-1289), bekannt als *Ji-shū*.

Ippen vertrat die Meinung, daß Glaube als Aktivität des verdorbenen menschlichen Geistes nutzlos und machtlos sei. Der bloße Klang des Namens Amida Buddhas, wenn einmal vom Ungläubigen ausgesprochen, ist schon wirksam für seine Befreiung. Teil dieser Lehre ist der Tanz, der in der von Ippen begründeten Schule praktiziert wird. Unter *Rennyo Shōnin* (1415-1499) fand die Amida-Verehrung nochmals eine Popularisierung. Die Zeit der großen Inspirationen war jedoch vorüber.

Shinrans Denken prägt bis heute das japanische Geistesleben. Vor dem 700. Jahrestag von Shinrans Tod 1961 war von buddhistischen Wissenschaftlern beschlossen worden, sein Hauptwerk ,,Kyōgyōshinshō'' ins Englische zu übersetzen. D. T. Suzuki wurde damals von Hōgan

---

[44] Über das Leben Shinrans berichtet sein Urenkel *Kakunyo Shōnin, Godenshō* (Das Leben Shinran Shōnins), translated by G. Sasaki and D. T. Suzuki, in: Collected Writings on Shin-Buddhism, edited by D. T. Suzuki (Kyoto 1973) S.169-190; siehe auch den Kommentar zu Mattōshō. Letters of Shinran. Shin Buddhism Translation Series I vol. 1, edited by Y. *Ueda* (Kyoto 1978) S.2f und 92f; R. *Okochi* und K. *Otte*, Tan-ni-sho. Die Gunst des Reinen Landes. Begegnung zwischen Buddhismus und Christentum (Basel 1979) S.112-128; A. *Bloom*, The Life of Shinran Shonin: The Journey to Self-Acceptance (Leiden 1968).

Miyatani, dem Verwalter des Haupttempels der Jōdo-shin-shū, darum gebeten: „Es gibt niemanden außer Ihnen, der eine solche Übersetzung schreiben könnte".[45] Der bereits Neunzigjährige hatte bis Frühjahr 1961 in der unglaublich kurzen Zeit von knapp drei Monaten einen ersten Übersetzungsentwurf angefertigt. Bis zu seinem Tod 1966 arbeitete er an der Übersetzung. Er selbst sagte dazu: „Dieses Werk wurde nicht zum Zweck der Verbreitung von Shinrans Lehren durchgeführt. Verbreitung ist menschlicher Plan und menschliche Absicht. Unser Ziel ist es, anderen Menschen der Welt diesen Schatz, den wir in Japan besitzen, bekannt zu machen und mit ihnen zu teilen"[46].

Der bekannte Philosoph der Kyotoer Philosophen-Schule und Zen-Buddhist, Keiji Nishitani, hält Shinran für eine der größten Gestalten der Religionsgeschichte, was folgende Bemerkung zum Ausdruck bringt: „In Shinran kann etwas Bedeutendes gefunden werden, das allen anderen Religionen bekannt gemacht werden sollte. Er verdient einen wichtigen Platz nicht nur in der Geschichte des Buddhismus, sondern auch in der Weltgeschichte der Religionen. Ich glaube, daß Menschen im Westen in der Zukunft dasselbe fühlen, wenn sie den Buddhismus genügend kennengelernt haben, um ihn mit dem Christentum innerlich in seinem Wesen zu vergleichen. Und mit den unzähligen Brücken, die über den schrumpfenden Abgrund zwischen den zwei Welten geworfen sind, und die den Tag der Einheit immer näher bringen, sollte diese Zukunft nicht sehr weit entfernt sein"[47].

---

[45] Zitiert aus dem Vorwort der Herausgeber *E. Ito und H. Okamura* von Shinrans Kyōgyōshinshō, translated by D. T. Suzuki, S.XIII.
[46] Ebd.
[47] AaO. zitiert aus dem Vorwort zur Übersetzung von *K. Nishitani* S.XIf.

TEIL I

DIE LEHRE DES AMIDA-BUDDHISMUS

A) LEIDEN - DIE GRUNDSITUATION DES MENSCHEN

I. DAS ,,LEIDEN'' DES MENSCHEN

Was ist es nun, was Shinran predigte, was ist das Neue an seiner Lehre, die auf die traditionellen Schulen so revolutionär wirkte?
Entgegen der bisherigen Lehrmeinung, die die Erlösung aus eigener Kraft (jap. *jiriki*) vertrat, ging Shinran davon aus, daß der Mensch von sich aus unfähig ist, irgendetwas für seine Erlösung zu tun. Durch seine persönliche Erfahrung und Einsicht erkannte Shinran den Menschen als schwach und böse, ohne Hoffnung und stets in Leidenschaften verstrickt. Das einzige, was der Mensch tun kann, ist, ganz auf die Andere Kraft Amida Buddhas (jap. *tariki*) zu vertrauen. Shinran wies deshalb alle religiösen Übungen und guten Werke als unzulänglich zurück und betonte, daß allein der Glaube an Amida Buddha und sein Versprechen (jap. *hongan*) und das Aussprechen des Namens Amida Buddhas (jap. *nenbutsu*) Ursache für die Befreiung ist, die Geburt im wahren Buddhaland (jap. *ōjō*).
Ausgehend von der Frage: ,,Was ist der Mensch, was bedeutet Menschsein?'' kam Shinran zu dieser Antwort. Es ist allgemein buddhistische Auffassung, daß sich alle Wesen in ihrer konkreten, gegenwärtigen Existenz in der ,,Uneigentlichkeit'', in der ,,Entfremdung'' befinden. Und das ist das ,,Leiden'' des Menschen: Sein Dasein ist durch Unwissen und Unklarheit verdunkelt (jap. *mumyō*). Es ist die Bestimmung aller, zu ihrer wahren, wirklichen Natur zurückzufinden: Die Buddha-Natur zu erlangen, die ihnen inhärent ist, das heißt zu Buddha, zum Erleuchteten zu werden. In der Erleuchtung (jap. *satori*) kommt der Mensch zur Erkenntnis seiner Unklarheit, die die Wurzel aller Illusion und damit des Leidens ist. Das Leiden entsteht aus dem Nichtwissen über die wahre Natur aller Dinge.

1. *Leiden als ,,Unklarheit'', als Nichtwissen über die wahre Wirklichkeit*

,,*Mumyō*'', skt. *avidyā*, setzt sich aus den beiden chinesischen Zeichen ,,mu'' (nichts, kein) und ,,myō'' (klar, deutlich) zusammen. ,,Mumyō'' ist ,,ohne Klarheit'', ,,Unklarheit'', ,,Dunkelheit ohne Erleuchtung''[1]. Gemeint ist die Unfähigkeit, die Wirklichkeit der Dinge und aller Lebewesen in ihrer wahren Natur, in ihrem Sosein, ihrem ,,So-wie-es-ist'' zu

---
[1] *GWB* I/S. 1246f ,,mumyō''.

sehen (skt. *bhūta-tathatā*, jap. *shinnyo*)². Wer sich in Unklarheit befindet, ist in ständigem Irrtum. Sein Denken und Handeln entspricht nicht der wahren Natur seines Herzens. Er erkennt die Vergänglichkeit der Dinge nicht und hält an ihnen als ,,letzte" Realitäten fest.

In der Schrift ,,Mahāyāna Śraddhotpāda" (dt. Erwachen des Glaubens, jap. Kishin-ron) wird ,,*mumyō*" ausführlich erklärt. Dieses Werk, das einem Verfasser namens Aśvaghoṣa (jap. Memyō) zugeschrieben wird, entstand vermutlich im 5./6.Jh.n.Chr.³. Es ist eine Untersuchung über das Absolute bzw. die Erleuchtung, und über die phänomenale Welt und die Nicht-Erleuchtung, sowie über die Beziehung beider. Damit werden wesentliche Einsichten des Mahāyāna angesprochen. Nach diesem Werk ist ,,mumyō" das Nichtwissen darüber, daß Phänomene und Absolutes im Grunde eins sind, es ist das Nicht-Erkennen des Einsseins aller Wesen mit dem Absoluten, dem ,,So-wie-es-ist". Weil der Mensch nicht wahrhaft dieses Einssein erkennt und verwirklicht, lebt er als ein unerleuchtetes Wesen. Unterscheidende Gedanken, die Trennung von Subjekt und Objekt, und damit Unklarheit und Leiden sind die Folge⁴.

Das Leben in seiner Alltäglichkeit, in der Dualität, verdeckt das ursprüngliche Sein, die Wahrheit der eigentlichen Natur aller Wesen. Und das ist ,,mumyō". Es ist das, was nicht sein soll, es ist die Entfernung von der Wahrheit, es ist Illusion und Täuschung. — Warum entfernt sich der Mensch von der Wahrheit, warum befindet er sich im Irrtum? Er kann sich davon nur entfernen, weil es eben die Wahrheit, das Absolute, gibt. Gäbe es die Wahrheit nicht, so gäbe es auch keine Unklarheit. Oder anders ausgedrückt: Irrtum besteht nur, insofern er in Beziehung zur Wahrheit steht⁵. Wer die Lehre hört und den Irrtum einsieht, wird danach streben, die Wahrheit zu erlangen. Dieses Erkennen oder diese Einsicht *ist* schon Erwachen. Der Mensch befindet sich schon nicht mehr in der Unklarheit. Insofern ist ,,mumyō" nicht so negativ zu sehen, wie es im Hīnayāna geschieht. Für das Denken im Mahāyāna ist ,,mumyō" vielmehr ganz positiv gefaßt; denn ohne die Unklarheit gäbe es überhaupt kein Erwachen zur Wahrheit, und die Wahrheit ist als solche nicht zu erkennen, wenn nicht aus der Unklarheit heraus. ,,Mumyō" ist in diesem Sinne nicht Feind, nicht Zerstörer, sondern etwas, das transformiert werden muß in Erleuchtung.

---

² Über die wahre Wirklichkeit als ,,So-wie-es-ist" siehe ausführlich Kap.VII.1.
³ *Aśvaghoṣa*, Mahāyāna-Śraddhotpāda (Erwachen des Glaubens), translated by Y. Haketa (New York-London 1967) S.3-6; siehe auch *D. T. Suzuki*, Outlines of Mahayana Buddhism S.7.
⁴ *Aśvaghoṣa*, aaO. S.42ff.
⁵ *H.Ui*, Bukkyō Hanron (Grundriß des Buddhismus) (Tokyo ⁶1976) S.474.

2. Leiden als Festhalten am Ich

Neben dem Nichtwissen und dem Irrtum über die wahre Wirklichkeit liegt der Hauptgrund für das Leiden darin, daß der Mensch an seinem Ich festhält.

Die Rede vom Nicht-Ich (skt. *nir-ātman* oder *an-ātman*, jap. *muga*) ist in der ersten Niederschrift der Lehre Śākyamunis überliefert, nämlich im Pāli-Kanon, der vermutlich im 1.Jh.v.Chr. in Sri Lanka entstand. Sie besagt, daß es kein Ich gibt. Was als Ich angenommen wird, ist nur eine Kombination von fünf unbeständigen und leidvollen Daseinsfaktoren (skt. *skandha*, jap. *un*): Körper (Form), Empfindungen, Vorstellungen, Gestaltungen, Erkennen[6].

Die Lehre der Verneinung des Ich wurde oft nihilistisch mißverstanden. Der berühmte japanische Buddhologe Hajime Nakamura betont, daß der Buddhismus von Anfang an zwischen dem empirischen, individuellen Ich (skt. *ātman*, jap. *jiga* oder *ga*)[7] und dem wahren („fundamentalen", „religiösen") Selbst, dem „Subjekt der Handlungen im praktischen und moralischen Sinn" unterscheidet (skt. *anātman*, jap. *muga*)[8]. In der Pāli-Sprache gibt es dafür nicht zwei verschiedene Begriffe, sondern das eine Wort „*attan*"[9]. Nach Nakamura ist das wahre Selbst, das Śākyamuni predigte, nicht metaphysisch, sondern genuin praktisch, ein „praktisches Postulat"[10].

In der Alltäglichkeit, scheint es, muß der Mensch immer im Dualismus von Subjekt und Objekt leben. Aber ein solcher Zustand ist nach buddhistischem Denken nicht richtig: Das Ich, das im alltäglichen Leben behauptet wird, ist eine falsche Annahme und muß als Illusion überwunden werden. Das Festhalten am Ich ist Ursache für alle Leidenschaften (skt. *kleśa*, jap. *bonno*) wie Gier, Ärger, Zorn, Zweifel, falsche Meinung. „Leidenschaft" ist jede Wirkung, die Körper und Geist irreführt, kurz alles, was aus Nichtwissen, aus Unklarheit, entsteht[11]. Wird das Ich, an dem der Mensch fälschlicherweise haftet, überwunden, so leuchtet die Wahrheit auf: der Mensch erwacht zu seinem wahren Selbst, was Erlösung bedeutet. Das Ziel des Buddhismus ist, die Unklarheit in Klarheit zu verwandeln, den Menschen zur Erleuchtung zu führen, in der die Dinge in ihrem Sosein gesehen werden.

---

[6] *GWB* I/S.95f „un"; *H. Dumoulin*, Begegnung mit dem Buddhismus. Eine Einführung (Freiburg 1978) S.40; *H. W. Schumann*, Buddhismus. Ein Leitfaden S.27.
[7] *GWB* I/S.157f „ga".
[8] AaO. II/S.1316f „muga".
[9] *H. Nakamura*, Die Grundlehren des Buddhismus. Ihre Wurzeln in Geschichte und Tradition, in: Buddhismus der Gegenwart, hrsg.v. H. Dumoulin (Freiburg 1970) S.20.
[10] AaO. S.10. Über die gesamte Diskussion zusammenfassend: *H. Dumoulin*, Begegnung mit dem Buddhismus S.40-46.
[11] *GWB* II/S.1273 „bonno".

3. Shinrans Verständnis vom Menschen

Shinran hält an dieser Auffassung vom Leiden als Unklarheit, als Nichtwissen über die wahre Wirklichkeit und als Haften am Ich fest:

> ,,Alle Wesen sind seit der anfangslosen Vergangenheit in das Meer der Unklarheit eingetaucht''[12].

Aus seiner eigenen konkreten Erfahrung weiß er, daß das schwache, unvollkommene Ich, voller Zweifel und Unglaube, Ursache für alles Leiden ist.

> ,,Wahrhaftig, ich erkenne jetzt! Wie armselig bin ich! Der Dumme, Kahlköpfige, tief eingetaucht in das weite Meer der Sehnsüchte und Begierden, hoffnungslos verloren in den riesigen Bergen weltlichen Ruhms und weltlicher Interessen, hat kein Bedürfnis zur Gruppe der wahrhaft Bestimmten gezählt zu werden und fühlt kein Verlangen, sich der wahren, wirklichen Erfahrung zu nähern. Wie bedauernswert, wie herzzerreißend!''[13].

Der Mensch ist böse, falsch und eitel und ohne reines Herz. Auch wenn er versucht, seinen inneren Frieden zu finden — indem er sich übereifrig und ungeduldig, Tag und Nacht, Jahr für Jahr, in Arbeit stürzt und eine Sache nach der anderen tut — so bleibt doch alles im Grunde immer ,,mit Gift vermischt'', auch wenn es oberflächlich gesehen gut und recht erscheint. Denn:

> ,,In Wirklichkeit sind alle Wesen wie die Schlangen und Skorpione, voll von unvergleichbar vergiftetem Bösen und verschiedenartigsten Plänen. Sie sind gierig, zornig, unehrenhaft, falsch, schlau und listig, auch wenn sie sich — körperlich, mündlich oder geistig — richtig und angemessen verhalten. Taten, die von ihrer Seite kommen, sind mit Gift vermischt; sie sind nichts anderes als heuchlerische Handlungen; sie sind keine Taten, die wahr und wirklich sind''[14].

Der Mensch ist stets blinden, ich-bezogenen Wünschen und Faszinationen verhaftet; er ist nichts als ein ,,törichtes Wesen'' (skt. *bāla*, jap. *bonbu*)[15], das durch den Kreislauf von Geburt und Tod hindurchgeht und schwer beladen ist mit Sünden und Hindernissen. In einem seiner Briefe drückt Shinran es so aus:

> ,,Wir menschlichen Wesen sind so beschaffen: verrückt geworden durch die Leidenschaft der Gier, sehnen wir uns danach, zu besitzen; verwirrt durch die Leidenschaft des Zorns, hassen wir das, was nicht gehaßt werden sollte und versuchen, gegen das Gesetz von Ursache und Wirkung anzugehen; irregeführt durch die Leidenschaft der Unklarheit, tun wir das, was nicht einmal gedacht werden sollte''[16].

---

[12] *Shinran, Kyōgyōshinshō* S.108/III,32.
[13] AaO. S.140/III, 122.
[14] Aus dem *Meditations-Sūtra*, zitiert in: Shinran, aaO. S.92f/III, 15.
[15] *GWB* II/S.1269 ,,bonbu''; siehe auch die Erklärung in Mattōshō Kommentar S.72f; *Shan-tao*, Ōjō raisan, in: Shinran, aaO. S.38/II, 29.
[16] *Shinran, Mattōshō* S.57/Brief 19.

Der Mensch ist ein Wesen von karmischem Übel. Karma (skt. *karman*, jap. *gō*), das Gesetz von Ursache und Wirkung, das formative Prinzip des Universums, bestimmt alle Taten und Geschehnisse[17]. Das heißt: jede Tat, sei sie gut oder schlecht, verschwindet niemals ungeschehen, sondern lebt potentiell oder aktiv weiter und wird irgendwann zur Wirkung kommen:

„Das karmische Gesetz ist: Wo Böses ist, folgt Böses, und wo kein Böses ist, folgt kein Böses"[18].

Dem Karma unterworfen, sieht der Mensch keinen Ausweg aus seinem Leiden. Von sich aus ist er zu nichts fähig[19]. In seiner Blindheit kann er den Kreis der Irrtums, in dem er sich vorfindet, diese Welt von Geburt und Tod (skt. *saṃsāra*, jap. *rinne*)[20] nicht durchbrechen. Er meint wohl, mit seiner eigenen Kraft etwas tun zu können, aber gerade das ist der große Irrtum, dem er unterliegt. Durch sein Haften am Ich kann er nicht mehr richtig und falsch, gut und böse, unterscheiden. Er gibt vor, Taten der Liebe und des Mitleids zu tun und hält doch nur Ausschau nach Ruhm und Gewinn: „Herz und Zunge sind uneins" und „Wörter und Gedanken sind unaufrichtig"[21].

Shinrans Bewußtsein der menschlichen Unvollkommenheit läßt ihn nach einem Weg fragen, wie der Mensch von seinem Leiden befreit werden kann, um ein Leben zu führen, das wahr und wirklich ist.

In der Tradition wurde gelehrt: Wer sich langen, schwierigen Übungen unterwirft, kommt schließlich zum Erwachen und damit zur Befreiung (skt. *vimokṣa*, jap. *gedatsu*) von Unwissen und Irrtum[22]. Es ist durch das „Tor des Pfades des Heiligen", durch das der Übende kraft seiner eigenen Anstrengung Erlösung findet. Wer Unklarheit und Leidenschaft und sein Haften am Ich überwindet, der entkommt den Fesseln von Geburt und Tod. Der Befreite ist nicht mehr an den Dualismus gebunden, er kann die Dinge in ihrer wahren Wirklichkeit, in ihrem „So-wie-es-ist", sehen. Das ist Satori, das Erwachen.

Shinran, der so stark die Unfähigkeit und Schwäche des Menschen betont, hält es für unmöglich, aus eigener Kraft und Anstrengung die Erlösung zu erwirken. Von sich aus kann der Mensch nicht von seinen Ängsten und Leiden loskommen. Selbst wenn er versucht, moralisch gut zu sein, bleibt er letztlich wieder dem Ich verfallen. Er ist und bleibt

---

[17] *GWB* I/S.406 „gō".
[18] *Nirvāṇa-Sūtra*, zitiert in: Shinran, Kyōgyōshinshō S.153/III, 126.
[19] Shinran, *Tannishō* S.61/II.
[20] *GWB* II/S.1431 „rinne".
[21] Shinran, *Shūji-shō*. Tract on Steadily Holding to the Faith, compiled by Kakunyo Shōnin; translated by K. Yokogawa, in: Collected Writings on Shin Buddhism S.122f.
[22] *GWB* I/S.308f „gedatsu".

egoistisch. Das einzige, was er tun kann, ist, sich ohne jedes eigene Bemühen ganz auf die Andere Kraft, die Kraft Amida Buddhas zu verlassen:

> „Wesen dieser beschmutzten Welt, voll von Bösem und Korruption, werden angehalten, das wahre Herz zu suchen und am Versprechen Amida Buddhas festzuhalten"[23].

Indem der Mensch seinen Zustand einsieht, ist seine Rettung möglich: Er muß bejahen, daß er, so wie er lebt, ein irrendes, leidbehaftetes Wesen ist, immer Geburt und Tod unterworfen; und er muß daran glauben, daß nur Amida Buddha ihn retten kann[24].

Daß der blinde und irrende Mensch, der nie er selbst ist, sein unvollkommenes Wesen durchschaut, ist schon das Resultat religiösen Erwachens. Es sind Liebe und Weisheit Amidas, die ihn aus der Dunkelheit zur Erleuchtung bringen:

> „Amidas Licht kennt keine Hindernisse. Es ist wie die Sonne transzendentaler Weisheit, die das Dunkel der Unklarheit erleuchtet"[25].

Das Erwachen, durch das der Mensch die Torheit und Falschheit in seinem Dasein erkennt, und zugleich das große Erbarmen Amida Buddhas einsieht, ist nicht eigenes Verdienst, nicht menschliche Anstrengung. Es ist Amida Buddha, der versprach, alle Wesen zu retten und der damit den Glauben im Menschen bewirkt. Shinran sagt dazu:

> „Früher wart ihr trunken vom Wein der Unklarheit und kanntet nur die drei Gifte der Gier, des Ärgers und der Torheit. Aber seit ihr begonnen habt, Buddhas Gelöbnis zu hören, seid ihr Schritt für Schritt aus der Trunkenheit erwacht, Schritt für Schritt habt ihr die drei Gifte verweigert und kamt soweit, zu allen Zeiten die Medizin Amida Buddhas vorzuziehen"[26].

Wie ist diese „Medizin" Amida Buddhas zu verstehen, die den Menschen dazu bringt, aus seiner Unklarheit zu erwachen und ihn vom Leiden zu erlösen? Es ist das Versprechen Amida Buddhas, alle Wesen zu retten, Amidas Hongan.

---

[23] *Shinran, Kyōgyōshinshō* S.163/III, 127.
[24] Nach dem *Meditations-Sūtra*, zitiert in: Shinran, aaO. S.93f/III, 15.
[25] *Shinran, Kyōgyōshinshō* S.3; ders., *Jōdo Wasan*. The Hymns on the Pure Land, translated by R. Fujimoto, H. Inagaki, L. S. Kawamura. Ryukoku Translation Series IV (Kyoto 1965) S.39/11.
[26] *Shinran, Mattōshō*, S. 60/Brief 20.

II. WIRKURSACHE FÜR DIE BEFREIUNG VOM LEIDEN: AMIDAS HONGAN (KYŌ)

Śākyamuni kam in die Welt, um die wahre Lehre vom Reinen Land, wie sie im Größeren Sukhāvatī-Sūtra dargestellt wird, zu verkünden. Das Hauptthema des Sutras ist das ,,Ur-Versprechen'' Amida Buddhas (skt. *pūrva-praṇidhāna*, jap. *hongan*) und seine Substanz, der Buddha-Name[1].

1. *Amida Buddha*

Im Großen Sukhāvatī-vyūha-Sūtra wird geschildert, wie Śākyamuni Buddha Ānanda folgende Geschichte erzählt: Vor unermeßlichen Zeiten lebte ein König, der, von der Predigt Buddhas ergriffen, sich entschied, Buddha zu werden. Er wurde Mönch unter dem Namen *Dharmakāra* (jap. *Hōzō*) und gelobte vor dem Buddha Lokeśvara in 48 Versprechen, selbst nicht eher ins Nirvana einzugehen, bis nicht alle leidenden Wesen gerettet und zur Erleuchtung geführt wären. Er werde ein Land für sie schaffen, das Buddha-Land, auch Reines Land, ein Land des Friedens und Glücks, in dem sie geboren werden, um zu ihrer wahren Wirklichkeit zurückzukehren. Viele Äonen hindurch vervollkommnete er sich in der höchsten Weisheit und wirkte in grenzenloser Liebe, um so sein Versprechen zu erfüllen, und wurde schließlich zum Buddha namens *Amida*[2].

Hinter Amida verbirgt sich also zunächst eine menschliche Gestalt, die die in der Erleuchtung erlangte Befreiung nicht egoistisch für sich allein beansprucht, bzw. anstrebt, sondern mit allen erlösungsbedürftigen Wesen zusammen verwirklichen will. Man könnte so sagen: Amida ist ein ideales Wesen, der vollkommene Typ der Humanität. Hōzō, der zunächst als Bodhisattva auftritt, wird dann — in einer Art Metaphysizierung — zur Gestalt des Amida-Buddha.

Amida ist ethymologisch ,,*Amitābha*'' — unbegrenztes Licht und ,,*Amitāyus*'' — ewiges Leben[3]. ,,Unbegrenztes Licht'' symbolisiert die höchste Weisheit (skt. *prajñā*, jap. *chie*)[4] und ,,ewiges Leben'' die unbe-

---

[1] Shinran, *Kyōgyōshinshō* S.9/I,2.3.4; Shan-tao, *Ōjō raisan*, zitiert in: Shinran, aaO. S.39/II, 29.
[2] Aus der *Versammlung des Nyorai des Ewigen Lebens*, in: Shinran, aaO. S.16/II,9; *Sūtra der universalen Erleuchtung*, in: Shinran, aaO. S.18/II, 12; Shan-tao, *Ōjō raisan*, in: Shinran, aaO. S.37/II, 26; siehe auch *Kommentar zum Daśabhumi*, in: aaO. S.26/II, 17; Shinran, *Yuishinshō-mon'i* S.43.
[3] *GWB* I/S.388 ,,Amida''.
[4] AaO. II/S.947 ,,chie''.

dingte Liebe, das unendlichen Mitleiden (skt. *karuṇā*, jap. *jihi*)⁵. Shinran erklärt:

> ,,*Amida Nyorai* muß also genannt werden: Das Licht, das wahr und wirklich ist, der gleich Erleuchtete, der Unbegreifliche, letzte Zuflucht, der Große, dem Verehrung gebührt, der große Tröster, der Unvergleichliche, das unerfaßbare Licht''⁶.

Wenn auch oft der Eindruck entsteht, daß Amida als ein personales, objekthaftes Gegenüber zu sehen ist, so darf Amida doch nicht als solches verstanden werden: Er mag symbolisiert oder personifiziert werden als sei er ein tatsächlich existierendes Wesen, aber in der buddhistischen Erfahrung ist er Ausdruck für den Dharma oder die letzte Wirklichkeit⁷.

Für Shinran ist Amida kein statisches Objekt, das dem Menschen gegenübersteht, sondern *Amida ist das Wirken des großen Erbarmens und der Liebe, das Wirken, das alle aufnimmt und keinen verläßt; Amida ist das Tun, das im Menschen den Glauben erweckt; Amida ist die Liebe und das Mitleid.*

Schon zu Shinran's Lebzeit gab es eine bestimmte Auslegung des Satzes ,,Amida des einzigen Herzens, das ,Reine Land' meines Herzens''⁸. Es wurde so verstanden, daß das eigene Selbst gleich Amida Buddha ist. Nur der Mensch kann Amida verwirklichen; es kommt alles auf ihn an, damit diese Welt das ,,Reine Land'' werde. Daneben gab es gewiß die volkstümliche Interpretation, die Amida als den ganz Anderen, als Gegenüber, auffaßte und das Reine Land als den Ort, an den der Gläubige nach dem Tod von Amida aufgenommen wird. Doch diesen Auffassungen gegenüber betont Shinran, daß schon das Wort ,,Amida'' die unendliche Weisheit und grenzenlose Liebe und das Erbarmen andeutet: *Amida ist das Wirken, das sich als Weisheit und Liebe allen Wesen zuwendet.*

Shinran zitiert *Shan-tao*:

> ,,Er wird Amida Buddha genannt, denn er ist es, der alle Wesen betrachtet, die sich ausschließlich im Nenbutsu üben; er nimmt sie auf und verläßt sie nie mehr''⁹.

Shinran erklärt Amida auch im Zusammenhang mit dem Dharmakörper:

> ,,Der Höchste Buddha, die letzte wahre Wirklichkeit, ist formlos; wegen ihrer Formlosigkeit kann sie jede mögliche Form annehmen. Jeder Buddha

---

⁵ AaO. II/S.953 ,,jihi''; siehe auch *Shinran, Mattōshō* S.48; *Genshin*, Ōjō yō shū, in: Kyōgyōshinshō S.58/II, S.66.
⁶ *Shinran, Kyōgyōshinshō* S.122/III, 63.
⁷ D. T. *Suzuki*, Collected Writings on Shin-Buddhism S.200ff.
⁸ M. *Shimizu*, Das ,Selbst' im Mahāyāna-Buddhismus in japanischer Sicht und die ,Person' im Christentum im Licht des Neuen Testaments S.165.
⁹ *Shan-tao*, Ōjō raisan, in: Shinran, aaO. S.38/II, 27.

hat zwei Arten von Sosein: das Sein als Dharmakörper an sich, als formloser Dharmakörper, und als manifestierter Dharmakörper. Beide sind verschieden und doch nicht getrennt, eins, aber doch nicht identisch"[10].

Von *Amida Buddha* kann so in zweifacher Hinsicht gesprochen werden: *Einmal ist Amida Ausdruck des formlosen Dharmakörpers (oder der Leere), zum anderen erscheint er in der Negation als manifestierte Form als der Bodhisattva Dharmakara (Hōzō).* Erst durch diese Manifestation Amida Nyorais ist es dem Menschen ermöglicht, seine wahre Natur einzusehen und Befreiung zu erlangen.

Amida Buddha ist also eine Manifestation des formlosen Dharmakörpers, der letzten Wirklichkeit. Er ist der *Nyorai,* der *Tathāgata, der aus dem Sosein Gekommene.* Als Nyorai offenbart er sich in dieser Welt als Liebe und Weisheit und wendet sich so den irrenden Menschen zu.

In diesem Sinn ist er für sie wie eine liebende Mutter. Shinran erinnert:

,,Wisse, daß Śākyamuni, unser liebender Vater, und Amida, unsere mitleidende Mutter, uns wie unsere eigenen Eltern zum Glauben führen"[11].

Amida Buddha ist es, durch den die in Unklarheit und Leiden Gefangenen zu ihrer wahren Bestimmung zurückgeführt werden. Symbolischer Ausdruck dafür ist das *Hongan*: Es ist das Wirken des Nyorai (= Amida Buddha) selbst, das als unbegrenzte Liebe und unendliche Weisheit ausgedrückt wird. Es ist das Herz, das alle aufnimmt und keinen verwirft, es ist das große Mitleiden.

2. Die Bedeutung des Hongan

Hongan, im Sanskrit ,,*pūrva-praṇidhāna*", wobei ,,*pūrva*" wörtlich ,,vor" im zeitlichen und räumlichen Sinn, und ,,*praṇidhāna*" ursprünglich ,,Bitte", ,,Aufmerksamkeit", ,,intensive Energie" bedeutet, heißt buddhistisch ,,wünschen", ,,wollen", ,,flehen", auch ,,versprechen", ,,geloben"[12]. ,,Pūrva" deutet an, daß es *vor* allem Sein und aller Zeit existierte. Aus diesem Verständnis heraus scheint es angemessener, ,,pūrva" nicht mit ,,ursprünglich", sondern mit ,,erst", ,,Ur-", ,,Grund-" zu übersetzen. Es ist so die ,,erste oder ursprüngliche Bitte", das ,,Ur-Versprechen", ,,Ur-Gelöbnis". Es ist der intensive Wunsch Amidas, alle Wesen zu retten[13]. Im Sinne von ,,Gelöbnis" wird es auch

---

[10] Shinran, Yuishinshō-mon'i S.45. Über den Dharmakörper siehe ausführlich VIII.
[11] Shinran, Yuishinshō-mon'i S.47.
[12] GWB II/S.1259 ,,hongan"; Shinran, aaO. S.74/II, 108; aaO. S.77/II, 111; Y. Ueda (Ed.), Mattōshō-Kommentar S.79.
[13] T'an-luan, Jōdoron-chū, in: Shinran, aaO. S.33/II, 21.

,,*seigan*" genannt, in dem Amida beschließt, alle Wesen zu retten[14]; oder ,,*gugan*", ,,Gebet der universalen Erlösung", in dem Sinne, daß es das all-umfassende und universale ist[15].

Da der Mensch unfähig ist, sich aus eigener Kraft zu retten, legte Amida sein Versprechen ab; deshalb wird es auch als ,,*senjaku hongan*" bezeichnet, als ,,Hongan, das besonders von Amida ausgewählt wurde"[16]. Allein durch die Kraft von Amidas Hongan, die ,,Andere Kraft", ist ihm die Erlösung versichert. Shinran sagt:

> ,,(Das einzige, was wir tun können) ist, auf das Gebet der universalen Befreiung zu vertrauen, wie es durch den großen Erbarmenden bekannt gemacht wurde, und zum Meer des Glaubens, das anderen Wohltaten erweist, zurückzukehren. Es ist der Barmherzige, der aus seinem unbegrenzten menschlichen Gefühl heraus Krankheiten verschiedenster Art heilt, wie schwer sie auch zu heilen sein mögen"[17].

In dem Augenblick, wenn der Mensch das Hongan annimmt, an es glaubt und als Antwort den Namen Amida Buddhas ausspricht, ist das Hongan erfüllt und die Erlösung möglich:

> ,,Wenn wir dem Hongan nur durch das Beobachten moralischer Vorschriften und der vielen Regeln der Gemeinschaft vertrauen, wie könnten wir jemals Geburt und Tod entkommen? Glaubenslos wie wir sind, ist Befreiung nur dann möglich, wenn wir dem Hongan begegnen und uns ganz darauf einlassen"[18].

Für Shinran ist das Hongan eine Verkörperung der absoluten Liebe und höchsten Weisheit Buddhas. Er nennt es deshalb auch ,,*chigan*", ,,Gebet höchster Weisheit"[19] und ,,*higan*", ,,Gebet, das auf Liebe basiert"[20]. Er preist es als das ,,Exzellenteste, unfaßbar Mysteriöse, jenseits jeder Beschreibung, jenseits der Darlegung und Erfaßbarkeit"[21]. Da es auf Liebe basiert und alle Tugenden in sich enthält, vergleicht Shinran es mit der weiten Leere des Raumes. Frei von weltlicher Verunreinigung und Schmutz, ist es wie die Lotosblüte. Es befreit von Krankheiten, die aus schlechten Leidenschaften resultieren, und durchbricht die Unklarheit. Es schneidet alle Zweige des Leidens ab wie eine gut geschärfte Axt und löst alle Fesseln von Geburt und Tod. Es führt zur

---

[14] Shinran, *Yuishinshō-mon'i* S.42f.
[15] Shinran, *Kyōgyōshinshō* S.3.4; Shan-tao, Gengibun, in: Shinran, aaO. S.41/II, 31.
[16] Shan-tao, Ōjō raisan, in: Shinran, aaO. S.38/II, 28.
[17] Shinran, aaO. S.163/III, 127.
[18] Shinran, *Tannishō* S.69/XIII.
[19] Shinran, *Kyōgyōshinshō* S.69/II, 96.
[20] AaO. S.72/II, 106.
[21] Ebd.

höchsten Weisheit. Indem es die Unklarheit durchbricht, bewirkt es Glaube und Freude[22].

Amida machte das Hongan für die Menschen, die von sich aus unfähig sind, ihr ,,Leiden" zu überwinden; für die, die voller ,,Leidenschaften" sind und keine Hoffnung haben, aus dem Zirkel von Geburt und Tod befreit zu werden[23]. Es kommt nicht darauf an, was für ein Mensch es ist: das Hongan bezieht sich auf alle, auf Böse und Gute, Kleine und Große:

> ,,Wir sollten erkennen, daß Amidas Hongan niemals zwischen Alt und Jung, Gut und Böse unterscheidet. Das einzige von Betracht ist allein das gläubige Herz; denn das Hongan wurde ursprünglich zu dem Zweck gemacht, Lebewesen zu befreien, die tief beschmutzt sind durch Untugenden und Leidenschaften"[24].

Weniger für die Guten, als vielmehr für die schlecht Gesinnten, falsch Denkenden, Irrenden und Hoffnungslosen, machte Amida sein Hongan. Es ist für die Rettung *aller* Wesen bestimmt. Besonders und vor allem gilt es für die, die sich in Unklarheit befinden. Shinran schreibt in einem seiner Briefe:

> ,,Einerseits sollet ihr nicht darüber besorgt sein, daß Amida Buddha euch nicht empfangen wird, weil ihr Falsches tut. Ein törichtes Wesen ist von Natur aus voll von blinder Leidenschaft; so müßt ihr euch als ein karmisch böses Wesen erkennen. Andererseits sollt ihr nicht denken, daß ihr es verdient, Geburt zu erlangen, weil ihr gut seid. Ihr könnt nicht im wahren und wirklichen Buddha-Land geboren werden, wenn ihr auf eure eigene Kraft baut"[25].

Den Begriff des ,,*akunin*" (skt. *anārya*, dt. schlechter, böser Mensch)[26] verwendet Shinran nicht im gewöhnlichen Sinn: Nicht wer bewußt böse Taten vollbringt, ist ein akunin; denn menschliches Dasein an sich ist immer schon voll von ,,Leidenschaft". Ein akunin ist vielmehr, wer sich seines eigenen Bösen bewußt wird und versucht, es zu überwinden. Daß der Mensch zu dieser Einsicht kommt, ist Buddhas Wirken.

Shinran erklärt die Frage der Erlösung gerade des ,,bösen Menschen" so:

> ,,Wenn die Menschen zum erstenmal Buddhas Hongan hören, fragen sie sich, indem sie sich ihrer karmischen Bosheit in ihrem Herzen und Geist gründlich bewußt werden, wie sie jemals, so wie sie sind, Geburt erlangen

---

[22] AaO. S.73f/II, 106.
[23] *Shinran, Tannishō* S.61/III.
[24] AaO. S.59/I; siehe auch *Shinran, Yuishinshō-mon'i* S.37f; ders., *Kyōgyōshinshō* S.74/II, 108.
[25] *Shinran, Mattōshō* S.23/Brief 2.
[26] *GWB* I/S.21 ,,akunin".

können. Solchen Leuten predigen wir: gerade *da* unser Körper voll von Leidenschaften ist, empfängt uns Buddha, ohne zu prüfen, ob unser Herz gut oder schlecht ist"[27].

Shinran betont: *Da* der Mensch böse ist, wird er gerettet, nicht: obwohl er böse ist. Für Buddha ist es selbstverständlich, den Menschen anzunehmen, obwohl er böse ist. Aber die Aussage: da der Mensch böse ist...., ist viel radikaler. Shinran sagt deshalb zu denen, die ernste Sorge haben, ob sie gerettet werden oder nicht: Buddha empfängt euch, ohne weiteres, sofort! Daß der Mensch, gerade da er böse ist, gerettet wird, begründet Shinran so:

>,,,Wenn selbst der Gute im Reinen Land geboren wird, dann erst recht der Böse!' Aber die einfachen Menschen sagen gewöhnlich: ,Wenn selbst der Böse im Reinen Land geboren werden kann, dann erst recht der Gute!' Auf den ersten Blick scheint diese Meinung logisch, aber sie widerspricht völlig der Anderen Kraft des Hongan. Der Grund liegt darin: Da dem Menschen, der einzig und allein aus eigener Kraft Gutes tut, das totale Vertrauen auf die Andere Kraft fehlt, ist er von Amida Buddhas Versprechen ausgeschlossen. Aber sobald er seine Haltung der Selbstbemühung aufgibt und sich ausschließlich der Anderen Kraft hingibt, ist seine Geburt im wahren Land der Erfüllung sofort sicher"[28].

Die Problematik, die aus dieser Aussage deutlich wird, ließ schon zu Shinrans Zeit einen Streit entstehen. Es ging die Meinung um, alle Taten würden gerechtfertigt, jeder könne tun, was er wolle, denn Amidas Liebe sei ja grenzenlos und unterscheide nicht; man könne böse Taten, selbst Verbrechen begehen, es mache nichts. Amida würde auf jeden Fall alle retten.

In einem seiner Briefe geht Shinran auf diesen Streit, auf die ,,Häresie des erlaubten Bösen" ein[29]. Schon unter Hōnen waren solche Aussagen im Umlauf: ,,Alles ist erlaubt". Hōnen hatte dagegen mit seinen Schülern ein ,,Sieben Artikel Memorandum" verfaßt (1204), und zwar als Antwort auf Proteste der Tendai-shū gegen das unverantwortliche Verhalten einiger Leute, die sich darauf beriefen, daß alles erlaubt sei. In diesen Artikeln wird die Einstellung verworfen, daß ,,der Weg des Nenbutsu keine Vorschriften hat, zum Trinken von Alkohol und Essen von Fleisch ermuntert werden soll, das Beobachten von Vorschriften als Übung aus eigener Kraft mißachtet werden muß, und Hongan-Gläubige sich nicht fürchten sollten, böse Taten zu begehen"[30].

---

[27] *Shinran*, aaO. S.61/Brief 20.
[28] *Shinran*, *Tannishō* S.61/III.
[29] *Shinran*, *Mattōshō* S.51f/Brief 16.
[30] *Hōnen*, Sieben-Artikel-Memorandum vom Jahre 1204, 4. Artikel, zitiert in: Y. Ueda (Ed.) Mattōshō Kommentar S.8.

Shinran warnt vor einer solchen Verfälschung der Lehre. Es ist absolut nicht richtig zu sagen, man könne Böses tun, wie man wolle: ,,Man nimmt nicht das Gift, nur weil es ein Gegenmittel gibt!''[31]. Denkt einer so egoistisch, dann ist dies der Beweis dafür, daß er das wahre Wesen von Amidas Liebe und Erbarmen überhaupt nicht erfaßt hat. Der Mensch, geblendet von Leidenschaften, neigt dazu, immer das zu tun und zu denken, was er nicht tun und denken sollte. Das ist die Natur des Menschen. Wenn er aber absichtlich solche Dinge tut, so ist das eine Untat, ein Verbrechen. Wer das Hongan Buddhas gehört hat und daran glaubt, wünscht das Böse in sich abzutun und nicht umgekehrt[32]. Er wird nicht tun und lassen, was er will, sondern versuchen, das Böse dieser Welt aufzugeben und zu überwinden[33].

3. Die Kraft des Hongan — die ,,Andere Kraft'' (tariki)

Wie aber kommt der Mensch, der eigentlich unfähig ist, sich selbst aufzugeben und ganz einer anderen Macht zu vertrauen, nun dazu, dem Hongan zu glauben?

Nach Shinrans Auffassung ist es unmöglich, von sich aus den Glauben zu erwecken, vielmehr wendet das Hongan sich selbst dem schwachen und sündigen Menschen zu: Nicht durch eigene Kraft kommt der Mensch zum Glauben, sondern durch das Wirken der Kraft des Hongan. Amida hat das Hongan gewählt, um im Menschen den rechten Glauben und die rechte Praxis (das Aussprechen des Namens Amida Buddhas) zu bewirken[34]:

> ,,Wenn ich Lehre, Praxis, Glaube und Realisation, die die wahre Lehre des Reinen Landes begründen, überdenke, stelle ich fest, daß sie alle die Wohltat sind, die aus Nyorais großem Erbarmen stammen, wobei all sein Verdienst auf uns übertragen ist. Es gibt weder Ursachen noch Wirkungen, die nicht aus der Erfüllung des reinen und unbefleckten Wunsches entstammen, den Amida Nyorai aussprach, um all seine Verdienste wirkungsvoll zuzuwenden. Da die Ursache rein ist, ist auch die Wirkung rein''[35].

Der Mensch kann nichts aus eigener Kraft zu seiner Erlösung tun. Es ist die ,,Andere Kraft'' (jap. *tariki*), die Macht des Hongan selbst, die in ihm den Glauben bewirkt:

> ,,Tariki ist die Kraft von Amidas Hongan''[36].

---

[31] *Shinran, Mattōshō* S.61/Brief 20; ders., *Tannishō* S.69/XIII.
[32] *Shinran, Mattōshō* S.51/Brief 16.
[33] AaO. S.52/Brief 16.
[34] *Shinran, Kyōgyōshinshō* S.74/II, 108 (Senjaku no gyō shin)
[35] AaO. S.180f/IV,15; siehe auch das *Größere Sukhāvatī-vyūha-sūtra*, in: Shinran, aaO. S.16/II, 8; aaO. S.43/II, 36; aaO. S.62/II, 85; aaO. S.75/II, 111.
[36] *Shinran*, aaO. S.62/II, 85.

Für den Menschen ist es jedoch äußerst schwer, sich absolut dieser Kraft anzuvertrauen. Er, dessen Wesen es ist, immer an seinem Ich zu haften, verläßt sich lieber auf seine eigene Kraft (jap. *jiriki*). ,,Ji'' — ,,ich'', ,,von sich aus'', weist immer auf das Eigene; ,,riki'' ist ,,Kraft'', ,,Macht''[37]; ,,ta'' dagegen ist ,,das Andere'', ,,Fremde'', ,,das, was nicht Ich ist''[38]. Tariki ist so im Gegensatz zu jiriki das Nicht-Haften, die Nicht-Egozentrik, das Aufgeben des Eigenen, des irrenden, unklaren Ich und das totale Vertrauen auf das Andere, nämlich Amida und sein Hongan.

Die Begriffe ,,*jiriki*'' und ,,*tariki*'' übernahm Shinran von *T'an-luan*, der der gewöhnlichen Bedeutung von jiriki als Selbst-Kraft und tariki als andere Kraft und Hilfe von außen, eine religiöse, transzendentale Bedeutung hinzugefügt hatte[39]. T'an-luan hatte den dualistischen Aspekt hervorgehoben: Wenn tariki nur als Abhängigkeit von etwas anderem verstanden wird, so wird der Gläubige nie die wahre Erleuchtung erlangen, eben da er wieder von tariki abhängt. Wirklicher tariki-Glaube bedeutet vielmehr die Überwindung der Entfremdung und das Erlangen der Identität, des wahren Selbst und wahren Menschseins. Tariki-Glaube bedeutet nicht, daß der Mensch seine Subjektivität verliert, wenn er sich der Anderen Kraft hingibt. Dieser falsch verstandene Glaube wäre wieder Abhängigkeit, er würde den Menschen mehr gefangenhalten, statt befreien. Wenn die Kraft des Hongan im Glauben verwirklicht wird, dann ist diese Kraft die wirkliche Subjektivität des Menschen. Für T'an-luan war die Tatsache, daß der Mensch vom tariki-Glauben erfaßt wird, der Beweis für die Verwirklichung des Hongan selbst. In einer gleichnishaften Rede stellte T'an-luan die charakteristischen Züge von jiriki und tariki heraus:

> ,,Es ist wie ein Mann, der sich in der Meditation übt und sich ganz dem Beobachten der Gebote hingibt. Durch seine Übung erlangt er wunderbare Kräfte, die alle aus eigener Anstrengung kommen. So kann er in den vier Himmeln herumgehen. Ein anderer Mensch dagegen, der auf einem Esel reitet, kann aus eigener Kraft nicht die vier Himmel ersteigen. Wenn er jedoch dem großen König Cakravartin folgt, kann er sich zum Himmel erheben ohne Hindernisse. Das ist: abhängen von tariki''[40].

Shinran kritisiert jedoch das Verständnis des tariki-Glaubens der Reinen-Land-Lehrer vor ihm, da der Glaube, den sie predigten, noch eine Mischung von tariki- und jiriki-Glaube sei. Sie sahen nämlich die guten Werke des Gläubigen als ein Mittel, sich möglichst viele Verdien-

---

[37] *GWB* I/S.559 ,,jiriki''.
[38] AaO. II/S.897 ,,tariki''.
[39] Siehe *S. Bandō*, Shinran's Indebtedness to T'anluan, in: EBud NS IV/1 (1971) S.85.
[40] *T'an-luan*, Jōdoron-chū, in: Shinran, aaO. S.66/II, 87.

ste zu erwerben und somit Geburt zu erlangen, wie es im *19. Gelöbnis* ausgedrückt ist:

> „Wenn ich, beim Erlangen meiner Buddhaschaft, nicht mit einer großen Gruppe im Augenblick des Todes vor den Lebewesen der zehn Welten erscheinen werde, nämlich vor denen, die das Bodhiherz erweckt haben und tugendhafte Taten ausüben und aufrichtig den Wunsch hegen, in meinem Land geboren zu werden, möge ich nicht die Höchste Erleuchtung erlangen"[41].

Shinrans Lehrer *Hōnen* lehnte die Haltung der „Erlösung durch gute Werke" ebenso ab, aber er ließ das Aussprechen des Namens Amida Buddhas als verdienstvolles Werk gelten, wie es das *20. Gelöbnis* aussagt:

> „Wenn, beim Erlangen meiner Buddhaschaft, die Wesen in den zehn Welten, die meinen Namen hören und den Gedanken an mein Land hegen, Wurzeln der Tugend pflanzen und sie aufrichtig auf die Geburt in meinem Land richten und doch ihre Frucht nicht bekommen, möge ich nicht die Höchste Erleuchtung erlangen"[42].

Aus seiner Einsicht in die Natur des menschlichen Wesens als unfähig, schwach, egozentrisch, ohne Liebe und Mitleid, kam *Shinran* zu der Überzeugung, daß der Mensch nichts, überhaupt nichts, zu seiner Erlösung beitragen oder bewirken kann. Jedes Werk, jede Übung, die er ausführt, ist eine „Nicht-Übung" (jap. *higyō*), ein „Nicht-Gutes" (jap. *hizen*), da er von Natur aus keiner guten Werke fähig ist[43]. Immer wieder betont Shinran: Das einzige, was der Mensch tun muß, ist, dem Hongan glauben. In einem Brief schreibt er an eine Gruppe von Gläubigen:

> „Tariki ist, uns dem Hongan anzuvertrauen und unsere Geburt ist bestimmt; deshalb ist es ohne jedes Selbst-Wirken. So solltet ihr einerseits nicht darüber besorgt sein, daß Amida euch nicht annimmt, weil ihr Schlechtes tut. Ein törichtes Wesen ist von Natur aus voll von Leidenschaften. So müßt ihr euch als ein Wesen von karmischem Bösen erkennen. Andererseits solltet ihr nicht denken, daß ihr es verdient, Geburt zu erlangen, weil ihr gut seid. Ihr könnt nicht durch solche selbstgerechte Berechnung im wahren und wirklichen Buddha-Land geboren werden"[44].

Diese Einstellung hat Shinran auch erst allmählich in einem Prozeß gewonnen, der ihn über das 19. zum 20. und schließlich zum *18. Gelöbnis*, als das entscheidendste, führte. Dieser Prozeß ist als Shinrans „Theorie der religiösen Entwicklung" bekannt geworden (jap. *sangan-*

---

[41] *Größeres Sukhāvatī-vyūha-sūtra*, zitiert in: Shinran, aaO. S.238/VI, 4. Über das Bodhi-Herz ausführlich A II.3. S.41.
[42] *Größeres Sukhāvatī-vyūha-sūtra*, zitiert in: Shinran, aaO. S.262/VI, 57. „Wurzel der Tugend" bezieht sich auf das Aussprechen des Namens Amida Buddhas.
[43] *Shinran, Tannishō* S.63f/VIII.
[44] *Shinran, Mattōshō* S.23/Brief 2.

tennyu)⁴⁵. Es wird daran deutlich, wie Shinran sich als Interpret der Lehre vom Reinen Land auf die Tradition bezieht, sich aber über sie hinwegsetzt, wenn sein persönliches religiöses Erleben ihm größere Freiheit einräumte: Als erste Stufe gilt die Zeit, in der er — von seinem 9. bis 29. Lebensjahr — im Tendai-Kloster auf dem Berg Hiei als niedriger Priester (jap. *dōsō*) die Bedingungen für die Erlösung zu erfüllen versucht (Rettung durch eigene Anstrengung). Die zweite Phase ist die Zeit, in der er den Tempel verläßt und Hōnens Lehre von der Errettung durch das Nenbutsu akzeptiert (Rettung teils durch eigene, teils durch Andere Kraft). Die dritte ist die Zeit nach der Trennung von Hōnen, in der er seine eigenen Gedanken entwickelt und die Rettung allein durch den Glauben, ohne irgendwelche Werke, verkündet. Im Glauben an das 18. Gelöbnis Amida Buddhas ist für Shinran der echte tariki-Glaube verwirklicht. Die übrigen Gelöbnisse haben nur die Funktion, zum wahren Glauben zu führen. Wo jedes Selbst-Wirken aufhört, wird dieser manifest:

> ,,Tariki bedeutet, daß kein Selbst-Wirken wahres Wirken ist. Selbst-Wirken ist die Berechnung und das Planen des Praktizierenden. Nyorais Hongan übersteigt begriffliches Verstehen; es ist ein Plan der Weisheit Buddhas...''⁴⁶.

In diesem Zusammenhang verwendet Shinran auch den Begriff ,,*hakarai*'' für das eigene Ermessen, Planen und Kalkulieren. Bevor der Mensch zum Glauben kommt, weiß er nicht, daß er nur durch das Wirken des Hongan dahin kommt. Er meint so immer, mit all seiner Kraft irgendetwas tun zu müssen, um zum Glauben zu gelangen. Diese ,,Sperre'' des menschlichen Geists nennt Shinran ,,hakarai''. Im tariki-Glauben, der das vollkommene Vertrauen auf das Hongan ist, gibt es kein eigenes Ermessen:

> ,,Tariki bedeutet: frei sein von jeder Form eigenen Planens''⁴⁷.

,,Hakarai'' ist auch das Wirken Amida Buddhas auf den Menschen, das erst erfaßt wird, wenn menschliches Wollen aufgehört hat, das heißt, wenn der Glaube bestimmt ist⁴⁸. Kommt der Mensch zu diesem tariki-Glauben, so wird das Hongan Amida Buddhas verwirklicht und erfüllt. Es ist das Wirken des Hongan selbst, es ist das Hongan, das sich hinwendet, und den, der nach Erlösung schreit, zum Glauben erwachen und sich total dem Willen Amidas anvertrauen läßt. Das Hongan verwirklicht sich selbst als Glaube des Menschen, und gleichzeitig beweist der

---

⁴⁵ A. *Bloom*, Shinran's Gospel of Pure Grace (Tucson, Arizona 1965) S.33f.
⁴⁶ *Shinran*, aaO. S.33f/Brief 7.
⁴⁷ *Ders.*, aaO. S.37/Brief 10.
⁴⁸ Ebd.; siehe auch: ders., *Tannishō* S.69/XIII.

Glaube die Gegenwart des Hongan. Der Beweis der Erfüllung des Hongan ist nichts anderes als der Glaube. Dies ereignet sich auf Grund der Wechselbeziehung zwischen Amida Buddha und dem Gläubigen. Diese Interaktion von Amida Buddha und dem Menschen nennt Shinran ,,ekō".

4. Die Zuwendung (ekō) und die Gestalt des Bodhisattva

Die Kraft des Hongan, das sich zuwendet, erläutert Shinran mit dem Begriff des ,,ekō". *Ekō*, skt. *pariṇāma*, bedeutet wörtlich ,,Wende", ,,Transformation", ,,Hinwendung". In der mahāyānistischen Tradition bezeichnet ,,ekō" allgemein das Zuwenden von Verdiensten: Zum Wohl des anderen werden eigene erworbene Verdienste dem anderen zugewendet[49]. Es bestand die Vorstellung, daß angesammelte Verdienste, nämlich eigene moralische Taten und geistige Qualitäten, auf andere übertragen werden können, um ihnen damit zur Erleuchtung zu verhelfen:

> ,,Die allgemeine Bedeutung von Verdienst-Zuwendung (ekō) ist, daß all die Verdienste, die einer angesammelt hat, auf alle Wesen übertragen werden, damit sich jeder dem Buddha-Weg zuwendet"[50].

Bei *Vasubandhu* findet sich zum erstenmal was mit ,,ekō" ausgedrückt wird. Ekō verläuft bei ihm in zweifacher Richtung: ausgehend (jap. *ōsō ekō*) und zurückkehrend (jap. *gensō ekō*). ,,Ōsō ekō" bedeutet, daß der Gläubige sich von dieser Welt weg zum Reinen Land hinwendet, vom Irrtum zur Erleuchtung. ,,Gensō ekō" ist die Rückkehr des Erleuchteten in diese begrenzte und endliche Welt, vom Buddha-Land zurück in den Bereich des Irrtums[51].

T'an-luan übernahm diese Vorstellung:

> ,,Es gibt zwei Formen von Zuwendung: die ausgehende und die zurückkehrende. Der ausgehende Weg ist: das Verdienst, das durch einen selbst zustandekam, auf alle Wesen hinzuwenden und der Sehnsucht Ausdruck zu verleihen, daß sie alle zusammen in Amida Nyorais Reinem Land des Friedens und Glücks geboren werden"[52].

T'an-luan entwickelte den Gedanken aber weiter: Er reduzierte beide Formen von ekō auf die des ,,gensō ekō" allein und nannte diese ,,*tariki-ekō*", das ekō, das von Amida Buddha ausgeht[53]: Der Mensch kann von

---

[49] *GWB* I/S. 102f ,,ekō"; D. T. Suzuki, Kyōgyōshinshō Kommentar S.213/Nr. 30.
[50] *Sūtra des Ewigen Lebens*, in: Shinran, Kyōgyōshinshō S. 193/IV, 19; siehe auch T'an-luan, Jōdoron-chū, in: Shinran, aaO. S.120/III, 57.
[51] *GWB* I/S.128 ,,ōsō ekō"; aaO. S.129 ,,gensō ekō".
[52] T'an-luan, Jōdoron-chū, in: Shinran, aaO. S.33/II, 21.
[53] Ders., aaO. in: Shinran, aaO. S.79/II, 111.

sich aus gar nicht Verdienste zuwenden. Allein Amida Buddha ist es, der seine Verdienste zuwendet, um so im Menschen den Glauben zu bewirken:

> ,,Ob ausgehend oder zurückkehrend, der Hauptgedanke ist, allen Wesen aus dem Meer von Geburt und Tod herauszuhelfen. Deshalb (steht in der Abhandlung = Vasubandhus Jōdo-ron): Es wurde gesagt, daß der Buddha seinen ersten Entschluß faßte, um all das Verdienst, das aus seinen Taten entstammte, zuzuwenden. Dabei mußte er sein großes erbarmendes Herz zur Vollkommenheit bringen''[54].

Shinran geht auf T'an-luan zurück: Es ist nicht des Menschen ekō, sondern Amida Buddhas Hongan ist die wirkende Kraft dafür, daß der Mensch die Geburt im Reinen Land ersehnt und zum Glauben kommt. Das Hongan wendet sich zu und der Mensch erwacht dadurch zum Glauben an das Hongan. Diese Beziehung ist ,,ōsō ekō'' und ,,gensō ekō''. Es ist der Wunsch Amidas, der das bewirkt. Shinran spricht deshalb vom ,,*hotsugan ekō*'' oder ,,*ganriki ekō*'' (das Gebet ist gesprochen und sein Verdienst ist zugewandt)[55].

Die Zuwendung geht einzig und allein von Amida Buddha aus. Da nichts aus eigener Kraft zugewandt werden kann, nennt Shinran es auch ,,*fu-ekō*'', Nicht-ekō[56]. Amida Buddha ist es, der seine Verdienste und Tugenden dem Gläubigen zuwendet, um ihm so aus der Welt des Leidens heraus zur Erleuchtung zu verhelfen. Im *22. Gelöbnis* hat er dies besonders versprochen. Es wird genannt: ,,Gebet, in dem der Buddha dem Gläubigen versichert, dem ihm nächsten Platz zu erhalten'' (jap. hisshi fusho no gan) oder ,,Gebet, in dem Bezug genommen wird auf das Verdienst-Zuwenden in seiner rückkehrenden Bewegung'' (jap. gensō ekō no gan)[57]. Amida Buddha veranlaßt den Gläubigen durch sein Ur-Versprechen, sich zur wahren Lehre, zur wahren Praxis, zum wahren Glauben und zur wahren Realisation hinzuwenden. Und er ist es, der den Menschen nach seiner Geburt im Reinen Land wieder in diese Welt zurückkehren läßt, damit er allen helfe, dem Buddha-Weg zu folgen[58].

Wie wirkt nun der Mensch, der einmal das Hongan gehört und ōsō ekō vollzogen hat, im zwischenmenschlichen Bereich? Er lebt das Leben eines Bodhisattva. *Bodhisattva* (jap. *bosatsu*, ist ein Wesen (sattva), das

---

[54] *Ders.*, aaO. in: Shinran, aaO. S.181/IV, 18.
[55] *Shan-tao*, Gengi-bun, in: Shinran, aaO. S.41/II, 32.
[56] *Shinran*, Kyōgyōshinshō S.114/III, 43.
[57] *Ders.*, aaO. S.181/IV, 16; *Größeres Sūtra des Ewigen Lebens*, zitiert in: Shinran, aaO. S.184/IV, 19; siehe auch *D. T. Suzuki*, Kyōgyōshinshō Kommentar S.323/Nr. 414.
[58] *Shinran*, aaO. S.9/I, 1; *T'an-luan*, Jōdoron-chū, in: Shinran, aaO. S.33/II, 21; *Vasubandhu*, Jōdo-ron, in: Shinran, aaO. S.79/II, 111; *Shan-tao*, Sanzengi, in: Shinran, aaO. S.101/III, 15.

nach Erleuchtung (bodhi) strebt[59]. Der Bodhisattva legt das Versprechen ab, daß er nicht eher ins Nirvāna eingehen werde, bis nicht alle Wesen gerettet sind. Mit seinem ganzen Herzen strebt er nach Erlösung und vollbringt unzählige gute Werke, um sie denen, die noch in Unklarheit befangen sind, zuzuwenden. Er erweist allen große Wohltaten (jap. *rita*)[60]; für das Heil aller nimmt er stellvertretend ihre Leiden auf sich. Seine einzige Sehnsucht ist die universale Erlösung. Nicht für sich allein will er die Befreiung (jap. *jiri*)[61], sondern zusammen mit allen Mitwesen möchte er ins Nirvāna eingehen. Mit anderen Worten: der Bodhisattva erweckt das ,,Herz der Erleuchtung'' (skt. *bodhicitta*, jap. *bodaishin*)[62]:

,,,,Der Bodhisattva wünscht nicht für sich selbst in das Vergnügen der Unterstützung und Erhaltung einzutauchen, sondern er ersehnt einzig und allein, all das Leiden, das die Menschen in der Welt ertragen müssen, auszulöschen'. ,Das Vergnügen der Unterstützung und Erhaltung' bedeutet, daß das Reine Land des Friedens und Glücks unterstützt und aufrechterhalten wird von der Kraft des Hongan, das von Amida Nyorai gemacht wurde, wobei die Bewohner dieses Landes Empfänger ununterbrochener Freuden sind''[63].

Der Bodhisattva muß unzählige Stufen hindurchgehen, bis er schließlich die Erleuchtung erlangt. In der mahāyānistischen Tradition werden diese in sieben Gruppen untergliedert, von denen die ersten fünf Gruppen jeweils zehn Stufen beinhalten. Zwei weitere, die sechste und siebte Gruppe beziehen sich auf die Höchste Erleuchtung oder Buddhaschaft. Zu den ersten fünf Gruppen zählen: die zehn Stufen des Glaubens, die zehn Stufen des Verweilens, die zehn Stufen der Praxis, die zehn Stufen der Hingebung und die zehn Stufen: Freude, Freisein von Befleckung, Wissen, Einsicht, Unterscheidung, Stufe vor der Erleuchtung, Entferntsein von Unklarheit, fester Glaube, Weisheit, Wolke des Dharma. Für Shinran sind diese zehn Stufen der fünften Gruppe die wichtigsten in der Übung des Bodhisattvas. Die sechste Stufe ist die, die der Erleuchtung gleicht (jap. *tōgaku*), die siebte ist die Stufe der Höchsten Erleuchtung (jap. *myōgaku*)[64].

Was sind die ,,Mittel'' (skt. *upāya*, jap. *hōben*), mit denen der Bodhisattva seine Verdienste zuwendet? ,,Upāya'', wörtlich ,,nahekommen'',

---

[59] *GWB* II/S.1219f ,,bosatsu''; D. T. Suzuki, Kyōgyōshinshō Kommentar s.227/Nr. 73.
[60] *GWB* II/S.1410 ,,rita''; *Vasubandhu*, Jōdo-ron, in: Shinran, aaO. S.199/IV, 19; D. T. Suzuki, aaO. S.242/Nr. 114.
[61] *GWB* I/S.559 ,,jiri''; D. T. Suzuki, aaO. S.241/Nr. 112.
[62] *GWB* II/S. 1222f ,,bodaishin''; D. T. Suzuki, aaO. S.249/Nr. 114.
[63] *Vasubandhu*, Jōdo-ron, zitiert in: Shinran, aaO. S.193/IV, 19.
[64] D. T. Suzuki, aaO. S.237f/Nr. 102; siehe auch T. Doi, Das Kegon-Sutra. Eine Einführung (Tokyo 1957).

,,sich nähern", weiter ,,Mittel", bezieht sich einerseits auf die Methode oder Praxis, durch die der Mensch Buddha werden kann; andererseits auf die Mittel, die der Bodhisattva benutzt, um in Liebe und Weisheit alle Wesen zu erlösen[65]. Es sind die fünf Übungen oder ,,Tore der Meditation", die der Bodhisattva vom Eingehen ins Reine Land bis zur Rückkehr in die Welt durchgehen muß: Er muß sich vor Amida verbeugen, Amida Buddha preisen, die Geburt in Amidas Land ersehnen, über Amida und sein Land kontemplieren (mittels seiner Weisheit — skt. *prajñā*, jap. *chie*) und die Verdienste, die er erworben hat, allen Wesen zuwenden (mittels seines *hōben*)[66]. Die Früchte oder Wirkungen, die aus den Übungen des Bodhisattva resultieren, sind die ,,Fünf Tore der Verdienste": Das Tor des Eingangs (sich der Erleuchtung nähern, wo es kein Zurückfallen in diese Welt der Unklarheit mehr gibt), sich der Gruppe der Weisen und Erleuchteten anschließen, das Haus betreten, sich im Raum festsetzen, und schließlich in die Welt zurückkehren, um alle Wesen zu retten[67]. Shinran zitiert *Vasubandhu:*

> ,,Indem der Bodhisattva die fünf Tore (oder Phasen der Meditation) hindurchgeht, erfüllt er seine Übung, mit der er sich selbst Wohltaten erweist (jiri). Ihr sollt wissen, daß es das fünfte Tor ist, mit dem er seine Übung erfüllt, den anderen Wohltaten erweist, indem er seine Verdienste den Wesen zuwendet (rita). Der Bodhisattva hat — nachdem er sich selbst in den fünf Toren geübt hat — sowohl das Sich-selbst-Wohltaten-Erweisen als auch das Den-anderen-Wohltaten-Erweisen (jiri-rita) erfüllt und wird jetzt schnell zum Erlangen der unvergleichlich vollkommenen Höchsten Erleuchtung geführt"[68].

Das ,,Anderen-Wohltaten-Erweisen" ist die Praxis der Zuwendung und das ist *gensō ekō*. Der Weg des Bodhisattva ist *gensō ekō*.

Mit seiner Weisheit (skt. *prajñā*, jap. *chie*), seiner Liebe (skt. *karuṇā*, jap. *jihi*) und seinem Mittel, mit dem er für die Rettung aller wirkt (skt. *upāya*, jap. *hōben*) kann der Bodhisattva alle Hindernisse überwinden, die der Erlösung im Wege stehen[69]. Der Bodhisattva sucht nichts für sich selbst. Mit seinem reinen, unbefleckten Herzen entwurzelt er alles Leiden, denn ,,chie und hōben sind die Eltern des Bodhisattva"[70]. Den Weg, auf dem der Bodhisattva versucht, allen zur Befreiung zu verhelfen, vergleicht Vasubandhu mit dem des Löwen, der ein Reh niederschlägt: Es entsteht dabei der Eindruck, daß von seiten des Löwen

---

[65] *GWB* II/S.1225 ,,hōben"; *Vasubandhu*, Jōdo-ron, in: Shinran, aaO. S.193/IV, 19.
[66] *T'an-luan*, Jōdoron-chū, in: Shinran, aaO. S.63/II, 87.
[67] *Vasubandhu*, Jōdo-ron, in: Shinran, aaO. S.192/IV, 19; ebenso S.197ff/IV, 19; D. T. Suzuki, aaO. S.241/Nr. 113.
[68] *Vasubandhu*, Jōdo-ron, in: Shinran, aaO. S.28/II, 19.
[69] Ders., aaO., in: Shinran, aaO. S.181/IV, 17.
[70] Ders., aaO., in: Shinran, aaO. S.195/IV, 19.

keinerlei Zweck und Bestreben eingeschlossen ist. Es ist so, als ob er spielt[71]. Das alles kommt aus dem Hongan, das von Amida allen Wesen zugewandt wurde[72]. Daß der Mensch überhaupt davon weiß, ist nur möglich durch die Buddhas und Bodhisattvas, die den Weg des Guten in der Welt lehren[73].

---

[71] *Ders.*, aaO., in: Shinran, aaO. S.199f/IV, 19.
[72] *Ders.*, aaO., in: Shinran, aaO. S.181/IV, 17.
[73] *Shan-tao*, Ōjō raisan, in: Shinran, aaO. S.39/II, 29.

B) GLAUBE — WEG ZUR BEFREIUNG

III. NENBUTSU: DAS AUSSPRECHEN DES NAMENS ALS AUSDRUCK DES GLAUBENS (GYŌ)

Besonders im *17. Gelöbnis* bestimmte Amida Buddha die Praxis des Nenbutsu, die alle Formen menschlicher Unklarheit zerstört und alle Wünsche erfüllt:

,,Wenn beim Erlangen meiner Buddhaschaft, alle die unzähligen Buddhas in den zehn Welten nicht meinen Namen aussprechen werden, möge ich nicht die Höchste Erleuchtung erlangen''[1].

Shinran nennt dieses Gelöbnis deshalb auch das ,,Gebet, in dem alle Buddhas den Namen aussprechen'' (jap. shōbutsu shōmyō no gan) und ,,Gebet, in dem die Praxis gewählt wurde'' (jap. senjaku hongan no gyō)[2]:

,,Wir wissen so wirklich, daß die wahre Praxis, die das Hongan Amidas ist, das Gebet ist, das besonders (das Nenbutsu) wählte und alle Wesen aufnimmt''[3].

Die wahre Praxis (jap. *gyō*) entsteht also aus dem Versprechen Amida Buddhas: Sein Name soll gehört und ausgesprochen werden. Das Sagen des Nenbutsu nennt Shinran auch ,,Große Praxis'' (jap. *daigyō*), außer der keine anderen religiösen Werke und guten Taten erforderlich sind:

,,Das Aussprechen des Namens ist die ausgezeichnetste, wunderbarste, rechte Übung. Die rechte Übung ist keine andere als das *Nenbutsu*. Das *Nenbutsu* ist nichts anderes als ,namu-amida-butsu'. ,Namu-amida-butsu' ist nichts anderes als das rechte Denken. Das sollte bekannt sein''[4].

Hat der Gläubige einmal das Hongan Amida Buddhas gehört, so kann er nicht anders als es akzeptieren. Der Augenblick des Aussprechen des Nenbutsu ist Zeichen dafür, daß der Mensch an das Hongan glaubt.

1. *Die Bedeutung des Nenbutsu*

Nenbutsu, wörtlich ,,an Buddha denken'' (skt. *buddhā nusmṛiti*) bedeutete ursprünglich die konkrete Erinnerung an Buddha, die Sehnsucht, ihn so wiederzuerleben, wie er gelebt hat. Später versuchte der Gläubige,

---

[1] *Größeres Sukhāvatī-vyūha-sūtra*, zitiert in: Shinran, Kyōgyōshinshō S.15/II, 4.
[2] Ebd. S.15/II, 3.
[3] *Shinran, Kyōgyōshinshō* S.62/II, 85.
[4] Ders., aaO. S.20/II, 14; siehe auch *Sūtra der universalen Erleuchtung*, in: Shinran, aaO. S.17/II, 12.

durch das Meditieren und beständige Denken an Buddha in seine Gegenwart zu kommen, wobei Buddha nicht mehr als die historische Person vorgestellt wurde, sondern bereits als idealisierte Persönlichkeit. Allmählich machte dann das Nenbutsu als rein moralische Übung, als Denken an Buddha, dem Aussprechen des Namens Platz[5].

T'an-luan (476-542 n.Chr.) sah das Aussprechen des Namens (skt. *varṇa*, jap. *shōmyō*) als wichtigstes Mittel für die Erlösung an. Dieser Gedanke basiert auf der Lehre des Meditations-Sutra, in dem verkündet wird, daß durch das Aussprechen des Namens Amida Buddhas alle Sünden ausgelöscht werden, und der Gläubige sich seiner Erlösung sicher sein kann. Wenn einer den Namen ausspricht und ersehnt, im Reinen Land geboren zu werden, wird er, von Buddhas und Bodhisattvas beschützt, sicher Geburt erlangen[6].

Es war *Tao-ch'o* (562-645 n.Chr.), der das Denken an Buddha (skt. *buddhā nusmṛti samādhi*, jap. *nenbutsu sammai*) mit dem Aussprechen des Namens identifizierte[7].

Für *Shan-tao* (613-681 n.Chr.) war schließlich das bloße Aussprechen des Namens mit aufrichtigem Herzen von zentraler Bedeutung: Es geht nicht darum, sich ein Bild von Buddha zu machen, sich ihn vorzustellen und zu vergegenwärtigen, sondern allein das Sagen des Namens ist Ursache für die Erlösung. Als Erklärung gibt Shan-tao folgende:

> ,,Weil die Wesen von allen Arten von Hindernissen bedrängt sind, unterscheiden sich ihre Meditations-Objekte von Augenblick zu Augenblick, ist ihr Geist nicht geschult und ihre Gedanken sind zerstreut. Sie finden es deshalb sehr schwierig, und die Betrachtung des Buddha-Bildes gelingt ihnen nicht. Der große Heilige, der sich ihrer erbarmte, lehrte sie so, ausschließlich den Buddha-Namen auszusprechen''[8].

Hōnen (1133-1212 n.Chr.) betonte auch das Sagen des Namens, hielt aber daran fest, daß Denken und Rezitieren gleich sind. An Buddha denken heißt, seinen Namen aussprechen und umgekehrt. Nicht das mechanische Dahersagen ist wichtig, sondern das Sagen des Namens muß immer mit gläubigem Herzen geschehen[9].

Während für Hōnen das Nenbutsu noch Mittel zum Ziel, zur Erlösung, war, sind für *Shinran* Mittel und Ziel eins: Wenn der Gläubige mit ehrlichem, aufrichtigem Herzen Nenbutsu sagt — zehnmal, ja selbst nur

---

[5] *GWB* II/S.1078f ,,Nenbutsu''; D. T. *Suzuki*, Kyōgyōshinshō Kommentar S.229/Nr. 79; über die historische Entwicklung des Nenbutsu-Gedankens, siehe auch *Ders.*, Essays on Zen Buddhism II (London ²1970) S.154-171.
[6] *GWB* I/S.730 ,,shōmyō''. Siehe auch *Meditations-Sūtra*, in: Shinran, aaO. S.39/II, 30; S. *Bandō*, The Significance of the Nenbutsu, in: CRJ VII/3 (1966).
[7] *Tao-ch'o*, Anraku-shū, in: Shinran, aaO. S.33/II, 22.
[8] *Shan-tao*, Ōjō raisan, in: Shinran, aaO. S.36f/II, 26.
[9] *Hōnen*, Senjaku hongan nenbutsu shū, in: Shinran, aaO. S.59/II, 70.

einmal — dann ist das schon Erlösung. Es kommt nicht auf die Quantität an, sondern die Qualität ist entscheidend. Es ist nicht notwendig, fortwährend den Namen zu sagen, wie Hōnen es noch empfahl:

> ,,Wenn einige denken, daß gute Werke eine Hilfe und schlechte Werke ein Hindernis für die Geburt sind, so vertrauen sie mit dieser Unterscheidung nicht auf das Wunder des Gelöbnisses, sondern sagen das Nenbutsu aus ihrer eigenen Anstrengung. Solchen Leuten mangelt der wirkliche Glaube an das Wunder des Namens''[10].

Keinerlei gute Werke sind verlangt; den Namen nur ein einzigesmal aussprechen genügt, um im Reinen Land geboren zu werden. Denn das Sagen des Namens ist keine eigene gute Tat, nicht Menschenwerk, nicht Verdienst des Gläubigen, sondern das Tun Amida Buddhas selbst. Shinran nennt es deshalb auch ,,higyō'' und ,,hizen'', das heißt: es ist ,,keine Tat'', ,,kein Gutes'':

> ,,Für den Gläubigen ist das Sagen des Nenbutsu weder eine religiöse Tat noch ein moralischer Wert. Es ist kein gutes Werk, da es nicht nach einem Plan getan wird. Es ist keine moralische Tat, da sie nicht von uns her kommt. Da sie ganz aus der Anderen Kraft entspringt und jede Selbst-Kraft übertrifft, sage ich, daß das Nenbutsu für den Gläubigen weder eine religiöse Tat noch ein moralischer Wert ist''[11].

Ob der Mensch Nenbutsu sagt oder nicht, liegt allein in seiner eigenen Entscheidung[12]. Es sind von ihm nur der Glaube und der Wille gefordert. Das Nenbutsu ist der ,,eine gerade Weg ohne Hindernisse''[13]. Für den jedoch, der an seinem Ich haftet und meint, mit eigener Kraft etwas zu erreichen, ist es extrem schwierig, an das Nenbutsu zu glauben, denn: Die Bedeutung des Nenbutsu übersteigt alles menschliche Erwägen, da es höher als alles Sagen, Erklären und Ergründen ist.

2. *Der Name Amida Buddhas (myōgō) und das Aussprechen des Namens: namu-amida-butsu (shōmyō)*

Das Nenbutsu wird vokal als ,,*namu-amida-butsu*'' (skt. *namo amitābhāya buddhāya*) ausgedrückt. Der Name (skt. *nāma-dheya*, jap. *myōgō*) ist ,,namu-amida-butsu''. ,,*Namu*'' bedeutet wörtlich ,,Zuflucht nehmen'', ,,sich hingeben'', ,,verehren''. ,,*Amida Buddha*'' ist der ,,Buddha des unbegrenzten Lichts und ewigen Lebens''[14]. ,,*Namu*'' im Sinn von ,,Zu-

---

[10] Shinran, *Tannishō* S.65/XI.
[11] Ders., aaO. S.63f/VIII; ders., *Mattōshō* S.64/Brief 22; ders., *Kyōgyōshinshō* S.139/III, 112; ders., *Tannishō* S.62/V.
[12] AaO. S.61/II.
[13] AaO. S.63/VII.
[14] *GWB* II/S.1299 ,,myōgō''; aaO. II/S.1029f ,,namu-amida-butsu''.

fluchtnahme" ist „kimyō". „Ki" ist „erreichen", „ankommen", „sagen", „feststellen", das heißt dem Ausdruck verleihen, was im Menschen vorgeht. „Myō" ist „Aktion", „Aufruf", „Botschaft", „Lehre", „Weg"; „kimyō" ist so der „heilige Befehl"; es ist die Aufforderung des Hongan, zu Amida zu kommen[15].
Der Name verkörpert die gesamte Wirklichkeit des Wesens Amida Buddhas. Im Namen sind die erworbenen Verdienste und die höchste Tugend Amida Buddhas eingeschlossen[16]. Shinran schreibt:

„Ihr sollt wissen, daß der Name Amida Buddhas, der die höchste Tugend verkörpert und keine Hindernisse kennt, die rechte Weisheit ist, die Übel in Tugend transformiert..."[17].

Hat der Gläubige den Namen wahrhaft erfaßt, so hat dieser:

„die Macht, die Unklarheit gründlich zu durchbrechen, in der alle Wesen verwickelt sind, und die Macht, für sie alles zu erfüllen, was sie wünschen"[18].

Wer den Namen hört und an ihn glaubt, der kann sich seiner Rettung sicher sein; er wird im Reinen Land geboren werden[19]. *Shan-tao* formuliert es so:

„Das schärfste Schwert, das schneidet, ist der Name Amidas: Wenn einer ihn einmal ausspricht, werden alle Sünden entfernt; das alte Karma, selbst wenn es nur so wenig wie ein Häufchen Staubpartikel ist, wird zerstreut, wenn die Weisheit wächst"[20].

Der Name ist der aktive Grund für die Erlösung. Mit Shinrans Worten ausgedrückt:

„Der Name, erfüllt im Ur-Versprechen, ist die Ursache für unsere Geburt; mit anderen Worten: er ist unser Vater. Das leuchtende Licht des großen Erbarmens ist die Bedingung für unsere Geburt; es ist unsere Mutter"[21].

---

[15] *Shinran, Kyōgyōshinshō* S.42f/II, 36.
[16] *Ders.*, aaO. S.3; *ders., Yuishinshō-mon'i* S.31.
[17] *Shinran, Kyōgyōshinshō* S.3.
[18] *T'an-luan, Jōdoron-chū*, zitiert in: Shinran, aaO. S.90/III, 11; siehe auch *Shinran, Kyōgyōshinshō* S.20/II, 14; *Ganjō, Amidakyō gisho*, in: Shinran, aaO. S.53/II, 53.
[19] *Shinran, Yuishinshō-mon'i* S.31; *Größeres Amida-Sūtra*, in: Shinran, Kyōgyōshinshō S.17/II, 11; *T'an-luan, San-Amida-Butsu-Ge-Wasan*, in: Shinran, aaO. S.35/II, 24; *Shan-tao, Ōjō raisan*, in: Shinran, aaO. S.38/II, 26; *Jimin Ōshō*, Hymnus über das Pratyutpanna-samādhi Sūtra, in: Shinran, aaO. S.47/II, 37; *Kyōgō, Jutsumon san*, in: Shinran, aaO. S.49/II, 44; *Ganjō, Amidakyō gisho*, in: Shinran, aaO. S.54/II, 54; *Hōnen, Senjaku hongan nenbutsu shū*, in: Shinran, aaO. S.58/II, 69; *T'an-luan, Jōdoron-chū*, in: Shinran, aaO. S.65/II, 87.
[20] *Shan-tao, Hanju san*, in: Shinran, aaO. S.42/II, 35.
[21] *Shinran, Mattōshō* S.64/Brief 22.

Amida Buddha nimmt alle mittels seines Lichts und seines Namens auf, was einzig und allein der Kraft seines Versprechens gebührt, der Anderen Kraft[22].

Warum ist die Betonung des Namens so wichtig für shinbuddhistisches Denken? Nach Shinrans Verständnis ist die Kluft zwischen dem Menschen und Amida Buddha von menschlicher Seite aus unüberbrückbar. Um dem schwachen, ich-bezogenen Menschen überhaupt Zugang zum Absoluten, zur wahren Wirklichkeit zu ermöglichen, wurde Amida Buddha Teil dieser Welt. Dies geschah, indem er seinen Namen manifestierte. Der Name ist so ein Mittel (skt. *upāya*, jap. *hōben*), durch das der Mensch die wahre Wirklichkeit erfahren kann. Die Manifestation des Namens ist das Hongan Amida Buddhas. Der Name und das Hongan sind im Grunde ein und dasselbe:

> ...Obwohl wir vom Gelöbnis und vom Namen sprechen, sind diese nicht zwei verschiedene Dinge. Es gibt keinen Namen getrennt vom Gelöbnis und es gibt kein Gelöbnis getrennt vom Namen... Einmal wirst du einfach erkennen, daß das Gelöbnis das begriffliche Verstehen übersteigt, und du wirst mit einem Herzen erkennen, daß der Name begriffliches Verstehen übersteigt, und du wirst ihn aussprechen; warum sollst du dich in deiner eigenen Kalkulation wiegen?[23].

Amida, der Buddha des unbegrenzten Lichts und ewigen Lebens, der unendliche Weisheit und Liebe symbolisiert, wird im Augenblick der Manifestation seines Namens zu dem Wort namu-amida-butsu:

> „*Der heilige Name* ist namu-amida-butsu... Es ist der Name des Gelöbnisses, der große Liebe und großes Mitleid verkörpert, der alle Lebewesen zum Höchsten Nirvāna bringt. Der Name des Buddha gründet auf dem Versprechen, alle Wesen zu retten"[24].

Der Name kann nicht vom Aussprechen (*shōmyō*) getrennt werden. Ein Name ohne Aussprechen ist bedeutungslos. Er ist nur ein objektiver Begriff ohne Realität. Erst durch das Sprechen kann die Wirklichkeit, die mit dem Wort (Begriff) gemeint ist, erfahren werden. Wenn der Name mit dem Mund ausgesprochen wird, wird er shōmyō, und hier, wo shōmyō eins wird mit dem Namen (*myōgō*), ist der Name notwendig mit der Kraft des Glaubens versehen[25]:

[22'] *Shan-tao*, Ōjō raisan, in: Shinran, Kyōgyōshinshō S.37/II, 26.
[23] *Shinran, Mattōshō* S.37/Brief 9.
[24] *Shinran, Yuishinshō-mon'i* S.30.
[25] S. Yamabe und C. Akanuma (Hrsg.), Kyōgyōshinshō Kōgi (Kyoto 1976) II/S.753; siehe dazu auch R. Okochi, Absolute Wahrheit: Ihre Selbstverneinung als Selbstverwirklichung. Das Problem des Hōben im Jōdo-Buddhismus, in: Transzendenz und Immanenz. Philosophie und Theologie in der veränderten Welt, hrsg. v.D. Papenfuss und J. Söring (Stuttgart 1977) S.279.

„Da Amida durch das Wunder seines Hongan den Namen verwirklichte — den man sich leicht merken und aussprechen kann — und versprach, daß er die aufnehmen werde, die daran festhalten, äußern wir das Nenbutsu in dem Glauben, daß wir kraft des Wirkens von Amidas Wille vom Kreislauf von Geburt und Tod erlöst würden durch das Wunder des großen erbarmenden Versprechens Amidas. Wenn wir es in diesem Sinne verstehen, werden wir in vollem Einklang mit seinem Hongan sein und im wahren Land der Erfüllung geboren ohne überhaupt irgendeinen Selbst-Willen. In diesem Sinne — wenn wir an das Wunder des Gelöbnisses glauben — verkörpert es das Wunder des Namens, und so sind das Wunder des Gelöbnisses und das Wunder des Namens eins und nicht zwei"[26].

Der Glaube besteht in der Annahme des namu-amida-butsu und im Sagen des namu-amida-butsu als Zeichen der Annahme. Der Gläubige muß ganz leer werden, jedes Ich-Bewußtsein und jede Ich-Kraft abtun und das Wort Amida Buddhas aufnehmen. Dieser Akt geschieht im Hören des Namens. Im Augenblick des Hörens, das das totale Vertrauen auf die Andere Kraft ist, entsteht der Glaube, und das Sagen des namu-amida-butsu folgt ganz von selbst als Zeichen der Dankbarkeit. Das Aussprechen geschieht, ohne daß sich der Gläubige bewußt ist, namu-amida-butsu zu sagen. Es vollzieht sich in vollkommener Ich-Vergessenheit (skt. *samādhi*, jap. *sammai*)[27], einer „Sammlung bis zur Selbstvergessenheit". Es ist eine mystische Erfahrung, die *Ippen Shōnin* (1229-1289 n.Chr.), der Begründer der Ji-shū, so ausdrückt:

„Beim namu-amida-butsu-Sagen gibt es weder Ich noch Buddha, es gibt nichts als das namu-amida-butsu. Namu-amida-butsu sagt namu-amida-butsu, namu-amida-butsu hört namu-amida-butsu"[28].

Wie der Name nicht vom Aussprechen zu trennen ist, so kann die Praxis des Nenbutsu nicht vom Glauben getrennt werden. Für Shinran ist das Nenbutsu nicht die Ursache für die Erlösung, wie es noch in der Tradition gelehrt wurde, sondern in und durch das Sagen des Namens wird Glaube manifest. Das Erwachen des Glaubens und das Sagen des Nenbutsu sind ein und derselbe Augenblick. Es besteht ein untrennbarer Zusammenhang zwischen Praxis und Glaube: In dem Moment, wenn der Mensch zum Glauben kommt, drückt er dies als Nenbutsu aus, und umgekehrt resultiert Nenbutsu aus dem Glauben[29]. Glaube ohne Nenbutsu ist kein echter, genügender Glaube, und Nenbutsu ohne Glaube

---

[26] *Shinran, Tannishō* S.65/XI.
[27] *GWB* I/S.489 „sammai".
[28] *S. Ueda*, Der Glaubensbuddhismus. Über das „Nenbutsu", in: NOAG 88 (1960) S.39 zitiert *Ippen*; siehe auch *D. T. Suzuki*, Amida. Der Buddha der Liebe (Bern-München-Wien 1974) S.26f; *ders.*, Essays in Zen Buddhism II, S.180ff.
[29] *Shinran, Mattōshō* S.5/Brief 12; *Größeres Sukhāvatī-vyūha-sūtra*, in: Shinran, Kyōgyō-shinshō S.17/II, 11.

ist ohne Inhalt, nur eine leere Formel, ungenügend. Das bloße Äußern des Namens zeigt nicht notwendig die Anwesenheit von Glauben:

> ,,Obwohl eine Person Glauben haben mag, wenn sie nicht den Namen sagt, ist es nicht von Betracht. Und umgekehrt, selbst wenn sie konstant den Namen sagt, wenn ihr Glaube seicht ist, kann sie nicht Geburt erlangen''[30].

Der Begriff ,,*nen*'' hat zwei Bedeutungen, nämlich ,,Gedanke'' als Erwachen des Glaubens und ,,Praxis'' als Sagen des Nenbutsu. Der eine Augenblick des Glaubens und der eine Augenblick des Nenbutsu haben die gleiche Wurzel ,,nen'':

> ,,Obwohl Glauben und Nenbutsu zwei sind, da Glauben Hören ist und nicht der Zweifel daran, daß man nur durch ein einziges Aussprechen, das die Erfüllung der Praxis ist, gerettet wird, gibt es keinen Glauben getrennt vom Nenbutsu. Das ist die Lehre, die ich empfangen habe. Ihr solltet ferner wissen, daß es kein Nenbutsu getrennt vom Glauben gibt. Beide sollten als Amidas Gelöbnis verstanden werden. Nenbutsu und Glaube auf unserer Seite sind die Manifestation des Hongan''[31].

Aus dem Glauben folgt automatisch das Wort. Glaube beinhaltet immer das Aussprechen des Namens, um echter Glaube zu sein. Wahrer Glaube ist immer schon mit dem Namen versehen: Glaube und Praxis können nicht getrennt werden. Wenn der Mensch Nenbutsu sagt, so ist das Ausdruck seines Glaubens, ja, es ist der Beweis für seine Erlösung. Im Augenblick des Glaubens fließt das Nenbutsu von selbst aus dem Mund des Gläubigen hervor als Zeichen der Dankbarkeit gegenüber der großen Barmherzigkeit Amida Buddhas[32].

---

[30] *Shinran, Mattōshō* S.41/Brief 11.
[31] *Ders.*, aaO. S.40/Brief 11.
[32] *Shinran, Tannishō* S.71/XIV.

IV. WAS IST GLAUBE? (SHIN)

Im *18. Gelöbnis* versprach Amida Buddha zwei wichtige Dinge: im Vertrauen auf Amidas Aufrichtigkeit wird der Mensch zum Glauben erwachen und im Buddha-Land geboren:

„Wenn beim Erlangen meiner Buddhaschaft alle Wesen in den zehn Welten in aller Aufrichtigkeit und im Glauben ersehnen, in meinem Land geboren zu werden, bis zu zehnmal meinen Namen aussprechen, und nicht dort geboren werden, möge ich nicht die Höchste Erleuchtung erlangen. Ausgenommen davon sind jene, die die fünf schweren Verbrechen begangen haben und die den Rechten Dharma verachten"[1].

Shinran nennt dieses Gelöbnis „Gebet der Aufrichtigkeit und des Glaubens" (jap. shinshin shingyō no gan) oder auch „Gebet, das Amida gesprochen hat, um unsere Geburt im Reinen Land zu bewirken mittels des Nenbutsu" (jap. Nenbutsu ōjō no gan)[2]. Daß der Mensch zum Glauben kommt, ist in diesem Gelöbnis versprochen. Es ist der Wille Amidas, der im Hongan beschloß, alle zu erlösen[3]. Allein der Glaube an dieses Versprechen kann den Menschen wahrhaft befreien. Es ist so Wirkursache dafür, daß der Gläubige im Reinen Land Amidas geboren wird. Es bewirkt in ihm erstmals das Verlangen nach Geburt, nämlich durch Amidas Ruf, zu ihm zu kommen[4]. Das Erwachen zum Glauben ist ganz und gar das Wirken des Hongan selbst und ist nicht auf des Menschen eigene Kraft zurückzuführen. Es ist tariki, die „Andere Kraft", die jede Art von Selbstanspruch ausschließt. Es ist jenseits des „hakarai" des

---

[1] *Größeres Sukhāvatī-vyūha-sūtra*, zitiert in: Shinran, Kyōgyōshinshō S.88/III, 4. Die fünf schweren Verbrechen sind nach der frühesten buddhistischen Tradition: 1. das Töten des Vaters, 2. das Töten der Mutter, 3. das Töten eines Arhat (Heiligen), 4. Disharmonie in der Gemeinde (Saṃgha) veranlassen, 5. Blutfließen aus dem Körper eines Buddhas verursachen; siehe *Shinran, Kyōgyōshinshō* S.170/III, 132. Verleumder des Rechten Dharma bezieht sich auf die, die gegen die Lehre Buddhas mit überlegter, böser Absicht angehen; siehe *D. T. Suzuki*, Kyōgyōshinshō Kommentar S.210/Nr. 17. Im Größeren Sukhāvatī-vyūha-sūtra heißt es, daß diese beiden Gruppen von der Erlösung ausgenommen sind. Nach dem Meditations-Sūtra dagegen können die, die die fünf schweren Verbrechen begangen haben, erlöst werden, wenn sie vor dem Tod noch den Namen Buddhas aussprechen. Shinran stützt sich auf Shan-tao und löst die Schwierigkeit so: Alle können schließlich im Reinen Land geboren werden. Einmal dort, gibt es keinen Unterschied mehr. All dies gebührt der erbarmenden Liebe Amidas, der das Hongan für alle, ohne Unterschied, machte; siehe *Shan-tao*, Hōjisan, in: Shinran, aaO. S.170/III, 131.
[2] *Shinran*, aaO. S.88/III, 2; siehe auch *D. T. Suzuki*, Kyōgyōshinshō Kommentar S.286/Nr. 256.
[3] *Shinran*, aaO. S.73/II, 106.
[4] *Ders.*, aaO. S.104/III, 21; aaO. S.114/III, 43.

Praktizierenden, jenseits des ,,selbstgewollten Kalkulierens und Planens''[5].

Sich absolut der Macht des Hongan anvertrauen, sich dieser Anderen Kraft vorbehaltlos hingeben, ohne sich auf die eigene Kraft zu stützen, das ist der wahre Glaube (jap. *shinjin*).

1. *Glaube (shinjin)* — *das totale Vertrauen auf die Kraft des Hongan*

Das chinesische Zeichen für Glauben setzt sich zusammen aus ,,*shin*'', das als Verb ,,sich dem Buddha anvertrauen'' bedeutet. Das zweite Zeichen, ebenso ,,shin'' gelesen, in Zusammensetzung ,,*jin*'', ist ,,Herz und Geist'' (im Englischen meist mit ,,mind'' wiedergegeben). ,,*Shinjin*'' ist so das ,,wahre, wirkliche, aufrichtige Herz (heart and mind)'' (jap. makoto no kokoro), es ist das ,,gläubige Herz''[6]. Wie dieses gläubige Herz, wie der Glaube in Shinrans Verständnis aufzufassen ist, läßt sein kleines Werk über den Glauben ,,Yuishinshō-mon'i'' (Bemerkungen zu ,Wesentliche Merkmale des Glaubens allein') deutlich werden:

> ,,Shinjin ist Herz und Geist ohne Zweifel; es ist das Herz, das frei ist von dem, was leer und vergänglich ist... Frei sein von Selbst-Kraft, sich selbst der Anderen Kraft des Hongan anvertraut haben, das allein ist Glaube''[7].

Glaube ist, so verstanden, weder der Glaube an irgendwelche Vorschriften oder der Glaube an Buddha, noch irgendein Vertrauen oder subjektives Gefühl. Vielmehr entsteht Glaube aus dem Erwachen, aus der Erkenntnis des Menschen seiner selbst als ein Wesen, das in Unklarheit und Leidenschaft gefangen ist und das auf Grund der Kraft des Hongans Amida Buddhas gerettet wird. Diese Erkenntnis wird durch das Wirken Amida Buddhas möglich, nämlich des wahren und wirklichen, aufrichtigen Herzens Buddhas. Shinran schreibt:

> ,,Was das (Größere) Sutra mit ,(seinen Namen) hören' meint, ist, daß alle Wesen, die den Ursprung und die Geschichte des Hongan hören, keinen Zweifel hegen. Das ist ,Hören'. ,Glaube' (der dabei erweckt wird) ist das

---

[5] *Y. Ueda* (Ed.), Mattōshō Kommentar S.7.
[6] *GWB* I/S.777 ,,shinjin''. S. Bandō übersetzt shinjin mit ,,heart of Faith'' (gläubiges Herz) und nicht mit ,,mind'', wie es gewöhnlich geschieht. Denn das Herz als Mitte des ganzen Wesens schließt nicht nur den Intellekt ein, sondern auch die affektive Natur (Empfindung); siehe *S. Bandō* (transl.), Tannishō S.60/Anm. 3. Ferner erklärt er seine Wortwahl so: ,,Shin'' mit Großbuchstaben übersetzt, als ,,Faith'', ist der ,,Wahre Glaube'', nämlich der reine Glaube, der von Amida auf den Gläubigen zugewandt wurde, im Unterschied zum unreinen Glauben (Kleinbuchstabe ,,faith'') des Gläubigen, der noch menschliches Selbstbemühen einschließt. siehe *S. Bandō*, aaO. S.59/Anm. 1. Wenn mit jüdisch-christlicher Begrifflichkeit und jüdisch-christlichem Verständnis gesehen, so ist die Bedeutung des Wortes ,,shinjin'', Glaube, mißverständlich aufgefaßt.
[7] *Shinran, Yuishinshō-mon'i* S.29.

Herz, das durch die Kraft des Hongan entstand, das alle Verdienste auf den Gläubigen hinwendet"[8].

In der allgemein buddhistischen Tradition ist Glauben ein Willensakt, der vom Menschen ausgeht und sich auf Buddha hinwendet. Der Mensch hört die Lehre Buddhas, entscheidet sich für sie und lebt danach mit ganzem Herzen. Sein Glaube gründet auf Verstehen und Überzeugung[9].

In der Reinen-Land-Lehre nimmt der Glaube eine besonders wichtige Rolle ein: *T'an-luan* erklärte den Glauben als Zufluchtnahme zu Amida Buddha und als das Verlangen nach Geburt in seinem Land. Ein fortwährendes Aussprechen des Namens Amida Buddhas ist dabei notwendig als ein Akt, der von Sünden befreit[10]. *Shan-tao* betonte, daß das Aussprechen des Namens mit aufrichtigem Herzen, tiefem Glauben und dem Wunsch, im Buddha-Land geboren zu werden, verbunden sein muß[11].

Shinrans persönliche Erfahrung des menschlichen Ich als böse und schwach, ließ ihn einen anderen Weg gehen: Von sich aus, aus eigener Kraft, ist der Mensch nicht fähig zum wahren Glauben. Einzig und allein Amidas große Liebe und unendliches Erbarmen sind es, die den armseligen Menschen veranlassen zu glauben, die in ihm den Glauben bewirken:

,,Shan-tao ... sagt, daß Śākyamuni und Amida unsere Eltern des großen Erbarmens sind: sie benutzen viele verschiedene Mittel (hōben) und erwecken das höchste gläubige Herz. So ist das Bestimmtwerden des wahren Glaubens das Wirken Śākyamunis und Amidas"[12].

Obwohl Glauben eine Erfahrung auf seiten des Menschen ist, so ist es doch nichts, was vom Menschen herstammt, sondern es geht ganz von Amida Buddhas erbarmendem Herzen aus:

,,Sogar über das Entstehen dieses gläubigen Herzens steht geschrieben, daß der wahre Glaube in uns durch die erbarmende Führung Śākyamunis, dem gütigen Vater, und Amida, der Mutter liebender Sorge, erweckt wurde"[13].

Damit war auch das Problem gelöst, das in der Tradition aufgekommen war: Wie soll der Schlechte gerettet werden, der nicht glaubt und

---
[8] *Shinran, Kyōgyōshinshō* S.126/III, 72.
[9] Über den ,,Glauben" in der buddhistischen Tradition siehe: *F. Masutani*, A Comparative Study of Buddhism and Christianity (Tokyo 1957) Kap. Glaube S.68-88; *D. T. Suzuki*, Faith in Buddhism, in: The Middle Way XLII/2 (London 1967) S.61-64; *C. Humphreys*, Buddhism (Harmondsworth 1951) S.61f.
[10] *T'an-luan*, Jōzengi, in: Shinran, aaO. S.91/III, 12.
[11] *Shinran, Yuishinshō-mon'i* S.47.
[12] *Shinran, Mattōshō* S.42/Brief 13.
[13] *Shinran, Yuishinshō-mon'i* S.33.

keine guten Werke ausübt? — Shinran konnte von seinem Verständnis her solche Aussagen machen, wie: Alle werden gerettet, da Amida nicht zwischen gut und böse unterscheidet. Ausschlaggebend ist allein das Vertrauen auf das Hongan:

> ,,Die das Glück haben, einen unbefleckten Glauben zu erlangen, haben sicher ein Herz, das frei ist von Perversion und Heuchelei. Es ist aus diesem Grund, daß selbst solche Wesen, die schwer beladen sind mit den schlimmsten Sünden, die Möglichkeit haben, die höchsten Stufen der Freude zu erfahren und von all den Buddhas geliebt und geehrt zu werden''[14].

Wie ist dieses totale Vertrauen möglich? Es ist eine enorme Schwierigkeit für den Menschen, der mit jedem Gedanken, mit jeder Tat, stets seinen Wünschen und Leidenschaften verhaftet ist. Von sich selbst aus zu diesem Glauben zu kommen, ist unmöglich für ihn. Allein Amida Buddha bewirkt im Menschen den Glauben, indem er aus übergroßer Liebe dem Gläubigen sein Herz gibt, das reine Buddha-Herz (skt. *bodhicitta*, jap. *bodaishin*):

> ,,Der Buddha, der Erbarmen und Liebe für alle leidenden Wesen empfand, übertrug dem Meer aller Wesen sein großes, reines Herz, das keine Hindernisse kennt. Dies wird genannt ,das wahre, wirkliche, gläubige Herz, das anderen Wohltaten erweist'''[15].

Glauben (*shinjin*) bezieht sich so auf das ,,wahre und wirkliche Herz'' im Menschen, das von Amida gegeben wurde:

> ,,Glaube ist das wahre und wirkliche Herz Amida Buddhas''[16].

Es ist die Einheit des Herzens Buddhas und des Herzens des Menschen. Wenn sich der Gläubige ganz der Anderen Kraft hingibt, wird dieses Herz erlangt. Immer wieder betont Shinran:

> ,,Dieses Herz ist in der Tat kein anderes als das, das aus dem Gebet geboren ist, das von Amida gewählt worden war, um unsere Geburt im Reinen Land zu bewirken mittels des Nenbutsu''[17].

Wie kommt Shinran zu diesem Verständnis des Glaubens? Er las die Texte der Tradition, die ihm in der chinesischen Sprache vorlagen, auf seine eigene Weise, genauer: nach eigenen grammatikalischen Gesetzmäßigkeiten. So kam es, daß er alte Texte durch seine Übersetzung vollständig uminterpretierte. Ein Beispiel dafür ist folgendes Zitat aus dem Größeren Sukhāvatī-vyūha-Sūtra, das sich auf die Erfüllung des 18. Gelöbnisses durch Amida Buddha bezieht:

---

[14] Shinran, *Kyōgyōshinshō* S.88/III, 3.
[15] AaO. S.109/III, 32.
[16] Shinran, *Yuishinshō-mon'i* S.21.
[17] Shinran, *Kyōgyōshinshō* S.87/III, 1.

,,Da alle Wesen seinen Namen hören, wird Glaube in ihnen erweckt und sie freuen sich in einem Augenblick. Dies geschieht *durch das Zuwenden (von Amidas aufrichtigem Herzen)*. Wenn sie ersehnen, im Reinen Land geboren zu werden, werden sie in diesem Augenblick dort geboren und verweilen auf der Stufe des Nicht-wieder-Zurückfallens''[18].

Aus dem chinesischen Text (mit aufrichtigem Herzen zuwenden, jap. *shishin ekō*)[19], ergibt sich die Frage nach Subjekt und Objekt: wer wendet wem zu? In der Tradition wurde die Stelle so verstanden, daß alle Wesen sich Amida zuwenden und die erworbenen Verdienste auf ihre Geburt in seinem Land ausrichten. Für Shinran jedoch ist es Amida, der alle seine Verdienste und Tugenden dem Menschen zuwendet, um so den Glauben zu ermöglichen und ihm damit den Weg zum Buddha-Land zu eröffnen. Daß der Mensch glauben und auf seine Erlösung hoffen kann, gebührt, nach Shinrans Auffassung, nicht dem Verdienst des Menschen, sondern einzig und allein Amidas unendlicher Liebe. Aus dieser Liebe heraus hat Amida das Leben eines Bodhisattva praktiziert. Er hat das Versprechen abgelegt, alle zu retten und hat sein Herz in langer Übung vervollkommnet. So erlangte er unzählige Tugenden. Sein wahres und aufrichtiges Herz wandte er allen zu, um sie von ihren Leidenschaften und dem bösen Karma zu befreien. Shinran schreibt:

> ,,Es gibt in unserer Praxis oder in unserem Glauben nichts, das nicht aus Amidas unbeflecktem Herzen kommt, dessen Verdienst auf uns zugewandt wurde, um uns Geburt erlangen zu lassen. Dies ereignet sich nicht ohne eine Ursache, und es kommt aus keinem anderen Grund (als aus Amidas Hongan). Das sollte bekannt sein''[20].

Eine solche Interpretation von Glaube ist etwas völlig Neues in der buddhistischen Tradition vor Shinran, in der ganz die Erlösung durch eigene Kraft betont wurde, ohne sich auf irgendeine Autorität zu verlassen. Sicher, die Lehrer des Reinen-Land-Buddhismus hielten das Vertrauen auf die Andere Kraft für wichtig. Doch sie betrachteten die guten Werke, und sei es auch nur die Übung des Aussprechens des Namens Amida Buddhas, für die Erlösung notwendig. Für Shinran aber beinhaltet ein so verstandener Tariki-Glaube noch immer Bemühungen aus eigener Kraft und ist damit kein echter Tariki-Glaube. Der wahre Glaube ist allein das totale Vertrauen auf die Kraft des Hongan.

Immer wieder betont Shinran, daß der Mensch sich des wahren Glaubens nicht als sein eigenes Werk rühmen kann. Vom Licht der Anderen

---

[18] *Größeres Sukhāvatī-vyūha-sūtra*, zitiert in: Shinran, aaO. S.89/III, 6.
[19] *Dass.*, translated by M. Müller, in: Buddhist Mahāyāna Texts, edited by E. B. Cowell (New York 1969) S.45: ,,From having been turned over ... (from Amida's sincere mind)'', (jap. shishin ni ekō seshimetamaeri).
[20] *Shinran*, Kyōgyōshinshō S.103/III, 20.

Kraft erfaßt, wird der Glaube Wirklichkeit im Menschen. Es ist das Licht Amida Buddhas, das den Menschen seine Unklarheit erkennen läßt[21]. In ihm sieht der Gläubige seine Falschheit, Unaufrichtigkeit und Sündhaftigkeit. Gleichzeitig sieht er sich aufgenommen von Amidas aufrichtigem Herzen. Es vollzieht sich eine radikale Wandlung, bei der der Gläubige die Dinge in ihrer wahren Wirklichkeit, in ihrem „So-wie-es-ist" erfährt, wobei Böses und Gutes des Menschen zum Guten Buddhas verwandelt werden. Hier leuchten im Innersten des Menschen große Liebe und Weisheit auf. Hier ist wahrhafte Menschlichkeit.

2. *Glaube — ausgedrückt in den drei Aspekten des dreifach gläubigen Herzens (sanshin)*

Da es sehr schwer für den Menschen ist, ein wahrhaft Glaubender zu werden, anders ausgedrückt: das reine, absolute Buddha-Herz zu erfassen, beschreibt Amida in seinem 18. Gelöbnis den Glauben als „Sanshin", als „dreifach gläubiges Herz". „Sanshin" enthält die drei Aspekte des „aufrichtigen Herzens" (jap. *shishin*), des „vertrauenden Herzens" (jap. *shingyō*) und des „Herzens, das nach Geburt verlangt" (jap. *yokushō*)[22]. Das dreifach gläubige Herz ist, wie schon in dem Größeren Sukhāvatī-vyūha-Sūtra dargestellt wird, völlig frei von Zweifel, Selbst-Willen, eigenem Ermessen und Planen. Shinran erklärt das dreifach gläubige Herz:

> „So wissen wir klar, daß (1) *shishin* (aufrichtiges Herz) nichts anderes ist als das Herz, das Wahrheit, Wirklichkeit, Unbescholtenheit und Same ist. Es gibt darin keinen Zweifel. (2) *Shingyō* (Glaube) ist das Herz der Wahrheit, Wirklichkeit, Integrität und Erfüllung. Es ist das Herz der Vollendung, Vollkommenheit, Handlung und Tiefe; es ist das Herz der Prüfung, des Ausdrucks und der Loyalität; es ist das Herz, das ersehnt, wünscht, sich freut und Glück empfindet; es ist das Herz, das froh, glücklich und gesegnet ist. Es gibt in ihm keine Spur von Zweifel. (3) *Yokushō* (Verlangen nach Geburt) ist das Herz der Sehnsucht, der Freude, des Erwachens und des Wissens. Es ist das Herz, das vollendet, handelt, wirkt und sich erhebt; es ist das Herz, das vom großen Erbarmenden übertragen wurde. Aus diesem Grund gibt es in ihm keine Spur von Zweifel"[23].

Shishin, das aufrichtige Herz, ist das Herz von wahrem, wirklichem Kern. Es ist das von Unwahrheit und Falschheit entfernte, integre, wahrhaftige Herz. Frei von allem Zweifel ist dieses Herz der Same für das Buddha-Werden. Als gläubiges Herz (*shinjin*) verläßt es sich nicht auf

---

[21] Shinran, *Mattōshō* S.48/Brief 14.
[22] *GWB* I/S.477 „sanshin"; aaO. S.62f „isshin"; siehe auch *D. T. Suzuki*, Kyōgyō-shinshō Kommentar S.292/Nr. 279.
[23] Shinran, *Kyōgyōshinshō* S.104/III, 23; ebd. 22.

die eigene Kraft, sondern vertraut ganz auf die Andere Kraft[24]. Der Mensch, der in allen Arten von Leid gefangen ist, kann von sich aus dieses reine, wahrhafte Herz nicht verwirklichen. Deshalb erbarmt sich Amida und erweckt das aufrichtige Herz.

Shingyō, freudiger Glaube, ist das Herz, das ohne Zweifel ist, das wahre, wirkliche, erfüllte Herz. Es ist das Herz voll Vertrauen. Seine Substanz ist Buddhas aufrichtiges Herz. Da das menschliche Herz ein ungläubiges ist, hat Amida sein liebendes Herz im Glauben vervollkommnet und dem Gläubigen zugewandt und hat so ermöglicht, gründlich und ohne Zweifel zu glauben. Es ist Amida Buddhas entschlossenes Herz, die Menschen zu retten[25]. Es ist Ausdruck seiner großen Liebe für alle, die den reinen und unbefleckten Glauben, den wahren, wirklichen Glauben nicht kennen. Shingyō ist identisch mit dem tiefen Herzen des Meditations-Sutra (jap. *jinshin*). Im vertrauenden Glauben, der keine Zweifel hegt, wird Amidas Hongan erfüllt. So ist dieses Herz Wirkursache für die Geburt im Reinen Land. Um die Wesen von ihrer Falschheit zu befreien, hat Amida sein reines Herz des Glaubens und Vertrauens, das anderen Wohltaten erweist, übertragen[26].

Yokushōshin, das Herz, das Geburt ersehnt, ist, von Amida aus gesehen, seine Aufforderung, sein Ruf an alle Wesen, zu ihm zu kommen. Es ist das Herz, das sich dem Menschen zuwendet und auf ihn wirkt; es ist der Ruf Amidas an alle Lebewesen, sein großes liebendes Herz. Das Herz, das Geburt ersehnt, ist nicht das Verlangen unserer eigenen Kraft, sondern von der Anderen Kraft auf uns übertragen. Seine Substanz ist das wahre, wirkliche, gläubige Herz[27]. So wie das aufrichtige Herz (*shishin*) Substanz für den vertrauenden Glauben (*shingyō*) ist, und dieser wiederum Substanz für das Herz, das nach Geburt verlangt (*yokushōshin*), so ist umgekehrt das Herz, das Geburt ersehnt, Ursache für den vertrauenden Glauben, und dieser ist wiederum Ursache für das aufrichtige Herz. Die Relation von aufrichtigem Herzen, vertrauendem Herzen und dem Herzen, das Geburt ersehnt, ist als ein Ineinanderfließen ohne Grenzen zu sehen. Das aufrichtige Herz ist die Substanz, aus der der vertrauende Glaube als Gestalt (Seinsweise, Modus) entspringt und die daraus entstehende Wirkung des gläubigen Herzen, das Geburt ersehnt[28]. Der Mensch kann das aufrichtige Herz, als bloßes, reines Herz, als Substanz,

---

[24] Ebd.23; *GWB* I/IS.536 ,,shishin''; *S. Yamabe und C. Akanuma*, Kyōgyōshinshō Kōgi II/S.685.693.
[25] *GWB* I/S.775 ,,shingyō''; *S. Yamabe und C. Akanuma*, aaO. II/S.686-693f; *Shinran*, aaO. S.104/III, 23.
[26] *Shinran*, aaO. S.108/III, 23.
[27] *Ders.*, aaO. S.114/III, 43; *GWB* II/S.1397 ,,yokushō''; *S. Yamabe und C. Akanuma*, aaO. II/S.698. 736.
[28] *Dies.*, aaO. II/S.693f.

nicht erkennen. Deshalb muß eine Gestalt da sein, und das ist das ohne Zweifel gläubige Herz (shingyō). In dem Augenblick, in dem der Glaube im Menschen entsteht, kann der Gläubige das aufrichtige Herz verstehen, nämlich als das Buddha-Herz, das im menschlichen Herzen erscheint. Shinran erklärt:

> ,,Wir wissen ..., daß dieses Herz etwas völlig jenseits des Denkens, der Beschreibung oder der Erklärung ist, daß es das eine Meer des Gebets der transzendentalen Weisheit ist (das Hongan), daß es das wahre und wirkliche Herz ist, das von Buddha zum Vorteil aller Wesen übertragen wurde. Dies muß ‚aufrichtiges Herz' genannt werden''[29].

Hōnen, der auf Shan-tao zurückgeht, identifizierte den wahren Glauben mit den drei Herzen des Meditations-Sutra (jap. *sanjin*)[30]. Die drei Herzen sind das ,,aufrichtige Herz'' (jap. *shijōshin*), das ,,tiefe Herz'' (jap. *jinshin*) und das ,,Herz, das Geburt im Reinen Land ersehnt mittels verdienstvoller Werke'' (jap. *ekō-hotsugan-shin*). Shan-tao erklärte in seinem Kommentar zum Meditations-Sutra die drei Herzen: Ein wahres, wirkliches Herz hat der, der sich in dem bewegt, was wahr und wirklich ist. Beim tiefen Herzen machte er die Unterscheidung: einmal ist es der Glaube und die Einsicht, daß dieser Körper, wie er hier und jetzt besteht, eine niedrige, sündhafte Existenz ist, ohne Möglichkeit, erlöst zu werden; zum anderen ist es der Glaube an das Gelöbnis Amida Buddhas, das für alle abgelegt wurde, damit alle sicher im Reinen Land geboren werden. Das Herz, das Geburt ersehnt, ist das Herz, das vom wahren, wirklichen Herzen ausgeht, fest darin verwurzelt ist und dadurch Geburt erlangt[31].

Bis zu Shinrans Zeit verkündeten die Reinen-Land-Lehrer die drei Herzen als notwendige geistige Einstellung des Gläubigen, der die Geburt im Reinen Land ersehnt. *Shinran* dagegen lehnte dieses Verständnis als einen Versuch eigener Kraft ab:

> ,,Die drei Herzen des Meditations-Sutra sind Teile des jiriki-Herzens einer Person, die meditative und nicht-meditative Übungen ausführt. Wißt, daß das tiefe Herz (jinshin) und das aufrichtige Herz (shijōshin) — die nur Mittel (hōben) sind — bewirken sollen, daß die zwei Übungen — meditative oder nicht-meditative — dazu gebracht werden, nach dem dreifachen Herzen des Größeren Sutra zu verlangen''[32].

Im Grunde sind für Shinran das dreifach gläubige Herz des Größeren Sukhāvatī-vyūha-Sūtra (*sanshin*) und die drei Herzen des Meditations-

---

[29] *Shinran*, aaO. S.107/III, 28.
[30] *GBW* I/S.477 ,,sanjin''; *Shinran*, *Yuishinshō-mon'i* S.47; D. T. Suzuki, Kyōgyōshinshō Kommentar S.295/Nr. 288.
[31] *Shan-tao*, Kangyō-gi, in: *Shinran*, Kyōgyōshinshō S.92ff/III, 15.
[32] *Shinran*, *Yuishinshō-mon'i* S.48.

Sūtra (*sanjin*) identisch. Beide offenbaren das Wirken der Anderen Kraft. Sie sind das eine gläubige Herz, auch ,,*isshin*'' genannt, das ,,eine Herz'', das die Manifestation des wahren und wirklichen Herzens Amida Buddhas ist[33]:

> ,,Die drei Herzen des Meditations-Sutra zu verwirklichen und dann das dreifach gläubige Herz des Größeren Sutra, bedeutet, das eine Herz zu verwirklichen''[34].

Shinran erklärt die Lehre vom dreifach gläubigen Herzen nur als ein Hilfsmittel, das Amida benutzt, um allen, die sich in Unklarheit befinden, die Möglichkeit zu geben, das reine, absolute Buddha-Herz zu verwirklichen. Im Glauben an das Hongan werden die drei Aspekte des aufrichtigen Herzens, des Vertrauens und des Verlangens nach Geburt aktualisiert. Da das dreifach gläubige Herz von Amida verliehen wird, ist es identisch mit dem einen Herzen. Das sanshin ist das eine Herz Amidas, und dies ist die Andere Kraft. Shinran kommentiert:

> ,,Aufrichtiges Herz, Vertrauen und Verlangen nach Geburt mögen differieren, so wie ihre wörtliche Bedeutung, aber in ihrem inneren Sinn sind sie eins. Warum? Weil das dreifach gläubige Herz niemals irgendeine Beimischung von Zweifel hat. Sie konstituieren das eine Herz, das wahr und wirklich ist, das genannt wird ,Herz aus Diamant'. Das wahre Herz aus Diamant ist das wahre, wirkliche, gläubige Herz; und das gläubige Herz, das wahr und wirklich ist, ist sicher mit dem Namen versehen. Aber wenn der Name allein erwähnt ist, ist er nicht notwendig mit dem Glauben versehen, der unterstützt ist durch die Kraft des Hongan''[35].

Schon *Vasubandhu* beschrieb in seiner Abhandlung über das Reine Land, das ,,eine Herz''. ,,Ein'' drückt die Absolutheit und Reinheit des Herzens Buddhas aus, jenseits aller relativen Kategorien. Unbehindert wirkt es in dieser Welt des Samsāra. Es ist das ,,Herz aus Diamant'' (skt. *vajra*, jap. *kongō-shin*), da es niemals bricht, nie abnimmt und so fest und unzerstörbar ist wie der Diamant[36]. Es ist der ,,Große Glaube'' (jap. *daishin*)[37]. Shinran kommentiert Vasubandhus ,,Jōdo-ron'':

> ,,Wenn wir die Bedeutung der drei Begriffe (shishin, shingyō, yokushō) untersuchen, stellen wir fest, daß das Herz das eine ist, das wahre und wirkliche, in dem es keine Beimischung von nicht-substantiellen Dingen gibt. Das Herz ist jenes, welches recht und aufrichtig ist, in dem es keine Spur von Schlechtem und Falschem gibt. Es wird Glaube, *shingyō*, genannt. Glaube ist das eine Herz, und das eine Herz ist das wahre, wirkliche, gläu-

---

[33] D. T. Suzuki, aaO. S.296/Nr. 289 und 290; S.298/Nr. 297.
[34] Shinran, aaO. S.47f.
[35] Shinran, Kyōgyōshinshō S.118/III, 54; GWB I/S. 420 ,,kongōshin''.
[36] D. T. Suzuki, aaO. S.245/Nr. 126.
[37] GWB II/S.922 ,,daishin''.

bige Herz. Aus diesem Grund, so sollt ihr wissen, nannte es der Autor des ‚Jōdo-ron' ‚ein Herz'. Das sollte bekannt sein"[38].

Der Glaube darf nie als Akt des Menschen selbst betrachtet werden. Alles kommt von Amida Buddha her. Vom Menschen aus gesehen, vollzieht sich der Prozeß so: mit gläubigem Herzen (*shinjin*) empfängt der Mensch von Buddha das dreifach gläubige Herz (*sanshin*); von der Seite Buddhas aus gesagt: Amida Buddha, mit dem aufrichtigen Herzen (*shishin*) und der Aufforderung, zu ihm zu kommen (*yokushōshin*), läßt im Menschen den wahren Glauben (*shingyō*) entstehen. Dies alles geschieht in einem Augenblick[39]. Amidas Herz, das den Menschen auffordert, zu ihm zu kommen, vervollkommnet das aufrichtige und vertrauende Herz des Gläubigen. Im aufrichtigen Herzen wird Amidas Bitte, zu ihm zu kommen, erfüllt, wahr und wirklich. Im wahren Glauben, der keine Zweifel hegt, wird Amida Buddhas Hongan erfüllt, und zwar in dem Augenblick des Erwachens des Glaubens. In diesem Augenblick werden Buddha-Herz und Menschen-Herz eins. Die Kategorien von Subjekt und Objekt können hier nicht mehr angewandt werden. Die Grenze zwischen Buddha als Subjekt und dem Menschen als Objekt verfließen. Wir sind hier an die Grenzen des Denkmöglichen und Vorstellbaren gelangt.

3. Der wahre Glaube, verdeutlicht an der Parabel ,,Die zwei Ströme und der weiße Pfad"

In ,,Kyōgyōshinshō" gibt Shinran ein Gleichnis von Shan-tao wieder, das den wahren Glauben erhellen soll: ,,Die zwei Ströme und der weiße Pfad" oder ,,Zwei Wasserströme und ein Feuerstrom" (jap. *nigatoe*)[40]. Es ist die Geschichte des Menschen, der ersehnt, im Reinen Land geboren zu werden, der zum Glauben kommt und schließlich Geburt erlangt:

Ein Mann, der gegen Westen geht, entdeckt plötzlich zwei Flüsse vor sich, einen nach Süden verlaufenden Flammen-Strom und einen nach Norden gehenden reißenden Strom. Zwischen beiden liegt ein weißer Pfad, der die Ufer im Osten und Westen verbindet. Dieser Pfad wird abwechselnd von den reißenden Wogen und versengenden Flammen überspült. Der Reisende steht davor und kann nicht weiter. Hinter ihm erstreckt sich weite Wüste, und seine Verfolger, eine Räuberhorde und wilde Tiere nahen. Auf allen Seiten droht der Tod. Nach langem Nachdenken kommt der Reisende zur Überzeugung, daß es kein Entrinnen gibt, ob er nun bleibt, weitergeht oder zurückkehrt. Das einzige, was er

---

[38] *Shinran*, aaO. S.104/III, 23.
[39] *S. Yamabe und C. Akanuma*, aaO. II/S.697.
[40] *Shan-tao*, Sanzengi, zitiert in: Shinran, Kyōgyōshinshō S.98ff/III, 15.

tun kann, ist voranzugehen und darauf zu vertrauen, daß sich irgendeine Möglichkeit zeigt, den schmalen Pfad zwischen den Strömen zu überqueren. Während dieser Überlegung hört er plötzlich eine Stimme vom Ost-Ufer, die ihm zuredet, sich zu entscheiden und dem Pfad zu folgen. Eine andere Stimme vom West-Ufer ermuntert ihn dazu, einfach geradeaus zu gehen und nichts zu befürchten. Der Reisende entschließt sich, dem Pfad zu folgen. Bald hört er die Räuber am Ost-Ufer, die ihn drängen, zurückzukommen, da der Pfad doch nicht zu überqueren sei. Sie versprechen, ihm nichts Böses zu tun. Der Reisende läßt sich jedoch nicht von seinem Entschluß abhalten. Ohne sich umzuwenden, geht er voll Vertrauen und mutig voran. So erreicht er schließlich das westliche Ufer, wo schon seine Freunde warten, die sich mit ihm darüber freuen, daß er dem Unglück entkam.

Shan-tao erklärte die Geschichte so: Das Ost-Ufer, das der Welt der Leidenschaften entspricht, ist wie ein brennendes Haus. Es ist gezeichnet von Leidenschaft, Vergänglichkeit und Unklarheit. Das West-Ufer bezieht sich auf das Land vollkommenen Glücks. Wasser und Feuer stehen für Begierde und Zorn als Repräsentanten aller Leidenschaften, die das menschliche Leben erfüllen. Die Räuberhorde und die wilden Tiere versinnbildlichen die Bestandteile aller Wesen[41]. Der Reisende möchte all dem entkommen und ersehnt das westliche Ufer.

Der weiße Pfad zwischen den Strömen symbolisiert den Glauben an das Hongan, der nicht von Leiden und Unklarheit überwältigt werden kann: Er zeigt das Erwachen der Sehnsucht, im Reinen Land geboren zu werden. Er ist das Herz, das Geburt ersehnt, das Herz, das dem Diamanten gleicht. Daß der Gläubige sich nach dem Westen wendet, ist wie die Hingabe aller Verdienste auf die Geburt im Buddha-Land. Die Stimme vom Ost-Ufer, die ihn auffordert, den Weg zu suchen und sich gegen Westen zu wenden, ist Śākyamunis Lehre in Form der Sutren. Die Räuber, die den Reisenden zurückrufen, sind wie die Anhänger falscher Lehren und Praktiken. Die Stimme vom West-Ufer ist die Stimme Amida Buddhas, der alle Wesen retten will. Das Ankommen am West-Ufer

---

[41] Die *Fünf Konstituenten* sind: 1. die *sechs Sinnesorgane* (Augen, Ohren, Nase, Zunge, Körper und Geist; skt. ṣaḍ-indriya, jap. rokkon); 2. die *sechs Formen des Bewußtseins* (Sehen, Hören, Geruch, Geschmack, Berührung und Verstand; skt. ṣaḍ-vijñāna, jap. rokushiki); 3. die *sechs Sinnesobjekte* (die durch das menschliche Bewußtsein mittels der Sinnesorgane erfaßt werden: die Formen werden vom Auge gesehen; Dinge vom Ohr gehört; Geruch von der Nase gerochen: Geschmack von der Zunge geschmeckt; Dinge gefühlt, wie sie den Körper berühren und Dharmas vom Geist verstanden; skt. ṣaḍ-āyatana, jap. rokkyō oder rokujin); 4. die *fünf Aggregate* (materiale Existenz, Wahrnehmung (sinnliche), Wahrnehmung und Ideen (geistige), Wille oder andere verwandte geistige Aktivitäten, Geistesbewußtsein; skt. pañca-skandha, jap. goon oder goun); 5. die *vier Elemente* (Erde, Wasser, Feuer, Wind oder Luft; skt. mahā-bhūta, jap. shidai(shu)); siehe *D. T. Suzuki*, aaO. S.299f/Nr. 304-308.

gleicht der Ankunft des Reinen-Land-Gläubigen an seiner letzten Bestimmung[42].

Der Glaube, der in diesem Gleichnis zum Ausdruck kommt, ist der wahre, wirkliche, tiefe Glaube (*jinshin*), der trotz und wegen des Wissens um des Menschen Sündhaftigkeit und der Unmöglichkeit zu entfliehen, ganz auf Amidas absolute, rettende Kraft vertraut[43].

Der Weg des Glaubens wird auch als ,,leichter Weg'' (skt. *sulabha*, jap. *igyōdō*) bezeichnet[44]: es ist wie das Dahingleiten eines Schiffes über das Wasser. Ohne eigene Anstrengungen, ganz im Vertrauen auf die Andere Kraft wird der Gläubige sicher zum Ufer gebracht. Diesem ,,leichten Weg'' gegenüber sind die Praktiken der traditionellen Schulen der ,,schwierige Weg'' (skt. *duṣkara*, jap. *nangyōdō*), der einem Zu-Fuß-Gehen auf dem Land entspricht[45].

Wie der Reisende durch keinerlei Einflüsse oder andere Lehren und Anschauungen von seinem Glauben abzulenken ist und ganz auf die Stimme vom anderen Ufer vertraut, so soll sich der Mensch darauf verlassen, daß der Zweck von Amidas Hongan die Erlösung aller Wesen ist, und der Gläubige durch das Nenbutsu sicher im Reinen Land geboren wird.

Shinran interpretiert das Gleichnis: Er bezieht den weißen Pfad auf die ,,weiße Praxis'', die aus Buddhas Hongan entspringt und nennt sie ,,reine Praxis der ausgehenden Aktivität''[46]. Gemeint ist damit ,,ōsō ekō'', das den Gläubigen sich auf das Reine Land hinwenden läßt. Im Gegensatz dazu ist die ,,schwarze Praxis'' die, die in Unklarheit und in schlechten Leidenschaften wurzelt. Der Pfad ist der ,,gerade Pfad der einen Wirklichkeit, die das Hongan ist, und der große Pfad des Parinirvāṇa, das ohne gleichen ist''[47]. Was in der Parabel als ,,Erwachen des reinen Wunsches'' bezeichnet wird, ist das große gläubige Herz, das durch die Kraft des Hongan allen übertragen wurde. Ein solcher Glaube ist unzerstörbar und kann deshalb mit dem Diamanten verglichen werden.

4. *Entstehen des Glaubens* — ,,*Der eine Augenblick*'' *und* ,,*kreuzweise springen*''

Nach Shinrans Auffassung ist es für den Menschen sehr schwer, den wahren Glauben zu verwirklichen. Dem Ich und den Leidenschaften ver-

---

[42] *Shan-tao*, Sanzengi, in: Shinran, aaO. S.100ff/III, 15.
[43] *Shan-tao*, Ōjō raisan, in: Shinran, aaO. S.102/III, 17.
[44] *GWB* I/S.32 ,,igyōdō''.
[45] AaO. II/S.1037 ,,nangyōdō''. Nāgārjuna erklärt den ,,Leichten Weg'' und den ,,Schwierigen Weg'' in seinem Werk Dasabhuma-karibhāṣa-śāstra im Buch ,,Igyōhon'' (Buch über die leichte Praxis), in: The Shinshu Seiten (Die Heiligen Schriften der Shinshū), translated by K. Yamamoto (Hawai 1955) S.109.
[46] *Shinran*, Kyōgyōshinshō S.117/III, 50.
[47] Ebd.

fallen, ist der Mensch unfähig zu erkennen, daß er in Amidas Gebet der universalen Erlösung aufgenommen ist. Keine Schwierigkeit kann diese übertreffen:

„Es ist in der Tat ein seltenes Ereignis — wieviele Leben man auch immer durchgehen mag —, daß man sich in einer so glücklichen Situation befindet, in der man sich von Amidas Gebet der Universalen Erlösung aufgenommen weiß! Den reinen Glauben der Wahrheit zu erlangen — wie unzählige Zeitalter man auch leben mag — ist in der Tat die schwierigste Sache. Wenn nicht durch die günstigste karmische Verbindung im vergangenen Leben, wie sonst könnte man den Glauben an das Reine Land hegen und danach leben?"[48].

Schon im Größeren Sukhāvatī-vyūha-Sūtra wird diese Schwierigkeit zum Ausdruck gebracht: Das Sutra zu hören und dabei zum Glauben zu kommen, ist die größte aller Schwierigkeiten[49]. Auch wenn der Mensch meint zu glauben, so ist sein Glaube doch oft ungenügend: Der Glaube, der einmal existiert und dann wieder nicht existiert, ist kein echter Glaube; ein Glaube, dem die Bestimmtheit fehlt, ist ohne Einheit; ein Glaube, der von anderen Gedanken unterbrochen wird, ist nicht konstant[50]. Der Glaube, der nur aus dem Hören allein kommt, ist kein wahrer Glaube: ihm fehlt die Reflexion[51].

Wie kann der Mensch diese Schwierigkeiten überwinden? Wie kommt er zum wahren Glauben? Wie kann er, der so sehr an seinem Ich haftet, sich plötzlich aufgeben und ganz der Anderen Kraft vertrauen?

Er muß eine gewisse Bereitschaft zeigen, eine Offenheit und bereitwillige Annahme. Eine Änderung der Gesinnung (jap. *eshin*) ist notwendig. „Eshin" bedeutet „das Herz wenden"[52]. Shinran zitiert:

„Das einzig wichtige ist, zu sehen, ob sich das Herz Buddha zuwendet und an ihn denkt"[53].

Die Vorstellung aufgeben, daß der Mensch aus eigener Kraft etwas tun kann, und damit gute Werke und verdienstvolle Übungen als ungenügende Mittel erkennen und sich gläubig Amidas Hongan zuwenden, das ist Umkehr. Eine solche Umkehr ist nicht im Sinn von Reue und Buße als moralisch-ethische Tat zu verstehen, sondern es ist ein entscheidendes Ereignis, das sich einmalig und für immer vollzieht:

„Diese Veränderung des Herzens ereignet sich nur einmal, nämlich wenn der Gläubige, der bis dahin unwissend war über die wahre Lehre der Ande-

---

[48] *Shinran, Kyōgyōshinshō* S.4; aaO. S.85/III, 1; aaO. S.108/III, 32.
[49] Aus dem *Größeren Sukhāvatī-vyūha-sūtra* zitiert Shinran, in: Yuishinshō-mon'i S.46.
[50] *T'an-luan*, Jōdoron-chu, in: Shinran, Kyōgyōshinshō S.91/III, 11.
[51] *Shinran, Kyōgyōshinshō* S.110/III, 37.
[52] *GWB* I/S. 103. „eshin".
[53] *Jimin Ōshō*, Hymne über das Pratyutpanna-samādhi-sūtra in: Shinran, aaO. S.47/II, 37.

ren Kraft des Ur-Versprechens, jetzt durch Amidas Weisheit erkennt, daß er mit seiner gewöhnlichen moralischen Auffassung nicht die Geburt im Reinen Land erreichen kann, und so seine früheren Absichten aufgibt und von da an einzig und allein auf das Hongan vertraut. Das ist die wahre Bedeutung von Umkehr"[54].

Diese Umkehr ist nicht mit menschlicher Bemühung möglich, sondern das Wirken Amidas läßt im Menschen den Glauben entstehen. In dem Augenblick, wenn das Herz Amidas in das Herz des Gläubigen eintritt, wenn Buddha-Herz und Menschen-Herz eins werden, wird dieser Glaube Wirklichkeit.

Das Erwachen oder Erwecktwerden des Glaubens ist kein Prozeß, der sich über lange Zeit hinweg allmählich entfaltet, sondern es ist ein Erlebnis der Unmittelbarkeit, das ganz plötzlich aufleuchtet. Shinran vergleicht es mit einem ,,Sprung'', einem ,,kreuzweise Hinüberspringen'' (jap. *ōchō*)[55]:

> ,,Dieses ,eine Herz' ist das gläubige Herz des *kreuzweise Hinüberspringens*. *Kreuzweise* bedeutet ,hinüber', ,jenseits'; *springen* bedeutet ,hinübergehen' ,transzendieren'. Dieser Weg übertrifft alle anderen Lehren und durch ihn geht man schnell jenseits des großen Meers von Geburt und Tod und erlangt die Höchste Erleuchtung; deshalb ist der Begriff ,springen' benutzt. Es ist ermöglicht durch die Kraft des Hongan, das das große Erbarmen des Nyorais verkörpert''[56].

Das ,,kreuzweise'' (*ō*) deutet an, daß nicht der Mensch den ,,Sprung'' zustandebringt, daß er nicht im Ermessen des Gläubigen liegt; ,,kreuzweise'' beinhaltet ferner den Aspekt von Plötzlichkeit: Es ist der Augenblick, wenn Amida Buddhas Versprechen wirkt und der Mensch zum Glauben kommt. Das ,,Hinüberspringen'' (*chō*) weist auf das Transzendieren des Bereichs von Geburt und Tod, das sich in einem Augenblick, direkt und unmittelbar, ereignet. Deshalb nennt Shinran es ,,kreuzweise springen'':

> ,,Was das reine und unbefleckte Land der Erfüllung betrifft, das (das Resultat des) großen Gebets ist, — so hat es nichts mit Stufung oder Einteilung zu tun. Es springt hinüber und läßt in einem Gedanken — unmittelbar, sofort — alle Unterschiede unbeachtet und erlangt die unvergleichlich vollkommene Höchste Erleuchtung. Deshalb ist es als ,kreuzweise hinüberspringen' bekannt''[57].

Im Zeitraum ,,eines Augenblicks'' geschieht das Hinüberspringen. ,,Ein Augenblick'' (skt. *eka-kṣaṇa*, jap. *ichi-nen*), auch ,,ein Gedanke'', ist der Augenblick, in dem Glaube erwacht:

---

[54] *Shinran, Tannishō* S.73/XVI.
[55] *GWB* I/S.51 ,,ōchō''.
[56] *Shinran, Yuishinshō-mon'i* S.45.
[57] *Shinran, Kyōgyōshinshō* S.119/III, 56.

,,Ichinen ist der kürzest mögliche Augenblick, in dem sich Glaube enthüllt, und das Gefühl der Freude, unfaßbar groß, sich manifestiert''[58].

,,Ein Gedanke'' heißt es ,,wegen der Ungeteiltheit des gläubigen Herzens''[59]. Es ist der Augenblick, wenn das Licht Amidas in die dunkle Existenz der Unklarheit hineinscheint, und dem Menschen die wahre Wirklichkeit erkennen läßt. Dies entspricht der Erfahrung des Bodhisattva, der mit dem Absoluten in Berührung gekommen ist. Die Kluft, die zwischen dem Endlichen und dem Unendlichen liegt, ist hier überwunden. Dies ereignet sich in ,,einem Gedanken'', so schnell wie ein Gedankenblitz, unwiederholbar. Es ist deshalb der ,,letzte Augenblick'', das ,,Ende der Welt''. In einer Kompilation der Aussprüche Shinrans schreibt sein Urenkel *Kakunyo* (1270-1351 n.Chr.):

,,Wenn sie in Übereinstimmung mit den Worten eines guten Lehrers in ihren gewöhnlichen Augenblicken einen Moment des Vertrauens auf Amida erwecken, so betrachtet dies als den letzten Augenblick, das Ende der Welt für sie''[60].

5. *Jinen* — ,,Natürlichkeit''

Das Erwachen des Glaubens in einem Augenblick, in einem Gedanken, ereignet sich ganz von selbst; es kommt ,,natürlich''. Shinran gebraucht den Begriff ,,*jinen*'', um die Art und Weise anzudeuten, wie der Glaube im Menschen entsteht. ,,*Ji*'' — ,,von sich selbst'', ,,aus sich selbst'', ,,von Natur aus'', ,,aus eigenem Antrieb'' und ,,*nen*'' — ,,man ist gemacht, so zu werden'', bedeuten in Zusammensetzung: Natürlichkeit; das, was ohne eigenes Zutun geschieht; ohne menschliches Ermessen, Planen und Kalkulieren.

Es ist jedoch zu beachten, daß die benutzte Übersetzung ,,Natürlichkeit'' für das chinesische Zeichen normalerweise eine andere Bedeutung hat. Es wird dann ,,*shizen*'' gelesen, das heißt Natur im Sinne der Naturwissenschaften oder Naturgesetze.

Im religiösen Gebrauch ist ,,*jinen*'' die Aufforderung, zu dem zu werden, was man vom Ursprung her wirklich ist. Das von seinem Grund Entfremdete soll zu seiner ursprünglichen Gestalt zurückfinden.

Shinran erläutert ,,*jinen*'' in seiner Abhandlung über den Glauben, Yuishinshō-mon'i:

,,'Veranlaßt so zu werden' (*jinen*) bedeutet, daß ohne eigenes Ermessen des Praktizierenden, in welcher Form auch immer, all sein vergangenes, gegenwärtiges und zukünftiges böses Karma in höchstes Gut verwandelt

---

[58] *GWB* I/S.130 ,,ichinen''; *Shinran*, aaO. S.125/III, 64.
[59] *Shinran*, aaO. S.126/III, 72.
[60] *Shinran*, *Shūji-shō* S.128.

wird ... Wir sind veranlaßt, Nyorais Tugenden zu erlangen, indem wir uns ganz der Kraft des Hongan anvertrauen; deshalb der Ausdruck ‚gemacht so zu werden'. Da es kein Streben irgendeiner Art gibt, solche Tugenden zu erlangen, wird es *jinen* genannt"[61].

Das Synonym ‚‚*jinen hōni*" bedeutet ‚‚von sich selbst, natürlich so geworden": nicht aus irgendeiner Kraft, nicht aus menschlichem Tun, sondern von sich selbst aus, nämlich durch das Wirken des Hongan natürlich so geworden:

,,‚Hōni' bedeutet, daß man veranlaßt ist, so zu werden. Man wird gemacht so zu werden (ni) mittels dieses Dharma (hō), was das Wirken des Gelöbnisses ist, wobei es kein eigenes Erwägen und Kalkulieren auf seiten des Praktizierenden gibt"[62].

‚Hōni' weist also auf die Kraft, die die Rückkehr zum Ursprung bewirkt, wobei ‚hō', Dharma, auf Amida verweist.

Jede eigene Kraft und jedes eigene Planen aufgeben und alles in die Hände Amida Buddhas legen, sich absolut Amida hingeben, das ist ‚‚jinen hōni"[63]. Jinen ist in dem Menschen manifestiert, der jeden Selbst-Willen überwunden hat und völlig auf Amidas Hongan vertraut. Der Mensch ist ‚‚gemacht, so zu werden", denn Amida Buddha ist es, der ihn glauben läßt. Es kommt ganz natürlich, ohne eigene Anstrengung. Läßt der Mensch alles los, so wohnt er in jinen. Jinen wirkt beständig in ihm. Zu dieser Erfahrung und dem Wirken von jinen zu erwachen, heißt glauben. Kommt der Mensch zu diesem Glauben, so wird er erlöst, ohne selbst irgendetwas dazuzutun. Daß der Gläubige Geburt erlangt und das Höchste Nirvāna realisiert, daß er Buddha wird, ist allein das Wirken von jinen. Da Amida sein gläubiges Herz dem Mensch gegeben hat, kann dieser spontan glauben, frei von eigenem Wollen:

‚‚Wenn einmal der Glaube bestimmt ist, so ist unsere Geburt ganz dem Willen Amidas überlassen und nicht unserer eigenen Anstrengung. Je tiefer wir der Kraft des Hongan vertrauen — da wir unser schlechtes Karma wahrnehmen —, umso mehr werden in uns Sanftmut und Geduld spontan entstehen. Was die Geburt betrifft, so sollten wir immer — ohne selbst Weisheit und Wissen zu beanspruchen — mit tiefstem Dank die Wohltat Amidas bedenken. Die natürliche Folge ist, daß das Nenbutsu gesprochen wird. Was ohne unser eigenes Zutun geschieht, wird ‚Natürlichkeit' (jinen) genannt. Es ist tatsächlich das Wirken der Anderen Kraft. Trotz alledem habe ich von solchen Leuten gehört, die wissentlich sagen, daß es eine andere Art von ‚Natürlichkeit' gibt. Wie bedauernswert ist das!"[64].

So klagt Shinran über die Abweichung vom wahren Glauben.

---

[61] *Shinran, Yuishinshō-mon'i* S.32; ders., *Mattōshō* S.29/Brief 5; *GWB* I/S.557 ‚‚jinen".
[62] *Shinran, Mattōshō* S.29/Brief 5.
[63] *GWB* I/S.558 ‚‚jinen hōni"; *Y. Ueda* (Ed.), Mattōshō Kommentar S.74.
[64] *Shinran, Tannishō* S.74/XVI.

In jinen kann jedes Wesen Befreiung finden. Jinen unterliegt sowohl dem Menschen als auch der Natur. Alle Dinge sind in jinen sie selbst, so wie sie sind. Hier ist die Sphäre der nicht-unterscheidenden Weisheit und allumfassenden Liebe, wo alles aus sich selbst ist und so wie es ist, eben „jinen". In jinen sind alle Dualismen überwunden. Deshalb ist dieser Zustand der Befreiung das wahre Sosein, Nirvāna oder jinen. In diesem Sinn ist jinen das aus sich selbst Existierende, die ursprüngliche und wahre Gestalt der Dinge; es ist die wahre, wirkliche Gestalt an sich, so wie man sein soll[65]. Shinran verwendet den Begriff „jinen" deshalb für das höchste Buddhasein, die wahre Wirklichkeit; jinen bezeichnet das, was jenseits von Form und Zeit, jenseits von Geburt und Tod und dem Bereich menschlichen Auffassungsvermögens und Tuns liegt. Es ist das, was Herz und Geist aller Wesen füllt[66]. Das Erwachen zu jinen ist das Buddha-Werden. Shinran schreibt in einem seiner Briefe:

> „Dieses Gelöbnis ist das Versprechen, das uns alle das höchste Buddhasein erlangen läßt. Der höchste Buddha ist formlos und auf Grund seiner Formlosigkeit wird er *jinen* genannt. Wenn dieser Buddha als ein Wesen mit Form gezeigt wird, wird er nicht Höchstes Nirvāna genannt. So wurde mir gelehrt. Amida Buddha ist das Mittel, durch das wir veranlaßt wurden, jinen zu realisieren"[67].

Allein auf dem Weg des Glaubens manifestiert sich jinen, die wahre Wirklichkeit, im einzelnen Menschen.

---

[65] *Shinran, Yuishinshō-mon'i* S.32f.
[66] *Y. Ueda* (Ed.), Mattōshō Kommentar S.74f.
[67] *Shinran, Mattōshō* S.29f/Brief 5.

V. WIRKUNG UND MACHT DES GLAUBENS

Der zum Glauben Erwachte erlebt eine radikale Veränderung. Er lebt in dieser Welt ohne Furcht und Angst, in Gelassenheit und Liebe. Er ist frei von Falschheit und Überheblichkeit. Shinran nennt ihn einen ,,wunderbaren, ausgezeichneten Menschen'' (jap. *myōkōnin*):

> ,,Die Person mit dem gläubigen Herzen ist der wahre Jünger Buddhas; er ist der, der in rechtem Denken verweilt. Da er erfaßt wurde, um niemals wieder verlassen zu werden, sagt man, daß er das diamanten-gleiche Herz erlangt hat. Er wird ,der beste aller Besten', ,ausgezeichneter Mensch', ,wunderbar ausgezeichneter Mensch', ,großartiger Mensch', ,wahrhaft seltener Mensch' genannt''[1].

Der wahre Glaube erzeugt Gutes und zerstört Böses[2]. Kein schlechtes Karma, kein Übel und keine Häresie können den Gläubigen beeinflussen[3]. Selbst der, der schwer beladen ist mit dem schlimmsten Karma, kann eine übergroße Freude erfahren[4]. Er ist ein glücklicher Mensch. Obwohl der Gläubige in dieser Welt des Leidens lebt, steht er doch darüber. Von Buddha beschützt, läßt er sich nie durch andere Ansichten, Praktiken und Interpretationen stören. Er geht seinen Weg geradeaus und läßt sich zu keinen fremden Meinungen überreden. Einmal zum Glauben gekommen, wird er nie zurückfallen, sein Glaube wird nie verändert werden. Er wird alles klar und scharf durchschauen[5]. Eine Stelle, die Shinran aus dem *Avataṃsaka-Sūtra* zitiert, läßt Größe und Tiefe des Glaubens erkennen:

> ,,Glaube ist die Wurzel des Wegs und die Mutter aller Tugend. Er nährt alle guten Dharmas und zerschneidet das Netzwerk des Zweifels. Er läßt sich uns über den Strom der Bindungen erheben und eröffnet den Weg zum Höchsten Nirvāṇa. Glaube hat nichts Dunkles, nichts Schmutziges an sich. Das Herz ist gründlich gereinigt und von Überheblichkeit und Stolz entfernt... Glaube ist Liebe und Güte. Er gibt bereitwillig und ohne Murren... Die Macht des Glaubens ist stark; nichts kann ihn brechen. Er zerstört für immer die Wurzel aller schlechten Leidenschaften... Er läßt uns den Weg

---

[1] *Shinran, Mattōshō* S.24/Brief 2.
[2] Siehe *Nāgārjuna*, Daśabhūmika-vibhāṣā-śāstra, in: Shinran, Kyōgyōshinshō S.27/II, 17; *Hoi*, Daimuryōjukyō-sho, in: Shinran, aaO. S.56/II, 62.
[3] *Mahāprajñāparamitā-śāstra*, in: Shinran, aaO. S.134/III, 101.
[4] *Shinran, Kyōgyōshinshō* S.88/III, 3; *Ganjō*, Amidakyō gisho, in: Shinran, aaO. S.54/II, 53; *Tao-ch'o*, Anraku-shū, in: Shinran, aaO. S.34/II, 22; *Nirvāṇa-Sūtra*, in: Shinran, aaO. S.133/III, 101; *Shan-tao*, Sanzengi, in: Shinran, aaO. S.137/III, 107.
[5] *Tao-ch'o*, Anraku-shū, in: Shinran, aaO. S.35/II, 111; *Shan-tao*, Ōjō raisan, in: Shinran, aaO. S.36/II, 26; *Shan-tao*, Sanzengi, in: Shinran, aaO. S.116/III, 49f; *Avataṃsaka-Sūtra*, in: Shinran, aaO. S.112/III, 40.

des Bösen überwinden und offenbart uns den unvergleichlichen Weg der Befreiung... Glaube ist das Größte und am schwierigsten zu erlangen"[6].

Wer zu diesem Glauben gekommen ist, wendet sich mit aufrichtigem Herzen Amida Buddha zu und empfindet dabei eine unaussprechliche Freude. Diese Freude resultiert aus dem Wissen, daß er von Amida angenommen ist, der ihn nie wieder verläßt[7].

1. *Das Verweilen in der Gruppe der wahrhaft Bestimmten (shōjōju)*

Shinran schreibt in einem Brief:

„In dem Augenblick, wenn ein Mensch dem Versprechen Amidas begegnet — was die Andere Kraft ist, die sich selbst uns gibt — und das Herz den wahren Glauben erlangt, sich freut und fest darin wurzelt, ist er angenommen, um niemals wieder verlassen zu werden"[8].

Nicht weil der Mensch glaubt, wird er von Amida aufgenommen, sondern weil er aufgenommen ist, hat er das gläubige Herz, das so stark ist wie Diamant. Woher weiß der Gläubige aber, daß er aufgenommen ist und sein Herz so stark wie Diamant ist? — Er weiß es aus der Unruhe seines Herzens. Wendet er sich von Amida Buddha ab, so ist er von einer Unruhe getrieben, die ihn nicht vergessen läßt. Er fühlt, daß er nicht entfliehen kann. Wenn er sich auch entfernen möchte, so gelingt es ihm doch nicht, da er *aufgenommen ist und nicht mehr verlassen wird* (skt. *parigṛhṇīyām saṃgraha*, jap. *sesshu fusha*)[9]. Shinran zitiert Shan-tao:

„Er wird Amida Buddha genannt, denn er ist es, der an alle Wesen denkt, die sich ausschließlich im Nenbutsu üben, sie alle aufnimmt und sie niemals verläßt"[10].

Einmal von der Liebe Amidas erfaßt, gibt es keine Möglichkeit mehr für den Gläubigen, zu entkommen. Sollte er auch versuchen, sich Amida zu entziehen, zu fliehen, er ist aufgenommen. ‚*Aufgenommensein*' hat die Bedeutung: Amida Buddha erfaßt alle ohne Unterscheidung, besonders aber die, die sich von seinem Versprechen abwenden. Er nimmt alle unausweichlich in sein Herz des wahren Mitleids auf. Wer von Amida aufgenommen ist, verweilt auf der Stufe des *Nicht-wieder-Zurückfallens* (skt. *avaivartika*, jap. *futaiten*)[11]:

---

[6] *Avataṃsaka-Sūtra*, zitiert in: Shinran, aaO. S.111/III, 40f.
[7] *Die Versammlung des Nyorai des Ewigen Lebens*, in: Shinran, aaO. S.89/III, 7; *Shinran*, aaO. S.59/II, 73.
[8] *Shinran, Mattōshō* S.54/Brief 18.
[9] *GWB* II/S.831f „sesshu fusha"; siehe auch *Y. Ueda* (Ed.), Yuishinshō-mon'i Kommentar S.78.
[10] *Shan-tao, Ōjō raisan*, zitiert in: Shinran, aaO. S.38/II, 27; *Shinran*, aaO. S.59/II, 73; ders., *Yuishinshō-mon'i* S.78.
[11] *GWB* II/S.1168 „futaiten".

> ,,Du solltest verstehen, daß der Augenblick des Erwachens des Menschen, der sich Nyorais Hongan anvertraut, nichts anderes ist als das Verweilen auf der Stufe des Nicht-wieder-Zurückfallens; denn er empfängt die Wohltaten des Erfaßtseins, um niemals wieder verlassen zu werden. So ist das Herz erwacht, das die Höchste Erleuchtung erlangen wird. Dies wird die Stufe des Nicht-Zurückfallens genannt, die Stufe der wahrhaft Bestimmten und die Stufe, die der Höchsten Erleuchtung gleicht"[12].

In der Reinen-Land-Tradition vor Shinran galt der Gedanke, daß dieser Körper der Gegenwart immer der Sünde und dem Bösen, Leben und Tod unterworfen ist, und daß es ein reines, wahres wirkliches Herz nicht geben kann. Erst nach der Geburt im Buddha-Land war das Dazugehören zur Gruppe der wahrhaft Bestimmten möglich. Demgegenüber steht jetzt Shinrans Aussage: Schon in diesem Leben tritt der Gläubige in die Gemeinschaft der wahrhaft Bestimmten ein. Es geschieht in dem einen Augenblick des Glaubens, wenn Amidas wahres Herz des Menschen Herz erfüllt. Diese Stufe ist der ,,ersten Stufe der Freude" des Bodhisattva gleich[13]. Shinran basiert hier auf Nāgārjuna und T'an-luan, die es so ausdrücken: ,,Man tritt sofort ein in den Stand der (rechten) Gewißheit" (jap. *soku jinyū hitsu jō*)[14] und ,,sie werden Mitglieder der Gruppe derer, die die rechte Gewißheit haben" (jap. *nyūshōjōju shishū*)[15].

Während in der gesamten Tradition vor Shinran Erlösung als letztlich zukünftig gedacht wurde, macht Shinran eine unglaubliche Aussage: Wer an die Macht des Hongan glaubt, *ist* auf Grund seines Glaubens bereits erlöst. Er gehört zur *Gruppe der wahrhaft Bestimmten* (skt. *niyata-rāṣi*, jap. *shōjōju*)[16], das heißt: er wurde erfaßt und wird niemals mehr verlassen werden von Amida. ,,Bestimmt" soll hier keine Bestimmung im Sinne von Prädestination ausdrücken, sondern es bezeichnet die, die zur Ruhe gekommen sind, und die wissen, daß sie sicher erlöst werden. Ihre Erleuchtung ist nur noch eine Frage der Zeit[17]:

> ,,Die Person jedoch, die den wahren Glauben lebt, verweilt auf der Stufe der wahrhaft Bestimmten, denn sie wurde bereits erfaßt, um niemals wieder verlassen zu werden. Es ist nicht notwendig, sich in Erwartung auf den Moment des Todes zu verlassen, nicht notwendig, auf Amidas Kommen

---

[12] *Shinran, Mattōshō* S.33/Brief 7; siehe auch: *Sūtra der universalen Erleuchtung*, in: Shinran Kyōgyōshinshō S.18/II, 12; *T'an-luan, Jōdoron-chū*, in: Shinran, aaO. S.28f/II, 20; *Größeres Sukhāvatī-vyūha-sūtra*, in: Shinran, aaO. S.89/III, 6; *dass.*, in: Shinran, aaO. S.114/III, 44.

[13] Shinran übernimmt den Begriff von *Nāgārjuna*, in: aaO. S.21/II, 15.

[14] *Nāgārjuna*, Igyōhon, zitiert ebd.

[15] *T'an-luan*, Jōdoron-chū, ebd.

[16] GWB I/S.701 ,,shōjōju"; siehe auch *Shinran, Kyōgyōshinshō* S.175/IV, 3; *T'an-luan*, Jōdoron-chū, in: Shinran, aaO. S.177/IV, 9; *ders.*, aaO. S.29/II, 20; *Shan-tao*, Hōji san, in: Shinran, aaO. S.170/III, 131.

[17] *Shinran, Jōdo Wasan* S.52/Nr. 24; Y. *Ueda* (Ed.), Mattōshō Kommentar S.86; *ders.*, Yuishinshō-mon'i Kommentar S.107.

zu bauen. In dem Augenblick, wenn der Glaube bestimmt ist, ist auch die Geburt bestimmt. Totenbettriten, die einen auf das Kommen Amidas vorbereiten, sind nicht notwendig"[18].

2. Resultat des Glaubens in dieser Gegenwart: Geburt (ōjō) im Reinen Land (jōdo)

Das Resultat des Glaubens ist mit Shinrans Worten „ōjō", die Geburt im wahren Buddha-Land oder Reinen Land. Wörtlich bedeutet „ōjō": gehen und geboren werden[19]. Traditionell ist ōjō: Auf Grund von verdienstvollen Werken und dem Sagen des Nenbutsu wird der Gläubige nach dem Tod in Amida Buddhas Reinem Land geboren, erlangt die Stufe des Nichtwieder-Zurückfallens und verwirklicht schließlich die Höchste Erleuchtung[20].

Für Shinran hat ōjō zwei Bedeutungen: ōjō ist synonym mit dem Erlangen der Höchsten Erleuchtung oder dem Buddha-Werden im Augenblick des Todes: „Ōjō ist Nirvāṇa (ōjō soku nehan)"[21]. Shinran nennt es „nanjigi ōjō", die Geburt jenseits der Erfaßbarkeit:

„Die Geburt im Reinen Land ist jene Geburt, die jenseits des Denkens und Argumentierens ist"[22].

Zum andern ist ōjō das Erwachen in diesem Leben, genannt Glaube. In diesem zweiten Sinn wird ōjō im folgenden so verstanden: Es ist das Ereignis des Glaubens hier und jetzt, in dem der Mensch in die Gemeinschaft der wahrhaft Bestimmten eintritt und nie wieder zurückfällt:

„Gewöhnliche Menschen sind erfüllt von schlechten Leidenschaften; die Mehrheit aller Wesen ist befleckt mit dem Makel von Geburt und Tod. Sobald sie jedoch zum Glauben und zur Praxis erwacht sind — wodurch sie, gemäß der Tugend Amidas, der seine Verdienste anderen hinwendet, im Reinen Land geboren werden — schließen sie sich der Gruppe der wahrhaft Bestimmten im Mahāyāna an. Da sie in der Gemeinschaft der wahrhaft Bestimmten verweilen, werden sie sicher Nirvāṇa erlangen"[23].

Zu der futurischen Bedeutung von ōjō ist zugleich eine präsentische hinzugekommen: In dem Augenblick, wenn der Glaube bestimmt wird, ist auch ōjō bestimmt. Shinran geht sogar so weit, zu sagen, daß der Au-

---

[18] *Shinran, Mattōshō* S.19/Brief 1; siehe auch aaO. S.55/Brief 18 und S.42/Brief 13.
[19] *GWB* I/S.127 „ōjō".
[20] *Shan-tao*, Ōjō raisan, in: Shinran, aaO. S.38/II, 26; *ders.*, Kangyōgi, in: Shinran, aaO. S.95/III, 15; *Ganjō*, Amidakyō gisho, in: Shinran, aaO. S.54/II, 53; *Jiun Hōshi*, in: Shinran, aaO. S.54/II, 55; *T'an-luan*, Jōdoron-chū, in: Shinran, aaO. S.59/II, 72.
[21] *GWB* I/S.127 „ōjō soku nehan"; *Shinran, Mattōshō* S.19/Brief 1.
[22] *Shinran, Kyōgyōshinshō* S. 74/II, 108; siehe auch *ders.*, aaO. S. 175/IV, 1; *GWB* II/S.1038 „nanjigi ōjō; *D. T. Suzuki*, Kyōgyōshinshō Kommentar S.286/Nr. 257.
[23] *Shinran*, aaO. S.175/IV, 2.3.

genblick des Glaubens bereits die Erlösung ist. Es ist nicht notwendig, auf den Moment des Todes zu warten. Ōjō ereignet sich nicht irgendwann in der Zukunft, sondern *sofort* (soku), in demselben Augenblick, wenn der Mensch zum Glauben erwacht. Sofort bedeutet: ohne irgendein Vergehen von Zeit:

> ,,*Dann erlangen sie Geburt* bedeutet, daß der Mensch, wenn er den Glauben verwirklicht, sofort geboren wird. ,Sofort geboren werden' ist, auf der Stufe des Nicht-wieder-Zurückfallens zu verweilen. Auf der Stufe des Nicht-wieder-Zurückfallens zu verweilen ist, zur Gruppe der wahrhaft Bestimmten zu zählen. (Dies wird auch genannt: das Erlangen dessen, das der Höchsten Erleuchtung gleicht). Das ist die Bedeutung von: *dann erlangen sie Geburt. Dann* bedeutet: ,sofort'; sofort bedeutet: ohne irgendein Vergehen von Zeit und ohne irgendein Vergehen von Tagen''[24].

Für Shinrans Lehrer *Hōnen* war ōjō ein zukünftiges Geschehen, das sich im Moment des Todes verwirklicht. Aus diesem Grund betonte Hōnen das häufige Aussprechen des Namens Amida Buddhas. Genauer gesagt: bei Hōnen findet sich das Paradox des gegenwärtigen (,,kleinen'') und zukünftigen (,,großen'') ōjō. Der Mensch, der hier Nenbutsu sagt, hat jetzt schon das ,,kleine ōjō'' erreicht, während das ,,große ōjō'' erst endgültig nach dem Tod realisiert wird[25]. Ferner gebraucht Hōnen den Begriff ,,junji ōjō'' als zukünftiges ōjō, und zwar nicht nur in dem Sinn, daß der Gläubige vom Leben zum Tod geht, sondern auch vom Tod zum Leben zurückkehrt, nämlich von der Zukunft in die Gegenwart[26]. Demgegenüber ist ,,ketsujō ōjō'' das ōjō, das im Aussprechen des Namens ohne Zweifel bestimmt wird[27].

Immer wieder weist *Shinran* auf die Schwierigkeit, ōjō zu erlangen. Er zitiert Kyōgō, einen Mönch der Hossō-shū:

> ,,Obwohl es leicht ist, geboren zu werden (im Reinen Land), gibt es niemanden da''[28].

Da der Mensch meint, mit seiner Kraft etwas dazutun zu müssen, statt sich völlig auf die Andere Kraft zu verlassen, kann er nicht das wahre ōjō verwirklichen. Ein solcher Zweifelnder wird im ,,Grenzland'', in den ,,Randgebieten'' des Reinen Landes geboren (jap. *henji no ōjō*)[29]; dort verweilt er solange, bis er alles Selbst-Tun aufgegeben hat und im wah-

---

[24] *Shinran, Yuishinshō-mon'i* S.37f.
[25] *A. Mineshima* (Hrsg.) Jōdokyō to Kirisutokyō — Hikaku shūkyō tetsugakku ronshu (Jōdo-shū und Christentum — ein religions-philosophischer Vergleich) (Tokyo 1977) S.316/Anm. 1.
[26] *GWB* I/S.677 ,,junji ōjō''; *A. Mineshima*, aaO. S.677/Anm. 3.
[27] *GWB* I/S.316 ,,ketsujō ōjō''.
[28] *Kyōgō*, Jutsumon san, in: Shinran, aaO. S.49/II, 43.
[29] *Shinran, Kyōgyōshinshō* S.254/VI, 35.

ren Buddha-Land der Erfüllung (jap. *hōbutsu hōdo*) geboren wird[30]. Aus eigener Kraft und eigenem Wollen kann der Mensch die Geburt, die jenseits des Denkens und Argumentierens ist, nicht vollziehen:

> ,,Ōjō ist das größte Ereignis des Lebens, und es ist nicht Sache des einfachen Menschen, ōjō aus sich selbst zu erreichen, sondern es ist ganz und gar in der Hand Amidas"[31].

Für den Menschen ist es sehr schwer, sein Karma zu überwinden, von seiner Falschheit und Unklarheit, von seinen Leidenschaften loszukommen[32]. Es ist äußerst schwierig, den leichten Weg zu praktizieren, nämlich den Weg des einfachen Vertrauens auf Amidas Hongan[33]. Der Gläubige muß aufrichtig die Geburt ersehnen[34]. Auf Grund des Nenbutsu, das Ausdruck seines Glaubens ist, wird er dann geboren werden[35]:

> ,,Wahrhaftig, ich weiß: der verdienstvolle Namen ist der erbarmende Vater, ohne den die Wirkursache für die Geburt fehlt; während das erleuchtende Licht die liebende Mutter ist, ohne das die zusammenwirkenden Bedingungen fehlen. Aber selbst wenn diese Einheit von Ursache und Bedingung stattfindet, wenn es kein gläubiges Herz gäbe, das karmisch bestimmt ist, so wäre die Ankunft im Land des erleuchtenden Lichts unmöglich. Das Herz, das des wahren Glaubens fähig ist, ist die innere Ursache, wogegen das erleuchtende Licht und der Buddha-Name die äußeren Bedingungen sind. Wenn innere und äußere Ursache und Bedingung harmonisch zusammenwirken, wird der wahre Körper im Land der Erfüllung realisiert"[36].

Ōjō ist also nicht erreichbar auf Grund von Gutsein oder eigenem Planen. Gleichgültig, ob der Mensch gut oder schlecht ist, in dem Augenblick, wenn er, vom erbarmenden Licht Amidas erfaßt, den Namen

---

[30] *Shinran*, Tannishō S.74/XVI; siehe auch *ders.*, Mattōshō S.23/Brief 2.
[31] *Shinran*, Shūji-shō S.123/I, 2; *ders.*, Kyōgyōshinshō S.74/II, 108; aaO. S.76/II, 111; aaO. S.103/III, 20.23.
[32] *Ders.*, aaO. S.109/III, 32.
[33] *Größeres Sukhāvatī-vyūha-sūtra*, in: Shinran, aaO. S.65/II, 87; *Shan-tao*, Sanzen gi, in: Shinran, aaO. S.94/III, 15; *ders.*, Hōjisan, in: Shinran, aaO. S.170/III, 131.
[34] *Größeres Sukhāvatī-vyūha-sūtra*, in: Shinran, aaO. S.16/II, 8; *dass.*, aaO. in: Shinran, aaO. S.89/III, 6; *Versammlung des Nyorai des Ewigen Lebens*, in: Shinran, aaO. S.89/III, 7; *Shan-tao*, Ōjō raisan, in: Shinran, aaO. S.38/II, 28; *ders.*, Sanzen gi, in: Shinran, aaO. S.116/III, 49; *T'an-luan*, Jōdoron-chū, in: Shinran, aaO. S.120/III, 57; *ders.*, in: Shinran, aaO. S.164f/III, 129.
[35] *Shan-tao*, Ōjō raisan, in: Shinran, aaO. S.37/II, 26; *ders.*, aaO. S.38/II, 26; *ders.*, aaO. S.40/II, 30; *ders.*, Gengi bun, in: Shinran, aaO. S.41/II, 30.32; *ders.*, Hanju-san, in: Shinran, aaO. S.42/II, 34; *Kyōgō*, Jutsumon san, in: Shinran, aaO. S.49/II, 42; *Hōi*, Daimuryōjukyōsho, in: Shinran, aaO. S.56/II, 34; *Hōnen*, Senjaku hongan nenbutsu shū, in: Shinran, aaO. S.65/II, 87; *Ganjō*, Amidakyō gisho, in: Shinran aaO. S.121/-III, 59; *Größeres Sukhāvatī-vyūha-sūtra*, in: Shinran, aaO. S.65/II, 87; *Nāgārjuna*, Mahāprajñāpāramitā-śāstra, in: Shinran, aaO. S.134/III, 101; *T'an-luan*, Jōdoron-chū, in: Shinran, aaO. S.166/III, 129.
[36] *Shinran*, Kyōgyōshinshō S.60/II, 74.

Amida Buddhas hört und zum Glauben kommt, wird er im Buddha-Land geboren[37].

Die Geburt im Reinen Land ist so nicht eine Geburt, wie sie sich einfache Gläubige vorstellen, nämlich als ein physisches Gehen in eine andere Welt, ein Jenseits. Shinran bezeichnet vielmehr ōjō — und darin geht er auf T'an-luan zurück — als eine ,,Geburt ohne Geburt'' (jap. fushō no shō) und ein ,,Gehen ohne Gehen'' (jap. fuō no ō no ōjō)[38]. Es ist nicht so, daß der Mensch hier stirbt und dort drüben lebt, von hier weggeht und nach dort drüben geht in irgendeine jenseitige Welt. Die Geburt ist nicht als Unterbrechung zu bezeichnen, aber auch nicht als etwas Beständiges. Es ist nicht das, was wir gewöhnlich unter Geburt und Tod verstehen.

Da, wo es Beständigkeit und Unterbrechung nicht mehr gibt, ist die Wahrheit, da wird Geburt im Reinen Land offenbar. Und das ist eine ,,Geburt ohne Geburt''. Der Mensch, der im Reinen Land geboren wird, und der Mensch dieser Welt sind eins und doch verschieden. Und weil sie eins und doch verschieden sind, ist es ein ,,Gehen ohne Gehen''[39]. T'an-luan drückt es so aus:

> ,,Ōjō ist die Umkehr vom irrenden Herzen zum erleuchteten Herzen, nämlich die Bekehrung''[40].

Es ist eine Umkehr, eine innere Erfahrung, eine Art geistiger Geburt oder Konversion, die sich im Augenblick des Erwachens zum Glauben ereignet. Es ist die Wende von der Unklarheit zur Klarheit, vom Irrtum zum Wissen, von der Entfremdung zur Identität.

Damit ist auch die Frage nach dem Verständnis des Reinen Landes (skt. *sukhāvatī*, jap. *jōdo*) klar geworden: Es ist nicht irgendein jenseitiger Ort, sondern es wird Realität hier und jetzt im Erwachen des Glaubens[41]. Shinran übernimmt nicht die Vorstellung des Reinen Landes als einer jenseitigen, zukünftigen Welt, wie sie in den Reinen-Land-Sutren äußerst überladen und bilderreich geschildert wird. Er nimmt wohl verschiedene Begriffe der Tradition in Zitaten auf, wie ,,Land des Glücks'', ,,Land des Friedens und Glücks''[42], ,,Reines Land des Friedens und der

---

[37] Shinran, *Mattōshō* S.24/Brief 2; ders., *Kyōgyōshinshō* S.43/II, 36; aaO. S.60/II, 74.
[38] *GWB* II/1163 ,,fushō nō shō''; *S. Yamabe und C. Akanuma*, Kyōgyōshinshō Kōgi I/S.242.
[39] *S. Yamabe und C. Akanuma*, aaO. I/S.242.
[40] S. Bandō zitiert *T'an-luan*, in: S. Bandō, Jesus Christus und Amida, in: Gott in Japan, hrsg.v. U. Luz und S. Yagi (München 1973) S.75.
[41] *GWB* I/S.754 ,,jōdo''.
[42] *T'an-luan*, Jōdoron-chū, in: Shinran, aaO. S.29/II, 21; ders., aaO. S.30/II, 21; ders., aaO. S.59/II, 72; *Mahākaruṇā-sūtra*, in: Shinran, aaO. S.134/III, 101; *Tao-ch'o*, Anrakushū, in: Shinran, aaO. S.179/IV, 9.

Ruhe"[43], ,,Land im Westen gelegen"[44], ,,Land des Allwissens"[45], ,,Land des ewigen Lebens"[46], ,,Land des erleuchtenden Lichts"[47], ,,Land des unbegrenzten Lichts"[48], ,,Schatzland"[49]. Er selbst spricht aber nie in diesen traditionellen Begriffen. Es geht ihm nicht um die Schilderung des Reinen Landes als Ort, sondern um die dynamische Realität, um den Weg, der zur Befreiung führt. Er verwendet auch weniger den Begriff ,,Reines Land", als vielmehr ,,wahres, erfülltes Buddha-Land" als Resultat der Erfüllung des Hongan:

> ,,Das Buddha-Land ist das Land der Erfüllung, das vom Buddha der Erfüllung geschaffen wurde"[50].

Amida Buddha hat diesen Bereich aus seiner Liebe heraus geschaffen. Es ist das Gegenteil von Leiden und Unklarheit. Symbolisch gesagt ist es der Ort des Friedens und der Ruhe. Es ist der Bereich, in dem der Gläubige zur Erleuchtung kommt, es ist die vom Schmutz der Leidenschaften abgeschnittene Welt der Reinheit. Es ist nicht etwas Jenseitiges, sondern es ist untrennbar von dieser Alltagswelt (skt. *sahā-lokadhātu*, jap. *shaba, edō*)[51]. Nicht nach dem Tod gelangt der Mensch dorthin, sondern schon hier in diesem konkreten Leben wird das Reine Land verwirklicht. Indem der Mensch Gutes tut, ist das Reine Land bereits da. Shinran zitiert *Kyōgō*:

> ,,Die Bewohner sind weise und das Land ist wunderbar. Wer würde sich nicht anstrengen? Praktiziere Güte und ersehne die Geburt! Auf Grund von Gutsein ist das Reine Land bereits errichtet. Da das Resultat nicht der eigenen Anstrengung gebührt, sagt man, daß es ,natürlich' (jinen) ist"[52].

Über die, die zum Glauben erwacht sind, wird also gesagt, daß sie bereits im Reinen Land sind. Obwohl der Körper noch in dieser Welt des Samsāra verweilt, sind Herz und Geist des Gläubigen schon im Buddha-Land[53]. Das Reine Land ist hier mitten unter ihnen. Shinran formuliert es in einer Hymne so:

> ,,Seit ich das die Welt übersteigende Gelübde gehört habe, wie kann ich da einfach ein irrender Mensch bleiben, der von Leben und Tod gequält

---
[43] *Jiun Hoshi*, in: Shinran, aaO. S.54/II, 55.
[44] *Hosshō, Shōsan Jōdokyō*, in: Shinran, aaO. S.44/II, 37.
[45] *Versammlung des Nyorai des Ewigen Lebens*, in: Shinran, aaO. S.90/III, 10.
[46] *Dass.*, aaO. S.89/III, 7.
[47] Shinran, *Kyōgyōshinshō* S.60/II, 74.
[48] *T'an-luan, Jōdoron-chū*, in: Shinran, aaO. S.79/II, 111.
[49] *Shan-tao, Hanjusan*, in: Shinran, aaO. S.135/III, 102.
[50] Shinran, aaO. S.43/II, 36; aaO. S.60/II, 74; aaO. S.74/II, 108.
[51] GWB I/S.107 ,,edō".
[52] *Kyōgō, Jutsumon san*, in: Shinran, aaO. S.49/II, 42.
[53] Shinran, *Mattōshō* S.27/Brief 3.

wird? Zwar ist mein Leib noch mit dem Makel der Leidenschaft behaftet, aber mein Herz wohnt und spielt im ‚Reinen Land'"[54].

Wer Ōjō erlangt hat, wird sicher zur Höchsten Erleuchtung kommen. Es ist nur noch eine Frage der Zeit[55]. Die Geburt im Reinen Land ist so Voraussetzung für die Höchste Erleuchtung oder Nirvāna, eine Art Vorstufe zu dieser letzten Befreiung[56]. Wenn einmal die Geburt verwirklicht ist, dann ist es nur noch eine Stufe zum Buddha-Werden[57]. Shinran vergleicht den Gläubigen deshalb mit Maitreya Buddha, der nur noch eine Stufe zum Buddha-Werden hat[58]. Der Gläubige ist von seiner letzten Erfüllung nur noch wie durch eine dünne Schicht getrennt.

T'an-luans Kommentar, der von einem Baum erzählt, genannt „wunderbares Wachsen", stellt die Zeitfrage auf folgende Weise dar: der Baum, der hundert Jahre lang in der Erde vergraben liegt, wächst an einem Tag hundert Yard, wenn er beginnt, Wurzeln zu schlagen:

> „Ebenso wie der Baum hundert Jahre unter der Erde verbringt, so verweilen wir in dieser Welt auf der Stufe der wahrhaft Bestimmten. Und geradeso wie er an einem einzigen Tag hundert Yard wächst, so ist unser Erlangen des Nirvāna"[59].

Nirvāna, jenseits der Welt der Illusionen, ist die Frucht, die kommen wird. So unterscheidet Shinran scharf zwischen ōjō und jōbutsu, der Geburt im Reinen Land und dem Buddha-Werden. Aber: den „Vorgeschmack" der wahren Wirklichkeit bekommt der Mensch bereits im Augenblick des Erlangens der Geburt. Hier ist die wahre Wirklichkeit, das Sosein, in Begriffen des Reinen Landes gefaßt. Der Begriff „Reines Land" weist so letztlich auf den Zustand der Erleuchtung oder Nirvāna hin. Das Reine Land ist ein „Mittel" (hōben), ein „Weg", der schließlich zur Buddhaschaft führt:

> „Im Buddha-Land sein ist der Weg, letztlich Buddha zu werden; es ist das beste Mittel, mit dem nichts vergleichbar ist"[60].

T'an-luan drückte damit den Zusammenhang von Nirvāna oder Höchster Erleuchtung und Reinem Land klar aus: Es ist eine nichtdualistische Beziehung. Indem der Mensch hier und jetzt ōjō verwirklicht, wird er zukünftig als natürliches Resultat Buddha werden. Im Grunde kann von Nirvāna oder Buddha-Werden nur im Begriff der

---

[54] Shinran, *Jōgai Wasan* (Lieder aus dem Nachlaß) zitiert nach der Übersetzung von S. Bandō, Jesus Christus und Amida S.88.
[55] Shinran, *Mattōshō* S.26/Brief 3; aaO. S.33/Brief 7; aaO. S.47/Brief 14.
[56] T'an-luan, Jōdoron-chū, in: Shinran, Kyōgyōshinshō S.197/IV, 19.
[57] Shinran, *Mattōshō* S.27/Brief 3; aaO. S.33/Brief 7.
[58] Ders., aaO. S.24/Brief 2; ders., *Yuishinshōmon'i* S.34.
[59] Shinran, *Mattōshō* S.47f/Brief 14.
[60] T'an-luan, Jōdoron-chū, in: Shinran, Kyōgyōshinshō S.194/IV, 19.

Geburt im Reinen Land gesprochen werden. Wenn ōjō verstanden wird, dann wird auch jōbutsu, das Buddha-Werden, verstanden. Für den Menschen dieser Welt ist die Geburt im Reinen Land bedeutend, denn Buddha-Werden ist hier unmöglich zu verwirklichen. Aber in der Geburt im Reinen Land ist das Buddha-Werden schon immer potentiell enthalten. Es ist eine Wirklichkeit des Noch-nicht und Doch-schon: Da, wo der Mensch sein wahres Selbst, seine wahre Subjektivität manifestiert, da ist die Erlösung, da ist das Reine Land Wirklichkeit geworden. T'an-luan erklärt den Zusammenhang so:

> ,,Da das So-wie-es-ist der Zustand ist, in dem alle Illusionen vergangen sind, ist das Sosein formlos. Gerade wegen seiner Formlosigkeit kann es jede mögliche Form annehmen. Deshalb sind alle Ausschmückungen des Reinen Landes die verschiedenen Eigenschaften des Sosein selbst''[61].

---

[61] *T'an-luan* wird zitiert von S. Bandō, in: Shinran's Indebtedness to T'an-luan, S.81.

C) BEFREIUNG — DAS ZIEL

Die Geburt im Reinen Land und der Zustand der vollkommenen Befreiung sind nicht zwei verschiedene, getrennte Dinge. Mit der Geburt im wahren Buddha-Land, die in dem Augenblick Wirklichkeit wird, wenn der Glaube erwacht, ist die letzte Befreiung auf gewisse Weise vorweggenommen. Der Mensch kann über diese Wirklichkeit, die für die Lehre des Reinen-Land-Buddhismus ein zukünftiges Geschehen ist, im Grunde keine Aussagen machen. Er kann aber durch seine Erfahrung der Geburt im Reinen Land, das positiver, konkreter Ausdruck des Nirvāna ist, jetzt schon einen Vorgeschmack bekommen.

Shinran verlagerte das Problem auf das des Erwachens des Glaubens und versuchte gar nicht, Aussagen zu machen über die wahre Befreiung; denn jedes Wort darüber bleibt undeutlich und unzureichend. Shinran geht jedoch ganz klar auf die Tradition des Mahāyāna zurück, indem er wichtige Begriffe wie Nirvāna, Sosein, Leere, Buddha-Natur übernimmt. Ein zusammenfassendes Zitat, das das vierte Kapitel seines Werkes Kyōgyōshinshō einleitet, nämlich über die wahre Realisation, das heißt Erleuchtung, läßt dies klar werden:

> „"...Sobald sie zum Glauben erwachen, wobei er (Amida) sie, gemäß seiner Tugend der Verdienst-Zuwendung auf andere, Geburt im Reinen Land erlangen läßt, schließen sie sich der Gruppe der wahrhaft Bestimmten an. Da sie darin verweilen, werden sie sicher Nirvāna erlangen. Da sie sicher Nirvāna erlangen, sind sie ewig gesegnet; ewiger Segen ist äußerster Friede; Friede ist unvergleichliches Nirvāna. Nirvāna ist der ungeschaffene Dharmakörper. Der ungeschaffene Dharmakörper ist die wahre Wirklichkeit. Die wahre Wirklichkeit ist die Dharma-Natur; die Dharma-Natur ist wahres Sosein. Wahres Sosein ist die Einheit des Einen. So seiend, offenbart sich Amida Nyorai selbst (tathā + āgata) aus dem So-wie-es-ist (tathā) kommend (āgata), in verschiedenen Körpern, wie dem Körper der Erfüllung (hō-), dem Körper der Entsprechung (ō-) und dem Körper der Transformation (ke)"[1].

VI. ERLANGEN DER VOLLKOMMENEN HÖCHSTEN ERLEUCHTUNG ODER DIE REALISATION DES NIRVĀNA (SHŌ)

Im Buddhismus ist das Ziel von allem das Erwachen, die „unvergleichlich vollkommene Höchste Erleuchtung" (skt. *anuttarā samyak sam-*

---

[1] *Shinran, Kyōgyōshinshō* S.175/IV, 5.

bodhi, jap. *bodai* oder *mujōshogaku*). Das „unvergleichlich" deutet an, daß diese Erleuchtung der letzte Grund und Zweck aller Dinge ist[2].

Nach der Reinen-Land-Tradition ist die Ursache für das Erlangen des Nirvāna im *11. Gelöbnis* Amida Buddhas begründet, dem „Gebet, in dem der Gläubige sicher Nirvāna verwirklicht" (jap. hitsu shi metsudo no gan), auch genannt „Gebet des Erlangens des großen Nirvana" (jap. dainehan no gan)[3]:

> „Wenn beim Erlangen meiner Buddhaschaft die Menschen und Wesen in meinem Land nicht unter den wahrhaft Bestimmten verweilen und letztlich Nirvāṇa realisieren, möge ich nicht die Höchste Erleuchtung erlangen"[4].

Da Amida Buddha dieses Gelöbnis aussprach, ist sich der Gläubige dieser Versicherung gewiß[5].

Einmal im Buddha-Land geboren, verwirklicht er sofort, unmittelbar, das Höchste Nirvāna, er realisiert die Höchste Erleuchtung. Shinran schreibt:

> „Obwohl die Begriffe verschieden sein mögen, sie bedeuten beide, die Erleuchtung des Buddha verwirklichen, der der Dharmakörper ist"[6].

Das „Höchste Nirvana", die „vollkommene Höchste Erleuchtung" kann nach dem Verständnis des Reinen-Land-Buddhismus niemals schon in diesem gegenwärtigen Leben erfahren werden, sondern erst zukünftig im Augenblick des Todes. Yuien gibt in Tannishō Shinrans Worte wieder:

> „Shinran Shōnin sagt: ‚Ich habe von meinem Meister gelernt, daß man in der Reinen-Land-Lehre in diesem Leben an das Hongan glaubt und in jenem Land Erleuchtung erlangen wird'"[7].

Und an anderer Stelle:

> „Es gibt solche, die behaupten, daß wir bereits Erleuchtung erlangt haben, sogar während unsere Körper noch beschmutzt sind von den Leidenschaften. Diese Meinung ist für uns nicht annehmbar... Doch wir können das schmerzvolle Meer von Geburt und Tod an Bord des Schiffes von Amidas Gelöbnis überqueren. Sobald wir das Ufer des Reinen Landes erreicht haben, werden die dunklen Wolken der Beschmutzung sofort aufhellen und der erleuchtende Mond der Buddhaschaft wird zugleich erscheinen. Wir können nur dann beanspruchen, erleuchtet zu sein, wenn wir eins sind mit

---

[2] *GWB* II/S.1332 „mujōshōgaku"; siehe auch *T'an-luan, Jōdoron-chū*, in: Shinran, aaO. S.64/II, 87.
[3] *Shinran*, aaO. S.175/IV, 1; aaO. S.76/II, 111; *Nirvaṇa-Sūtra*, in: Shinran, aaO. S.110/III, 35.
[4] *Größeres Sukhāvatī-vyūha-sūtra*, in: Shinran, aaO. S.176/IV, 4.
[5] *Shinran*, aaO. S.76/II, 111.
[6] *Shinran, Mattōshō* S.63/Brief 21; aaO. S.20/ Brief 1.
[7] *Shinran, Tannishō* S.73/XV.

dem Licht, das unbehindert in den zehn Richtungen scheint, um allen Lebewesen Wohltaten zu erweisen"[8].

Manchmal gebraucht Shinran den Begriff ,,Nirvāna" gleichbedeutend mit dem des Reinen Landes, wobei in diesem Fall der oben beschriebene Zustand als Resultat des Glaubens hier und jetzt verstanden wird. Damit darf der Begriff des Höchsten Nirvāna als Zustand des Befreitseins nicht verwechselt, bzw. gleichgesetzt werden, denn diese Erfahrung kann erst nach dem Tod gemacht werden.

Der Amida-Gläubige kommt zum wahren Erwachen nicht wie der Zen-Buddhist durch lange Übung, sondern allein durch seinen Glauben an Amidas Hongan[9]. Es sind keine schwierigen Übungen erforderlich, wie sie in der Tradition notwendig waren; die einzige Bedingung ist das totale Vertrauen auf das Hongan, dem das Aussprechen des Namens folgt:

,,Für die Menschen, die die Macht Buddhas bezweifeln, und die sich nicht der Kraft des Hongan anvertrauen, ist es sehr schwer, das Riff der Erleuchtung zu erklimmen. Man sollte einfach die Hand mit Vertrauen ausstrecken und das Heil festhalten am Seil des Hongan"[10].

Wer sich loslöst von seiner Egozentrik und alle Leidenschaften und Hindernisse überwindet und das wahre Selbst realisiert, das Buddha ist, wird zur Erleuchtung kommen. Gelingt dem Menschen dies auf Grund seines Glaubens, so wird ihm klar werden, daß er von Anfang an im Absoluten, in dem, was wahr und wirklich ist, wurzelt. Hier kann er erahnen, was Nirvāna bedeutet. Shinran erklärt:

Der Bereich des Nirvāna bezieht sich auf den Ort, wo man die Täuschung der Unklarheit überwindet und die Höchste Erleuchtung realisiert[11].

Die Erleuchtung ist mit anderen Worten ,,Nirvāna". Beide, obwohl zwei verschiedene Begriffe, bezeichnen ein und denselben Zustand des Befreitseins. *Nirvāna* (jap. *nehan*), vermutlich von der Wurzel ,,vā" — ,,wehen", mit dem Präfix ,,nis" — ,,aus, heraus", hat die Bedeutung ,,aufgehört", ,,ausgelöscht"[12].

Ursprünglich bedeutete es Buddhas Erleuchtung, ein Zustand, der erreicht wurde durch das Auslöschen des Feuers schlechter Leidenschaften, die in der Unklarheit wurzeln. Ins Nirvāna eintreten, ist so ,,abtren-

---

[8] AaO. S.71f/XV.
[9] *Shinran, Mattōshō* S.32/Brief 7.
[10] *Seikaku*, Yuishinshō S.68; *Ganjō*, Amidakyō gisho, in: Shinran, aaO. S.54/II, 53.
[11] *Shinran, Yuishinshō-mon'i* S.42; ders., *Mattōshō* S.47/Brief 14; ders., *Kyōgyōshinshō* S.67/II, 89.
[12] *GWB* II/S.1076 ,,nehan"; aaO. S.1333; siehe auch *D. T. Suzuki*, Kyōgyōshinshō Kommentar S.234/Nr. 90.

nen", „lösen". Was wird abgetrennt, wovon löst sich der, der Nirvāna erlangt? Es ist die Unklarheit, mumyō, die Quelle allen Leidens, die transzendiert wird, das Band schlechten Karmas ist es, das durchgeschnitten wird. Nirvāna, auch „Verlöschen" (jap. *metsudo*) genannt, ist Verlöschen in dem Sinn, daß das „große Meer der Leidenschaften überwunden ist"[13].

Shinran selbst macht wenige inhaltliche Aussagen über die letzte wahre Wirklichkeit, da der Bereich des Nirvāna unfaßbar und unbeschreibar ist. Trotz dieses Wissens soll es an dieser Stelle nicht unterbleiben, eine — wenn auch nur geringe und unvollständige — Vorstellung von dem erahnen und aufleuchten zu lassen, was in der Lehre des Mahāyāna (worauf Shinran gründet) unter dem transzendentalen Bereich der letzten Wirklichkeit, genannt: Nirvāna, Sosein, Leere, Dharmakörper, Buddha-Natur, verstanden wird. Es geschieht dies ganz im Bewußtsein, daß alle Beschreibungen diese Wirklichkeit des Befreitseins nicht genau erfassen können. Für Shinran ist der dynamische Aspekt als die Sphäre von Buddhas Aktivität, nämlich der Glaube, der im Menschen erwacht, von größerer Bedeutung. Deshalb sind Glaube und Wirkung des Glaubens im Grunde nicht von der Realisation, vom Ziel, zu trennen, was in den folgenden Kapiteln immer wieder zum Ausdruck kommen wird.

Im Unterschied zur negativen Auffassung des Hīnayāna, das Nirvāna als Verlöschen, Annihilation, im Sinne von Nicht-Sein versteht, faßt das Mahāyāna Nirvāna positiv[14]. Shinran gibt diese Sicht wieder:

„Nirvāna hat unzählige Namen... Nirvāna wird genannt: Auslöschen der Leidenschaften, das Ungeschaffene, friedvolles Glück, ewige Freude, wahre Gestalt, Dharmakörper, Dharma-Natur, Sosein, Einssein und Buddhanatur"[15].

Im Nirvāna-Sūtra wird es als das „Ungeschaffene" bezeichnet, als

„Zuflucht, Höhle, Befreiung, Licht, anderes Ufer, Furchtlosigkeit, Nicht-Zurückfallen, sicherer Ort, Ruhe, Nicht-Form, Nicht-Zwei, eine Praxis, Kühle, Nicht-Dunkel, unbehindert, Nicht-Zurückweisen, unbefleckt"[16].

---

[13] *GWB* II/S.1358 „metsudo"; *S. Yamabe und C. Akanuma*, aaO. I/S.412; aaO. II/S.541/Anm.1; aaO. II/S.969/Anm.2.

[14] Im Mahāparinirvāna-sūtra finden sich neben negativen Ausdrücken zahlreiche positive: Nirvāna ist „Zuflucht", „Licht", „Lampe", „Anderes Ufer", „Ort der Ruhe", „Weite". Der Begriff „Reines Land" ist offensichtlich ein solcher Ausdruck, der letztlich auf den Zustand der Erleuchtung oder auf das Nirvāna hinweist. Mit anderen Worten: „Reines Land" ist ein positiver Ausdruck des Nirvāna; siehe dazu *S. Bandō, Shinran's Indebtedness to T'an-luan* S.78. *D. T. Suzuki* stellt in seinen „Outlines of Mahayana Buddhism" vier Formen des Nirvāna dar, die die Mahāyānisten unterscheiden, siehe S.342ff.

[15] *Shinran, Yuishinsho-mon'i* S.42.

[16] *Nirvāna-Sūtra*, zitiert in: Shinran, Kyōgyōshinsho S.314/V, 120; siehe auch: dass., aaO. S.214/V, 18; aaO. S.130/III, 90.

Nāgārjuna, auf dem Shinran basiert, beschrieb es in seinem Mādhyamika-Śāstra, einem der bedeutendsten Texte des Mahāyāna, so:

,,Das wird Nirvāṇa genannt, was nicht will, nicht erreicht ist, nicht zeitweilig aussetzt, nicht nicht zeitweilig aussetzt, nicht der Destruktion unterworfen ist und ungeschaffen ist''[17].

Vasubandhu hob in seinem Kommentar zu Nāgārjunas Mādhyamika Kārikā ,,Mādhyamika Kārikā Vrtti'' diese Unbeschreibbarkeit hervor:

,,Nirvāṇa ist ,weder das, was man erreichen kann, indem man etwas verläßt, noch das, was man, indem man etwas verlassen hat, erreichen kann. Es ist weder Vernichtung noch Ewigkeit, weder das, was zerstört, noch das, was geschaffen wird' ''[18].

Es ist nicht zu verwechseln mit einem Weggehen oder Hinübergehen in ein anderes Reich, ein Jenseits. Es gehört in den Bereich der Nicht-Dualität. Als ,,Ungeschaffenes'' (skt. *asaṃskṛta*, jap. *mui*) ist es das Sein, das nicht Bedingungen, Ursache und Wirkung unterliegt[19]; es ist das, was keine Veränderung zeigt[20]. Es ist die wahre Wirklichkeit, die Geburt und Tod, jede Veränderung und jeden Wechsel transzendiert. Es ist weder Geburt noch Tod, weder Sein noch Nicht-Sein unterworfen:

,,Keine Ursache, keine Wirkung, keine Geburt, kein Tod — das ist das große Nirvāṇa''[21].

Es ist das Befreitsein von Geburt und Tod, von Leidenschaften und Sünde. Alle Wurzeln des Karma sind in ihm zerstört. Es steht über jeder Relativität von Existenz und Nicht-Existenz. Mit T'an-luan ausgedrückt:

,,Die Erleuchtung (Nirvāṇa) ist die Wohnung unbefleckter Reinheit... die ruhige Wohnung, Zustand der Freude''[22].

Das Nirvāna ist ohne Farbe, ohne Form und Gestalt, unveränderlich, es vergeht nicht.

Nirvāna ist das Absolute, Grenzenlose. Es ist Affirmation und letzte Erfüllung und besteht aus universaler Liebe und allumfassender Weisheit und Wissen. Es ist die eine absolute Wirklichkeit, die durch Liebe und Weisheit in der Erleuchtung realisiert wird. Es ist da, wo der

---

[17] *Nāgārjuna*, Mādhyamika-śāstra, zitiert in: D. T. Suzuki, Outlines of Mahayana Buddhism S.347.
[18] *Vasubandhu*, Mādhyamika kārikā vrttī, zitiert in: T.R.V. Murti, The Central Philosophy of Buddhism. A Study of the Mādhyamika System (London ²1960) S.521.
[19] *GWB* II/S.1312f ,,mui''.
[20] *Mahāprajñāparamitā-Sūtra*, in: Shinran, Kyōgyōshinshō S.228/V, 31.
[21] *Nirvāṇa-Sūtra*, zitiert in: Shinran, aaO. S.158/III, 126; siehe dass., aaO. S.155/III, 126.
[22] *T'an-luan*, Jōdoron-chū, in: Shinran, aaO. S.194f/IV, 19.

Mensch sein egozentrisches Ich überwindet, und aus Liebe und Weisheit sich um die Rettung aller bemüht. Shinran erklärt:

> ,,Es ist nichts anderes als die wunderbare Situation, in der das Werk, das anderen Wohltaten erweist (rita), zur Vollkommenheit gebracht ist''[23].

---

[23] *Shinran, Kyōgyōshinshō* S.175/IV, 1.

VII. BEFREIUNG ALS EINSSEIN MIT DER WAHREN WIRKLICHKEIT

Die letzte, absolute, wahre Wirklichkeit, die in der Erleuchtung oder in der Realisation des Nirvāna erfahren wird, ist, ontologisch ausgedrückt, das ,,So-wie-es-ist-sein''. Shinran schreibt:

,,Wenn ein Mensch zur Erleuchtung kommt, sagen wir ,er kehrt zur Stadt der Dharma-Natur zurück'. Es wird auch genannt ,die wahre Wirklichkeit oder das Sosein realisieren', das Ungeschaffene oder den Dharmakörper verwirklichen' und die ,Höchste Erleuchtung erlangen' ''[1].

1. Das So-wie-es-ist-sein als wahre Wirklichkeit (shinnyo)

Das Sanskritwort ,,būtha'' meint ,,Realität'', das ,,wahre Reale''; ,,tathatā'' besagt ,,ein Solches'', ,,Dasein'', ,,So-wie-heit''. ,,Shinnyo'' hat im Japanischen die Bedeutung: das Wahre, Wirkliche, die wahre Gestalt alles Seienden[2], auch ,,ichinyo'' (skt. tathatā), das ,,So-wie-es-ist des Einen''. Es ist die ursprüngliche Natur aller Phänomene, die wahre Existenz und Essenz aller Dinge, die letzte Wahrheit und Wirklichkeit[3].

In der Erleuchtung wird diese ,,wahre Gestalt'' (skt. tattvasya lakṣaṇam, jap. jissō), das ,,So-wie-es-ist'' der Dinge erfahren, das im Zustand des Nicht-Erleuchtetseins durch die Unklarheit verdeckt ist und nicht erkannt wird[4]. Die ursprüngliche, wahre, essentielle Natur aller Dinge des Universums wird auch Dharma-Natur genannt (skt. dharmatā, jap. hosshō)[5]. Shinran schreibt in Kyōgyōshinshō:

,,Die wahre Wirklichkeit ist die Dharma-Natur, Dharma-Natur ist wahres Sosein, wahres Sosein ist das Sosein des Einen''[6].

Mit diesem Verständnis greift Shinran auf zwei Hauptquellen der indischen Philosophie zurück, nämlich auf *Nāgārjuna*, der betonte, daß die wahre Wirklichkeit nur in negativen Begriffen ausgedrückt werden kann — als ,,Leere'' (skt. śunyatā, jap. kū) — und auf *Vasubandhu*, der in seiner Yogācāra-Philosophie (Bewußtseinslehre) positive Begriffe dafür verwendet[7]. Vasubandhu beschrieb in seiner Abhandlung über das Reine Land,

---

[1] *Shinran, Yuishinshō-mon'i* S.33.
[2] *GWB* I/S.785 ,,shinnyo''.
[3] AaO. I/S.51 ,,ichinyo''; *D. T. Suzuki*, Kyōgyōshinshō Kommentar S.223.
[4] *GWB* I/S.598 ,,jissō''; *D. T. Suzuki*, aaO. S.319/Nr. 398.
[5] *GWB* II/S.1252f ,,hosshō''.
[6] *Shinran, Kyōgyōshinshō* S.175/IV, 3.
[7] Siehe dazu: *S. Bandō*, Shinran's Indebtedness to T'an-luan S.78ff.

"Jōdoron", diese Wirklichkeit als absolute Wahrheit, ohne Entstehen, ohne Vergehen, ewig. Es ist der „Eine Dharma" (jap. *ippoku*): Der Eine Dharma ist frei von allen Qualitäten, jenseits aller aussagbaren Attribute und außerhalb des Bereichs der Wahrnehmung und Erkenntnis[8].

Zum erstenmal findet sich der Begriff *būtha-tathatā* (*shinnyo*) „wahre Existenz", „Wirklichkeit", „wahres So-wie-es-ist" in Aśvaghoṣas „Mahāyāna Śraddhotpāda", dem Werk über das Entstehen des Glaubens. Das Sosein ist das Herz aller Wesen, das alle Dinge in der Welt konstituiert. Es existiert in allem, im Reinen wie Unreinen, unverändert, immer ein und dasselbe; es ist ungeschaffen und ewig, nicht dem Wechsel unterworfen, es entbehrt jeder Unterscheidung, es ist das große alleseinschließende Ganze. Aśvaghoṣa erklärt:

> „In seinem metaphysischen Ursprung hat būtha-tathatā nichts mit unreinen Dingen zu tun, das heißt bedingten; es ist frei von allen Zeichen der Unterscheidung, wie sie in phänomenalen Objekten existieren; es ist unabhängig von einem nicht wirklichen Bewußtsein, das trennt und teilt"[9].

Das Sosein ist unter zweifachem Aspekt zu verstehen: als Negation und Affirmation. Als Negation (śūnyatā) ist es völlig verschieden von den Attributen aller unrealen, nicht wirklichen Dinge; es ist die wahre Wirklichkeit. Als Affirmation (aśūnyatā) enthält es unbegrenzte Tugenden, ist selbst-existierend[10]. Es ist

> „weder das, was Existenz ist, noch das, was Nicht-Existenz ist, noch das, was nicht zugleich Existenz und Nicht-Existenz ist; es ist weder das, was Einheit ist, noch das, was Mehrheit ist, noch das, was nicht zugleich Einheit und Mehrheit ist"[11].

Als das wahre Reale liegt das Sosein aller Existenz zugrunde. Es ist der ontologisch tiefste Grund des gesamten Lebens, der überhaupt jegliches Leben erst ermöglicht. Das Sosein oder So-wie-es-ist ist nicht als moralisches oder strukturelles Prinzip zu verstehen, sondern es steht über aller Moral und Sittlichkeit, ist also kein Prinzip, keine Norm, kein Gesetz. Das menschliche Bewußtsein kann diese Wirklichkeit, die das einzig Reale gegenüber den Phänomenen ist, nicht fassen. Es ist, als ob man Blinden das Aussehen eines Elefanten darstellen möchte. Jeder bekommt eine andere Vorstellung von dem, wie ein Elefant aussieht, aber jeder meint, er hätte die richtige[12]. Da keine Aussage diese Wirklichkeit treffen kann, ist sie weder zu beschreiben, noch begrifflich auszudrücken.

---

[8] Siehe *D. T. Suzuki*, aaO. S.326f/Nr.433.
[9] Aśvaghosa, Mahāyāna Śraddhotpāda S.58f.
[10] AaO. S.58.
[11] AaO. S.59.
[12] Aus dem *Udāna*, zitiert in: D. T. Suzuki, Outlines of Mahayana Buddhism S.100.

Der Bodhisattva *Mañjuśrī* äußert sich in einem Gespräch mit dem Laienjünger *Vimalakīrti* (jap. *Yuima*) über die Natur des Soseins oder den „Dharma der Nicht-Dualität"[13]:

> „Was in allen Wesen wortlos, sprachlos ist, kein Zeichen zeigt, was nicht erkannt werden kann und jenseits aller Fragen und Antworten ist — dies zu erkennen ist: in den Dharma der Nicht-Dualität eintreten"[14].

Als daraufhin Mañjuśrī Vimalakīrti selbst nach dem Dharma der Nicht-Dualität fragte, sagte dieser kein Wort und schwieg, worauf Mañjuśrī ausrief:

> „Sehr gut, sehr gut! Der Dharma der Nicht-Dualität ist wahrhaft jenseits der Buchstaben und Worte!"[15].

Auch Shinran macht wenige inhaltliche Aussagen über diese letzte Wirklichkeit. Allein die höchste Weisheit (skt. *prajñā*, jap. *chie*) kann das So-wie-es-ist-sein aller Dinge erfassen. Shinran zitiert *T'an-luan*:

> „…Es ist die höchste Weisheit, die (in der Erleuchtung) erreicht wird, denn dieses Wissen ist in Übereinstimmung mit dem Sosein der Dinge. Deshalb wird es das rechte Wissen genannt. Das Sosein der Dinge transzendiert Form und die höchste Weisheit ist so Nicht-Wissen"[16].

Eine Manifestation des Soseins ist der Name Amida Buddhas und sein dynamischer Aspekt oder impersonaler Ausdruck ist das Reine Land[17]. Das heißt: das Reine Land ist im Grunde Sosein oder Dharma-Natur. Erst durch die Manifestation ist überhaupt eine Vermittlung zwischen der wahren Wirklichkeit und der relativen Existenz möglich. Im Glauben daran kommt der Mensch in Berührung mit der wahren Wirklichkeit[18], er „realisiert den Körper der Dharma-Essenz des Soseins"[19]. In den Bereich des Soseins kommen, heißt, die Höchste Erleuchtung oder Nirvāṇa realisieren. Es ist ein Zustand der absoluten Ruhe, der für Shinran ein zukünftiges Geschehen darstellt:

> „Wenn die Zeit für uns kommt, daß wir diesen beschmutzten Körper aufgeben müssen, laßt uns bereit sein, das ewige Glück der Dharma-Natur zu verwirklichen"[20].

---

[13] Ārya-Vimalakīrti-nirdeśa nāma Mahāyāna-sūtra, kurz *Vimalakīrti-Sūtra* (jap. Yuima-kyō), wobei „vi" als negatives Präfix steht; „mala" ist „Schmutz"; „kirti" — „Ruhm". Vimalakīrti ist so „Der den Ruhm Habende". Die genaue Entstehungszeit ist unsicher. Von mehreren chinesischen Übersetzungen sind erhalten: 3 Bde. von Kumārajīva (406 n.Chr.). Entstehungszeit vermutlich zwischen 100 v.Chr. und 200 n.Chr.
[14] *Vimalakīrti-Sūtra*, zitiert nach D. T. Suzuki, Outlines of Mahayana Buddhism S.107.
[15] Ebd.
[16] *T'an-luan*, Jōdoron-chū, in: Shinran, aaO. S.64/II, 87.
[17] *Shinran, Kyōgyōshinshō* S.15/II, 2; *T'an-luan*, Jōdoron-chū, in: Shinran, aaO. S.195/IV, 19.
[18] *Shinran*, aaO. S.87/III, 1; *Shan-tao*, Hanju-san, in: Shinran, aaO. S.42/II, 35.
[19] *Shinran*, aaO. S.78/II, 111; aaO. S.87/III, 1.
[20] *Ders.*, aaO. S.175/IV, 3.

Da das Sosein als wahre Wirklichkeit und höchste Wahrheit in der menschlichen Sprache nicht ausgedrückt werden kann, kann man es höchstens in negativen Begriffen umschreiben. Nāgārjuna bezeichnete es deshalb als ,,śūnyatā", Leere: da es nicht-dualistisch ist, da es frei von allen empirischen Prädikaten und Relationen ist und sich jeder Art der Bestimmung und Definition entzieht. Man kann eigentlich nur sagen ,,Es ist nicht so". Deshalb wird das Sosein als ,,śūnyatā" bezeichnet[21].

2. Die wahre Wirklichkeit als Leere (kū)

Etymologisch ist mit dem Begriff *śūnya* (jap. *kū* oder *mu*, auch *komu*), von der Wurzel svi — geschwollen, die Vorstellung verbunden, daß etwas, das von außen geschwollen aussieht, innen hohl, beziehungsweise mit einem Fremdkörper gefüllt ist, in Wirklichkeit also leer ist[22]. Negativ bedeutet ,,śūnya" die Verneinung jeder Substanz, die Abwesenheit von Partikularität, die Nicht-Existenz von Individuen als solchen, das Fehlen eines Selbst, die Unbeständigkeit und Abhängigkeit der Dinge. Positiv ausgedrückt ist es der sich immer wandelnde Zustand der phänomenalen Welt[23].

Wenn die Welt als śūnya gesehen wird, ist sie in ihrem Sosein erfaßt. Die ,,Leere" darf aber nicht im Sinne von Annihilation oder absolutem Nichts verstanden werden. Vielmehr ist śūnyatā die Negation der Negationen. Es bedeutet nicht Abwesenheit in dem Sinn, daß vorher etwas war und nicht mehr ist; es ist nicht etwas neben etwas, keine separate, unabhängige Existenz. Es ist immer schon mit den Dingen und existiert zusammen mit Form[24]. *Nāgārjuna* erklärte:

> ,,Durch śūnyatā sind alle Dinge überhaupt erst möglich und ohne śūnyatā würden alle Dinge zu Nichts werden"[25];

und

> ,,Wenn śūnyatā nicht wäre, gäbe es kein Erlangen dessen, was noch nicht erlangt wurde, noch gäbe es die Vernichtung des Schmerzes, noch das Auslöschen all der Leidenschaften"[26].

---

[21] *T'an-luan*, Jōdoron-chū, in: Shinran, aaO. S.64/II, 87; *Tao-ch'o*, Anraku-shū, in: Shinran, aaO. S.33/II, 22.

[22] W. E. *Soothill and* L. *Hodous* (Ed.), A Dictionary of Chinese Buddhist Terms (repr. Taipei 1975) S.276.

[23] *GWB* I/S.278 ,,kū"; aaO. II/S.1311 ,,mu"; D. T. *Suzuki*, Kyōgyōshinshō Kommentar S.322/Nr. 411.

[24] Ausführlich zu diesem Thema siehe: T. R. V. *Murti*, The Central Philosophy of Buddhism S.162f.

[25] *Nāgārjuna*, Mādhyamika-śāstra, übersetzt in: D. T. Suzuki, Outlines of Mahayana Buddhism S.175.

[26] *Ders.*, aaO. S.179.

Śūnyatā, die alle Dinge kennzeichnende Leere, ist Ausdruck für das Absolute, ist das So-wie-es-ist, insofern es sich jeder Art der Bestimmung entzieht. Es ist jenseits aller begrifflichen Unterscheidungen von Existenz und Nicht-Existenz, jenseits der Antithesen von Subjekt und Objekt; es transzendiert jeden Dualismus. Die Wirklichkeit ist in ihrer Leere nicht-dualistisch und frei von allen empirischen Prädikaten und Relationen. Sie ist dem Denken transzendent, der Vernunft unzugänglich. Sie ist die Grenze menschlicher Gedanken. Sie ist unermeßbar, unausdrückbar. Sogar Existenz, Einheit, Selbstheit können von ihr nicht behauptet werden. Denn wäre sie ein positives Sein, so wäre sie dem Entstehen und Vergehen, dem Werden, unterworfen und damit begrenzt. Śūnyatā ist unbestimmt, kein Begriff kann auf es angewandt werden[27].

Śūnyatā ist nicht relativ zu verstehen, als etwas, das dem anderen gegenübersteht. Śūnyatā ist das So-wie-es-ist, in dem es nichts Leeres gibt. Śūnyatā vereint alle Gegensätze in sich: Fülle und Nichts, Bestimmtheit und Freiheit, Transzendenz und Immanenz[28]. Trotz der Unbestimmbarkeit darf śūnyatā nicht außerhalb der Welt der Erscheinungen vermutet werden. Im Gegenteil, śūnyatā ist die einzige Realität in allem Erscheinenden. Gerade in dessen Leerheit wird śūnyatā als das Absolute erlebt. Im *Mahāprajñāparamitā-Sūtra* heißt es:

,,Die Natur aller Dinge ist leer. Was leer ist, ist zugleich Nirvāṇa"[29].

Da alle Existenzen ,,leer" sind, ohne Selbstheit und Beständigkeit, haben alle teil am Absoluten. *Nāgārjuna* formulierte es so:

,,Alle Erscheinungen sind die verhüllte Form oder falsche Erscheinung des Absoluten"[30].

T'an-luan, auf den Shinran zurückgeht, übernahm dieses Konzept von śūnyatā der Mādhyamika-Philosophie. Er sagt:

,,Zu der Feststellung ,Alle Wesen sind ungeboren, sind wie die Weite des Raums (die Leere)' gibt es zwei Interpretationen; die eine ist: Während es anscheinend Geburt und Tod gibt, wie es von gewöhnlichen Leuten verstanden wird, gibt es in der letzten Wirklichkeit nicht so etwas wie Geburt und Tod; das heißt, daß Geburt und Tod (,nicht-existent') sind wie das Haar der Schildkröte oder die Leere. Die zweite Interpretation ist: gerade weil alle Dinge durch karmische Verursachung entstanden sind, sind sie ungeboren und wie die Leere nicht-existent"[31].

---
[27] T. R. V. Murti, aaO. S.228ff. 231.238; D. T. Suzuki, Kyōgyōshinshō Kommentar S.322/Nr. 411.
[28] Ders., aaO. S.224/Nr. 65; Ders., The Shin Teaching of Buddhism, in: Collected Writings of Shin Buddhism S.41.
[29] *Mahāprajñāparamitā-Sūtra*, in: Shinran, aaO. S.228/V, 31.
[30] *Nāgārjuna*, Mādhyamika Kārikās XXV,19, zitiert in: T. R. V. Murti, aaO. S.233.
[31] *T'an-luan*, Jōdoron-chū, in: Shinran, aaO. S.31/II, 21.

BEFREIUNG - DAS ZIEL

Shinran übernimmt Stellen aus dem Nirvāṇa-Sūtra, die Aussagen über die Leere beinhalten. Die wahre Befreiung ist ,,śūnyatā'':

,,Die Leere ist das Ungeschaffene. So ist sie das Ewige''[32].

Die auf Grund ihres Glaubens im Reinen Land geboren wurden, sind śūnya, denn sie kennen keine Begrenzung:

,,Sie sind unvergleichlich vollkommen in ihren Zügen, ausgezeichnet in der körperlichen Gestalt. Ihresgleichen kann nicht gefunden werden. Aus der Leere erscheinend, haben sie doch unbegrenzte Form''[33].

---

[32] *Nirvāna-Sūtra*, zitiert in: Shinran, aaO. S.207/V, 12; aaO. S.206/V, 10.
[33] *Shinran, San-Amida-Butsu-Ge Wasan*, in: Collected Writings on Shin-Buddhism S.144/22; siehe auch *Shan-tao*, Anraku-shū, in: Shinran, aaO. S.179/IV, 12.

VIII. DIE WAHRE WIRKLICHKEIT OFFENBART SICH IN ALLEM SEIN ALS DER DHARMAKÖRPER (HOSSHIN)

Die buddhistische Theorie von der wahren Wirklichkeit als Sosein und Leere ist zu abstrakt für das religiöse Bewußtsein des Menschen. Sie ist dem menschlichen Erkenntnisvermögen unzugänglich und für das konkrete, praktische Leben ohne Bedeutung. Damit der Mensch Zugang zu dieser Wirklichkeit bekommen kann, verbleibt sie nicht in ihrer Absolutheit, sondern manifestiert sich in allem Sein als Körper, als religiöses Objekt, als der Dharmakörper (skt. *dharmakāya*, jap. *hosshin*). Anders ausgedrückt: der personale Aspekt des ,,So-wie-es-ist'', sofern es als manifestiert betrachtet wird, findet seinen Ausdruck im formlosen Dharmakāya. Der Reine-Land-Buddhismus unterscheidet zwei Aspekte des Dharmakāya, den Dharmakāya als Dharma an sich (hosshō hosshin), als Soheit, und den Dharmakāya als manifestierte Form (hōben hosshin), als Mittel.

1. Der Dharmakörper an sich (hosshō hosshin)

Dharma, von der Wurzel dhṛ, meint ,,halten'', ,,tragen''. Die einfachste Bedeutung war ursprünglich ,,das, was trägt oder unterstützt''. Allmählich kam es zur Bedeutung ,,das, was die Norm formt oder den Lauf der Dinge reguliert und lenkt''[1]. Dharma ist die Wirklichkeit, die alle Dinge bestimmt und trägt. Nach D. T. Suzuki ist Dharma als ,,Gesetzeskörper'', ,,Prinzip der kosmischen Einheit'', ,,organisierte Form'', ,,Systematisierung'', ,,regulatives Prinzip'', weniger im nur philosophischen Sinn zu verstehen, sondern der Dharma ist Objekt religiösen Bewußtseins. Wenn Dharma verbunden ist mit *kāya*, ,,Körper'', impliziert dies die Idee von ,,Person'', ,,Personalität'', ,,Personalisierung'' der absoluten Wahrheit. Es ist somit kein abstraktes metaphysisches Prinzip mehr wie śūnyatā, sondern schließt die Vorstellung der Person ein[2]. Der Dharmakörper ist aber nicht in unserem gewöhnlichen Sinne als Person zu verstehen, sondern er ist, so Suzuki, ,,Objekt des religiösen Bewußtseins''[3]. Der Dharmakörper ist kein Körper im Sinne unseres menschlichen Körpers: Er ist die essentielle ,,Seinsheit'', die wahre Natur aller Buddhas wie alles Seienden, ja er konstituiert erst Buddhaheit. Wenn ein Buddha als Buddha ist, so nennt man dieses Dasein als Bud-

---

[1] *GWB* II/S.1253 ,,dharma''; ebd. ,,hosshin''; *D. T. Suzuki*, Outlines of Mahayana Buddhism S.222; ders., Studies in the Laṅkāvatāra Sūtra (London 1932) S.176.
[2] *Y. Ueda*, (Ed.), Mattōshō Kommentar S.69.
[3] *D. T. Suzuki*, Kyōgyōshinshō Kommentar S.260/Nr. 171.

dha ,,Dharmakāya'' oder auch ,,Buddha-Natur''. Dabei ist Buddha nicht als substantielles Seiendes gedacht, denn das Dasein des Buddha ist ohne Substanz. Es ist die Wirklichkeit, die die Soheit aller Dinge ist.

Der Dharmakāya ist Weisheit und Liebe[4]. Als lebendiger Geist manifestiert er sich sowohl in der Natur als auch im Denken[5]. Alles Leben empfängt sein Sein überhaupt erst vom Dharmakāya, ohne den die Welt unvorstellbar ist. Er ist die Wirklichkeit, von der her alle Dinge ihre Gesetzmäßigkeit und Rechtfertigung erhalten. Er selbst, überall gegenwärtig, sprengt alle Grenzen und Bedingtheiten. Er

,,kommt von nirgendwoher, er geht nirgendwohin; er behauptet sich nicht und erhebt keinen Anspruch, noch unterliegt er der Vernichtung. Er ist für immer ruhig und ewig, er ist der Eine, ohne Bestimmung. Dieser Dharmakāya hat keine Grenzen und keine Wohnung, er ist nicht an einen Ort gebunden, aber er ist immanent in allen Körpern. Seine Freiheit und Spontaneität ist unfaßbar, seine geistige Gegenwart in körperlichen Dingen ist unbegreiflich... Obwohl er der Schatz der Erkenntnis und des Wissens ist, ist er frei von jeder Unterscheidung. Es gibt keinen Ort im Universum, an dem der Dharmakāya nicht herrscht. Das Universum wird, er aber bleibt immer. Er ist frei von allen Dingen, um sie zum Nirvāna zu führen''[6]

— so stellt ihn das *Avataṃsaka-Sūtra* dar.

Wie der Raum durchdringt er alles. Er ist die Einheit von allem[7]. Ihm werden alle Tugenden und Verdienste zugeschrieben, er ist die Quelle der Liebe und des Erbarmens. Als Weisheit (skt. *prajñā*, jap. *chie*) lenkt er den Lauf der Dinge, als Liebe (skt. *karuṇā*, jap. *jihi*) nimmt er alle Wesen auf und als Willenskraft (skt. *praṇidhāna bala*, jap. *ganriki*) ist das Gute im Universum sein Ziel[8]. Diese drei Aspekte der Weisheit, Liebe und Willenskraft begründen die Einheit, das heißt die Absolutheit des Dharmakāya. Er ist ohne Begrenzung und Bedingtheit. Als das höchste, absolute Sein offenbart er sich in allem:

,,Ich bin der Vater aller Wesen, und sie sind meine Kinder''[9].

Ohne Farbe und Gestalt ist er Wurzel und Grund aller Dinge; er ist das in Ewigkeit sich nicht Verändernde. Er transzendiert Buddhas zeitliche und räumliche Gestalt. Es gibt über ihn hinaus nichts. Deshalb wird er auch der ,,Höchste Dharmakörper'' (jap. *kukyō hosshin*) genannt[10]. Da er frei von jeder Aktivität und jedem Handeln ist, ist er der ,,Ungeschaffene Dharmakörper'' (jap. *mui-hosshin*)[11].

[4] *Y. Ueda* (Ed.), aaO. S.70.
[5] *D. T. Suzuki*, Outlines of Mahayana Buddhism S.223f.
[6] *Avataṃsaka-Sūtra*, zitiert in: D. T. Suzuki, ebd.
[7] *Aśvaghoṣa*, Mahāyāna Śraddhotpāda, zitiert in: D. T. Suzuki, aaO. S.238.
[8] Ebd.
[9] *Avataṃsaka-Sūtra*, zitiert in: D. T. Suzuki, ebd.
[10] *GWB* I/S.263 ,,kukyō hosshin''; *S. Yamabe und C. Akanuma*, Kyōgyōshinshō Kōgi I/S.418, Anm. 2.
[11] *Dies.*, aaO. II/S.1313 ,,muihosshin''; *D. T. Suzuki*, Kyōgyōshinshō Kommentar S.319/Nr. 397.

In Anlehnung an *Vasubandhu* zitiert Shinran:

"Der Eine Dharma ist das Reine (das heißt: das Absolute). Das Reine ist prajñā (transzendentale Weisheit), nämlich das, was leer und wirklich ist; es ist der ungeschaffene Dharmakāya... Weil die Dharma-Natur Ruhe ist (nirvāṇa,) ist der Dharmakāya formlos... Wegen Nicht-Wissen (was das wahre Wissen ist) gibt es nichts, das er nicht weiß. Deshalb ist Allwissenheit das Wissen (prajñā), das wahr und wirklich ist. Prajñā als wahr und wirklich zu charakterisieren, gebührt der Natur von prajñā, die wirkt und doch nicht wirkt. Den Dharmakāya als ungeschaffen zu bestimmen, gebührt der Natur des Dharmakāya, die weder Form noch Nicht-Form ist"[12].

Shinran spricht über den Dharmakāya im 4.Kapitel von Kyōgyōshinshō, im Zusammenhang mit dem Bodhisattva, der gensō ekō oder das "Den-anderen-Wohltaten-Erweisen" (rita) verwirklicht. Die Bodhisattvas über der achten Stufe verkörpern den Dharmakāya: Sie sind jenseits aller Unterschiede und Relativitäten und sind den Buddhas gleich:

"Der Dharmakāya der Gleichheit bedeutet der Bodhisattva über der achten Stufe, der den Körper hat, der aus der Dharma-Natur geboren ist. (Der Dharma, den er erlangt) ist der Dharma der Gleichheit in Ruhe"[13].

2. *Der Dharmakörper in seiner manifestierten Form (hōben hosshin) als Mittler zwischen Absolutem und Endlichem (nyorai)*

Der Dharmakāya an sich (jap. *hosshō hosshin*)[14], ohne Form und Gestalt, ohne Entstehen und Vergehen, ewig, ist für das sterbliche Bewußtsein noch zu abstrakt, um erfaßt werden zu können. Um direkt im Bereich des Saṃsāra zu wirken, manifestiert er sich in der Form des *hōben hosshin*[15]. Shinran erklärt:

"Der Dharmakāya an sich hat weder Farbe noch Form; deshalb kann der Geist ihn nicht erfassen, noch können Worte ihn beschreiben. Aus dieser Einheit wurde Form manifestiert, genannt hōben hosshin"[16].

Als manifestierte Form kommt der Dharmakāya an sich überhaupt in den Bereich der menschlichen Auffassung und Beschreibung. Erst so kann er in dieser Welt der Relativitäten wirken. Shinran zitiert *Vasubandhu*:

"Zwei Modi sind im Dharmakāya unterscheidbar, dessen Manifestationen Buddhas und Bodhisattvas sind. Ein Aspekt ist der Dharmakāya als Dharma

---

[12] *Vasubandhu*, Jōdoron, zitiert in: Shinran, Kyōgyōshinshō S.189/IV,19; siehe auch T'an-luan, Jōdoron-chū, in: Shinran, aaO. S.60/II, 74.
[13] *Vasubandhu*, Jōdoron, in: Shinran, aaO. S.182/IV/19.
[14] GWB II/S.1253 "hosshō hosshin".
[15] AaO. II/S.1225 "hōben hosshin".
[16] *Shinran, Yuishinshō-mon'i* S.43.

an sich, der andere ist der Dharmakāya in seiner manifestierten Form. Die manifestierte Form existiert, indem sie vom Dharma an sich abhängt, und der Dharma an sich ist bekannt, indem er sich selbst in seinen Manifestationen ausdrückt"[17].

Der Dharmakāya als Sosein und der Dharmakāya in seiner manifestierten Form sind untrennbar, obwohl sie differieren; sie sind eins, aber nicht identisch.

Eine Offenbarung des Dharmakāya in Form des *hōben hosshin* ist *Amida Buddha*. Das heißt: Allein durch Amida Buddha als manifestierten Körper, durch sein Hongan und seinen Namen, ist der Mensch fähig, den formlosen Dharmakāya als Sosein zu erkennen. Amida Buddha ist so ein *upāya* (jap. *hōben*), „Mittel", durch das allein den sterblichen Wesen Zugang zur wahren Wirklichkeit ermöglich ist. Er ist die Personifikation des Formlosen, Unendlichen, Grenzenlosen, Absoluten. Er ist der *tathāgata* (jap. *nyorai*), ist „Einer, der aus dem Sosein gekommen ist". Tathāgata ist abgeleitet von „*tathā*" — „so" und „*gata*" — „gegangen". In der Zusammensetzung „*tathā-āgata*" ist die Bedeutung „so gekommen". Er ist einer, der die Natur von Sosein hat in seinem Kommen und Gehen[18]. Mit T'an-luan drückt Shinran es so aus:

„... der Nyorai ist der Körper der Wirklichkeit an sich, die sich selbst, den Wesen entsprechend, in verschiedenen Formen manifestiert"[19].

Amida Buddha wird auch als „Körper der Erfüllung" (skt. *sambogha-kāya*, jap. *hōjin*) bezeichnet, auch „Körper der Freude", denn er hat die Bedingungen erfüllt, die zur Erlösung nötig sind[20].

Der *hōjin* manifestiert sich in dieser Welt als Liebe und Weisheit in der Gestalt des Bodhisattva, als Körper der Verwandlung (skt. *nirmāṇakāya* oder *rūpakāya*, jap. *ōjin* oder *keshin*)[21]. Er nimmt, jeweils den verschiedenen Situationen entsprechend, verschiedene Gestalt an, verzichtet auf seine Verdienste als Bodhisattva und wendet seine Tugenden den noch nicht Erlösten zu:

„Der Bodhisattva strahlt sein großes Licht in seinem ōkeshin gleichzeitig, einheitlich und mit einem Herzen und einem Gedanken aus. Er geht hinaus in alle Welten und lehrt alle Wesen, bringt sie durch verschiedene Mittel zum Dharma und plant viele Maßnahmen, um alle von Qual und vom Leiden zu befreien"[22].

---
[17] *Vasubandhu*, Jōdoron, zitiert in: Shinran, Kyōgyōshinshō S.189/IV, 19.
[18] GWB II/S.1063f „nyorai"; siehe auch *Shinran, Kyōgyōshinshō* S.175/IV, 3.; *D. T. Suzuki*, Kyōgyōshinshō Kommentar S.320/Nr. 402; ders., Studies in the Laṅkāvatāra-Sūtra S.340f.
[19] *T'an-luan*, Jōdoron-chū, in: Shinran, aaO. S.91/III, 11.
[20] GWB I/S.477 „hōjin"; *Shinran, Yuishinshō-mon'i* S.43; *D. T. Suzuki*, Outlines of Mahayana Buddhism S.263f; *T. R. V. Murti*, The Central Philosophy of Buddhism S.286.
[21] GWB I/S.477 „ōkeshin".
[22] *Nirvāṇa-Sūtra*, zitiert in: Shinran, aaO. S.216/V, 20.

Und an anderer Stelle zitiert Shinran aus dem *Nirvāṇa-Sūtra*:

> „Ich spreche in dem Sutra über den Körper des Tathāgata. Grob gesagt gibt es zwei Arten: Einer ist der „geborene Körper" und der andere der „Dharmakörper". Der „geborene Körper" ist der hōben-ōkeshin. Von diesem Körper kann in Begriffen wie Geburt, Alter, Krankheit und Tod gesprochen werden; lang, kurz, schwarz, weiß... Der Dharmakörper ist zugleich Beständigkeit, Freude, Selbst und Reinheit. Er ist weit entfernt von Geburt, Alter, Krankheit und Tod; er ist „nicht-weiß", „nicht-schwarz", „nicht-lang", „nicht-kurz"[23].

Hosshin, hōjin und ōjin sind keine drei voneinander getrennte, in sich selbständige Körper, sondern die drei sind grundsätzlich eins, sind Ausdruck für die wahre Wirklichkeit, sind Manifestationen des einen Absoluten, das allem Existierenden zugrundeliegt und alles durchdringt[24].

Shinran schreibt:

> „Eine Form aus diesem ‚formlosen' Schatzmeer des Soseins manifestierend, nannte er sich Hōzō Bosatsu und machte die unbehinderten Gelöbnisse zur Ursache und wurde Amida Buddha; das ist der Grund, warum er Nyorai des erfüllten Körpers genannt wird ... Dieser Nyorai ist der Dharmakāya als Manifestation (hōben hosshin). Der hōben hosshin ist der, der Form manifestierte und den Namen verkündete, damit die Lebewesen ihn aussprechen. Das ist Amida Buddha"[25].

Amida Buddha, der *Nyorai* oder *Tathāgata*, ist der, der aus dem Sosein gekommen ist; mit anderen Worten: er ist eine Manifestation des Dharma. Dem menschlichen Vorstellungsvermögen entsprechend nahm er Gestalt an, um alle zu erlösen. So zitiert Shinran:

> „Der Nyorai ist für alle Wesen immer der liebende Vater und die liebende Mutter"[26].

---

[23] *Vasubandhu*, Jōdoron, in: Shinran, aaO.SS.187/IV, 19.
[24] *GWB* I/S.477 „sanshin"; *D. T. Suzuki*, Outlines of Mahayana Buddhism S.246f: Suzuki erklärt das Entstehen der Idee der drei Buddha-Körper so: Ursprünglich war da der historische Śākyamuni in seiner physischen Existenz (skt. nirmāṇakāya, jap. ōjin, keshin). Ihm gegenüber steht der Dharma an sich als immer seiend. In der späteren Entwicklung bezeichnete Dharmakāya die Wirklichkeit, die das Sosein aller Dinge ist, die ursprüngliche Natur, Grund und Wesen von allem. Vom religiösen Standpunkt aus gesehen, wurde so das Wesen Buddhas zum Dharmakāya, der erfahren wird, wenn die Ichlosigkeit realisiert wird. *J. Takakusu*, The Essentials of Buddhist Philosophy (Honolulu ³1956) S.17 und 40 versteht die Konzeption der drei Buddha-Leiber als eine Idealisierung des historischen Śākyamuni. Der historische Zeitpunkt, seit dem diese Konzeption besteht, ist unklar, aber bei Aśvaghosa, Mahāyāna Śraddhotpāda (1.Jh.v.Chr.), ist der Gedanke von den drei Buddha-Körpern schon da. Von modernen Buddhisten wird die Idealisierung des historischen Buddha zum hōshin als „fiktives Produkt eines imaginären Geistes" gewertet; siehe *D. T. Suzuki*, aaO. S.269f.
[25] *Shinran, Ichinen-tanen mon'i* S.543; zitiert nach der Übersetzung in Y. Ueda (Ed.), Mattōshō-Kommentar S.71.
[26] *Nirvāṇa-Sūtra*, zitiert in: Shinran, Kyōgyōshinshō S.158/III, 135.

Menschliche Wesen und Nyorai sind etwas völlig verschiedenes. Aus diesem Grund ist Nyorai aus dem Sosein gekommen und hat sich den Lebewesen zugewandt. Und das ist ekō. Allein der Nyorai, Amida Buddha, kann als Mittler den Menschen zu seiner Bestimmung führen: zum Einswerden mit dem Dharmakāya oder, anders ausgedrückt, zur Rückkehr zu seiner wahren Natur, der Buddha-Natur[27]. In diesem Sinn schreibt Shinran:

> ,,Wer die höchste Erleuchtung erlangt, ist kein anderer als ein Nyorai, kein anderer als der Dharmakāya. Der Nyorai ist der Dharmakāya''[28].

Und im *Nirvāṇa-Sūtra* heißt es:

> ,,Das Wahre-wirkliche ist der Nyorai und der Nyorai ist das Wahre-wirkliche. Das Wahre-wirkliche ist die Leere des Raumes und die Leere des Raumes ist das Wahre-wirkliche. Das Wahre-wirkliche ist die Buddha-Natur, und die Buddha-Natur ist das Wahre-wirkliche''[29].

---

[27] Siehe dazu: *T'an-luan*, Jōdoron-chū, in: Shinran, aaO. S.191/IV, 19.
[28] *Shinran, Kyōgyōshinshō* S.67/II, 89.
[29] *Nirvāṇa-Sūtra*, zitiert in: Shinran, aaO. S.107/III, 29.

IX. DIE BUDDHA-NATUR (BUSSHŌ)

Mit dem Konzept der wahren Natur aller Wesen, der Buddha-Natur, greift Shinran auf die Tradition zurück, nach der alle Wesen ursprünglich schon immer mit der Buddha-Natur ausgestattet sind. Schon im *Nirvāṇa-Sūtra* steht:

„„... der letzte Zweck ist das eine Fahrzeug, das das schließliche Erlangen aller Wesen ist. Das Fahrzeug ist die Buddha-Natur. Aus diesem Grund sage ich euch, daß alle Wesen ohne Ausnahme mit der Buddha-Natur versehen sind, daß alle Wesen ohne Ausnahme mit dem einen Fahrzeug ausgestattet sind. Aber da die menschliche Existenz mit Unklarheit bedeckt ist, wird es nicht erfaßt"[1].

Allgemein gesagt, bedeutet Buddha-Natur (skt. *buddhatā*, jap. *busshō*) Buddhas Wesen oder ursprüngliche Natur. Jedes Lebewesen hat den Samen (jap. *shō*) in sich, Buddha zu werden (jap. *jōbutsu*). Buddha-Natur ist die wahre, wirkliche, menschliche Natur, des Menschen ursprüngliches Wesen und Herz[2].

Um seine wahre Natur zu erlangen, die Buddha ist, muß der Mensch seine Unklarheit überwinden. In der Erleuchtung verwirklicht er seine ursprüngliche Natur:

„Die Buddha-Natur kann man nur sehen, wenn die bösen Leidenschaften nicht genährt werden. Wenn man die Buddha-Natur sieht, erlangt man den Ort der Ruhe, das heißt das große Parinirvāṇa, das vollkommene Nirvāṇa. Das nennt man das ‚Ungeborene', die ‚Einsicht in die Buddha-Natur' "[3].

Nirvāna, Buddha-Natur, Nyorai sind nur Namen für ein- und dieselbe Wirklichkeit[4].

Im Nirvāṇa-Sūtra heißt es:

„Alle Dinge sind vergänglich. Die Leere ist das Ungeschaffene. So ist sie das Ewige. Die Buddha-Natur ist das Ungeschaffene. So ist sie das Ewige. Die Leere ist zugleich die Buddha-Natur. Die Buddha-Natur ist zugleich der Tathāgata"[5].

Auch wenn der Eindruck entstehen mag, die Buddha-Natur existiere nicht, da sie gegenwärtig noch niemand besitzt, so kann doch nicht gesagt werden, daß sie jetzt überhaupt nicht existiert, denn:

---

[1] *Nirvāṇa-Sūtra*, zitiert in: Shinran, aaO. S.68/II, 92; dass., aaO. S.217/V, 21.
[2] *GWB* I/S.59 „busshō"; aaO. II/S.1193f; *Nirvāṇa-Sūtra*, in: Shinran, aaO. S.109f/III, 35.
[3] *Dass.*, aaO. S.150/III, 126; siehe auch *Shinran, Tannishō* S.72/XV.
[4] *Nirvāṇa-Sūtra*, in: Shinran, Kyōgyōshinshō S.206/V, 10.
[5] *Nirvāṇa-Sūtra*, zitiert in: Shinran, aaO. S.207/V, 12.

„Die Buddha-Natur ist wie die Leere. Sie ist nicht die Vergangenheit, nicht die Zukunft und nicht die Gegenwart. Alle Wesen besitzen drei Arten von Körper: den der Vergangenheit, den der Zukunft und den der Gegenwart. In der Zukunft werden alle vollkommen sein in dem reinen Körper und fähig, die Buddha-Natur zu sehen... die Buddha-Natur der Wesen ist ‚nicht-innen', und ‚nicht-außen' und ist wie die Leere. Sie ist ‚nicht-innen' und ‚nicht-außen' und existiert wie die Leere"[6].

Shinran greift auf diese Tradition zurück. Er zitiert *Shan-tao*:

„Was die Buddhaschaft betrifft, so müssen die Gläubigen wissen, ...daß sie von jedem von uns, vom Weisen bis zum gewöhnlich Sterblichen, erlangt werden kann"[7].

Daß der Mensch überhaupt dahin kommen kann, ist durch den Glauben an das Gelöbnis Amida Buddhas ermöglicht, der in seinem *22. Versprechen* gelobte:

„Wenn beim Erlangen meiner Buddhaschaft, die Bodhisattvas anderer Buddhaländer, die zu mir kommen und in meinem Land geboren werden, nicht sicher die höchste Buddha-Natur in einer Geburt erlangen (isshō fushō)... möge ich nicht die Höchste Erleuchtung erlangen"[8].

Ursache für das Buddha-Werden ist das Hongan Amida Buddhas[9]. Der Glaube daran bewirkt die Geburt und damit das Buddha-Werden. Die Geburt ist letztlich der Weg zum Erlangen der Buddha-Natur[10].

Für *Shinran* ist nicht die Frage von Bedeutung, ob der Mensch Buddha-Natur hat oder nicht, sondern wichtig ist für ihn allein der Glaube, nämlich der Glaube an Nyorais Buddha-Natur:

„Buddha-Natur ist nichts anderes als der Nyorai. Dieser Nyorai erfüllt Herz und Geist aller Lebewesen. So erlangen alle — Pflanzen, Bäume und Land — die Buddha-Natur"[11].

Der Mensch soll nur an das Hongan glauben. Ja, Shinran geht sogar so weit zu sagen, daß der Glaube Buddha-Natur ist. Denn der Glaube ist das Herz Buddhas, das er dem Menschen zugewandt hat. Wenn der Mensch dem Hongan Amidas vertraut, dann ist sein gläubiges Herz Buddha:

„Da sich alle Lebewesen mit diesem Herzen dem Gelöbnis (des hōben hoshin) anvertrauen, ist dieses gläubige Herz Buddha-Natur. Diese Buddha-Natur ist Dharma-Natur. Die Dharma-Natur ist der Dharmakāya"[12].

---

[6] *Dass.*, aaO. S.211/V, 17.
[7] *Shan-tao*, Sanzen gi, in: Shinran, aaO. S.98/III, 35.
[8] *Größeres Sukhāvatī-vyūha-sūtra*, in: Shinran, aaO. S.231f/V,38.
[9] *Shinran, Yuishinshō-mon'i* S.43.
[10] *Hosshō*, Amidakyō Shosan, in: Shinran, Kyōgyōshinshō S.45/II,37.
[11] *Shinran*, aaO. S.42.
[12] Ebd.; siehe auch aaO. S.45f.

Das metaphysische Konzept der Tradition, nach dem alle Wesen Buddha sind, sieht Shinran ganz vom religiösen Standpunkt aus: Der Glaube im Menschen bewirkt das Erlangen der Buddha-Natur, und zwar als Resultat von Buddhas umfassender Liebe. Shinran führt ein Zitat aus dem *Avataṃsaka-Sūtra* an:

> ,,Der Mensch, der sich des Glaubens erfreut, ist dem Tathāgata gleich; so wurde gelehrt. Großer Glaube ist Buddha-Natur, Buddha-Natur ist der Tathāgata''[13].

Während frühere Reine-Land-Lehrer mit ihrer Betonung der schlechten, sündhaften Natur des Menschen, die andere Seite übersahen, nämlich daß der Mensch die Buddha-Natur in sich hat, daß er Buddha werden kann, interpretiert Shinran die traditionelle Lehre neu:

> ,,...Das Herz des großen Erbarmens und der großen Freundlichkeit wird Buddha-Natur genannt und die Buddha-Natur wird Nyorai genannt... Alle Wesen sind letztlich fähig, Erleuchtung zu erlangen. Aus diesem Grund wird gesagt, daß alle mit der Buddha-Natur versehen sind... Die Buddha-Natur wird ,großes gläubiges Herz' genannt''[14].

Im Glauben ist sich der Mensch seiner sündhaften Natur bewußt und der Notwendigkeit von tariki, der Kraft Buddhas, die ihn befreit. So kommt durch Shinrans Verständnis von Buddha-Natur einerseits die große Kluft zum Ausdruck, die zwischen Mensch und Buddha besteht, andererseits jedoch wird damit die fundamentale Einheit hervorgehoben, die allein von der Seite Buddhas ausgeht. Indem nämlich Buddha dem Menschen — durch die Manifestation seines Buddha-Herzens in dieser Welt — den Glauben ermöglicht, kann der Mensch seine wahre Natur verwirklichen. Das Buddha-Herz lenkt den Menschen auf das hin, was er essentiell ist, Buddha.

Ob der Mensch die Buddha-Natur hat, ist für Shinran nicht vorrangig, von Bedeutung ist nur der Glaube daran, daß Amida Buddha den Menschen zu Buddha macht. Der Mensch muß es einfach Amida überlassen, das heißt, an das Versprechen Buddhas glauben. Und in diesem Glauben werden alle die Buddha-Natur der großen Weisheit und Liebe erlangen, die die wahre Befreiung ist. Shinran bezieht sich auf *Shan-tao*, wenn er zitiert:

> ,,,Das Herz wird der Buddha' und ,das Herz ist der Buddha selbst' (jap. *soku shin soku butsu*). Es gibt keinen anderen Buddha als das Herz''[15].

---

[13] Shinran zitiert aus dem *Avataṃsaka-Sūtra*, in: Mattōshō S.43/Brief 14; ders., *Jōdo-Wasan* S.128/94; ders., *Yuishinshō-mon'i* S.46.
[14] *Nirvāṇa-Sūtra*, zitiert in: Shinran, Kyōgyōshinshō S.109f/III,35.
[15] *Shan-tao*, Jōzen gi, in: Shinran, aaO. S.128/III,78.

Diese Beziehung wird auch mit dem Terminus „ki-hō ittai" wiedergegeben. „Ittai" bedeutet Identität oder Einssein. „ki", ursprünglich „Angelpunkt, Hauptsache", steht im Shin-Buddhismus für den Sünder, den Unerleuchteten, die Eigenkraft. „Hō" ist Amida Buddha, tariki oder die Andere Kraft, Dharma, Wirklichkeit[16]. Die Einheit von ki und hō bedeutet so die Erlösung oder Befreiung im Einssein oder Gleichwerden des Menschen mit Amida; oder mit anderen Worten: die Selbstverwirklichung des Menschen im Großen Mitleiden Amidas.

Das Buddha-Sein ist der wahre, ursprüngliche, natürliche Zustand aller Wesen: Sein als Buddha in dem Sinn, daß der Mensch letztlich Buddha wird (jap. *jōbutsu*)[17] oder, wie Shinran auch sagt: Nyorai gleich ist (jap. *nyorai tōdō*). Das heißt: Das gläubige Herz ist Nyorai, oder besser, es wird zu Nyorai gemacht von Amida — und das ist Befreiung. Das gläubige Herz und Nyorai können nicht getrennt werden. Dieses Herz ist Buddha und außerhalb dieses Herzens gibt es keinen Buddha, gibt es keine andere Sache, die Buddha wird (jap. kokoro no hoka ni butsu mashimasazu nari). Buddha existiert nicht außerhalb des eigenen Herzens.

Die Frage entsteht, wie diese Gleichheit zu verstehen ist. *Rennyo* beantwortete diese Frage so: Es geht nicht um eine Auswechslung von Amida Nyorai und dem Gläubigen, vielmehr wird das Herz des Gläubigen dem Herzen Amidas beigesellt. Die Einheit ist keine feststehende Einheit zwischen Amida und dem Gläubigen, sondern es handelt sich um eine dynamische Hin- und Herbewegung[18].

Ein Bild vom brennenden Holz stellt dies symbolisch dar: Aus angezündetem Holz kommt Feuer. Das Feuer wiederum entsteht aus dem Holz, es kann nicht vom Holz getrennt werden. Weil es nicht getrennt werden kann, verbrennt dieses. *T'an-luan* formulierte es so:

„Es ist wie Feuer, das aus dem Holz kommt; Feuer kann nicht außerhalb vom Holz erzeugt werden. Da sich das Feuer nicht vom Holz trennen kann, verbrennt das Feuer das Holz; das Holz wird vom Feuer verbrannt und wird selbst zu Feuer"[19].

Das große erbarmende Buddha-Herz wohnt in diesem mit Leidenschaften erfüllten Menschen-Herzen. Sobald der Mensch im Glauben mit dem Buddha-Herzen in Berührung kommt, von Buddha berührt wird, gibt es nichts anderes als die Einheit. Das Menschen-Herz kann nicht vom Buddha-Herzen getrennt werden, das heißt: dieses menschliche Herz wird zu Buddha gemacht. Das ist die Erlösung, die in dem ei-

---

[16] *Suzuki, D. T.*, Der westliche und der östliche Weg. Essays über christliche und buddhistische Mystik (Frankfurt 1957) S.139.
[17] *GWB* I/S.746 „jōbutsu".
[18] *Laube, J.*, Der Glaubensakt bei Luther und bei Shinran, in: ZM 67 (1983) 1, S.46f.
[19] *T'an-luan*, Jōdoron-chu, in: Shinran, aaO. S.128/III,77.

nen Augenblick des Glaubens Wirklichkeit wird: Erlösung also auf dem Weg des Glaubens, in der Realisation der wahren Bestimmung des Menschen als Buddha-Sein. Ermöglicht wird dies auf Grund des Wirkens von jinen, der absoluten Liebe und des absoluten Erbarmens, die in Amida Buddha ihren Ausdruck finden. Mit ihm in Berührung gekommen, erfährt der Mensch, der nach Rettung schreit, sein Einssein mit Buddha — und das ist Erlösung.

TEIL II

ZUR BEGEGNUNG VON AMIDA-BUDDHISMUS
UND CHRISTENTUM

X. GESCHICHTE DER BEGEGNUNG

Die Begegnung des Abendlandes mit dem Buddhismus reicht weit zurück. Schon während der Zeit des Hellenismus gab es indisch-griechische Verbindungen; der Buddhismus war im Abendland nicht unbekannt. Die Anwesenheit indischer Heiliger und Asketen in Alexandrien, dem Umschlagplatz der verschiedenen geistigen Strömungen, ist bezeugt. Der Austausch zwischen den Kulturen war hier seit langem im Gang. Klemens von Alexandrien (ca.200n.Chr.) erwähnt als erster den Namen eines ,,gewissen Buddha", ,,den die Inder wegen seiner großen Tugend wie einen Gott verehren" (Stromata I,15:71,6). Dies ist die einzige ausdrückliche Bemerkung über den Buddhismus im frühchristlichen Schrifttum überhaupt[1].

Konkret zeigt sich der Einfluß des Buddhismus auf das Christentum in der Buddhalegende, die als die Geschichte von Barlaam und Joasaph (lat. Josaphat) mit den Erzählungen der Missionare nach China und Japan in christlicher Verkleidung zurückkehrte[2]: Der Name *Joasaph*, über arabisch Judasaf, geht auf ,,Bodhisattva" zurück (volkstümliche Abkürzung ,,bodhisat"); *Barlaam* über Bilauhar ist von bhagavan (Ehrenbezeichnung für den ,,Erhabenen") abzuleiten.

Weitere Kontakte zwischen Christen und Buddhisten sind im 7. Jahrhundert festzustellen, als die Nestorianer über Zentralasien nach China kamen. Nach Dokumentenberichten sollen sie in freundschaftlichen Beziehungen zu den Buddhisten gestanden haben, wie später die franziskanischen Missionare, die sich im 12. und 13.Jahrhundert in China aufhielten. Auch Marco Polo (1254-1324) schrieb in seinem Reisebericht über Kultur und Religion Indiens und Chinas[3].

Die ersten Europäer, die 1542 nach Japan kamen, waren portugiesische Seefahrer. Schon fünf Jahre danach betraten die ersten Missionare das Land. Der erste christliche Missionar, der mit dem Japanischen Buddhismus in Berührung kam, war der Jesuit Francisco de Xavier (1506-1552).

Da die japanischen Fürsten am Außenhandel interessiert waren, ließen sie zunächst großzügig Missionsstationen zu. Aus den Briefen, die die Jesuiten nach Europa schickten, entsteht ein sehr lebendiges Bild

---

[1] *H. Dumoulin*, Begegnung mit dem Buddhismus S.20.
[2] AaO. S.29f.
[3] *H. Dumoulin*, Christianity meets Buddhism (La Salle, Illinois 1974) S.75ff; R. Okochi, Tan-ni-sho S.65ff.

über die Kontakte in dieser Zeit[4]. Der Vizeprovinzial des Jesuitenordens für Japan, Caspar Coelho, berichtete 1582:

> ,,Ein sehr gewaltiger heidnischer Herr Riosogi (portugiesische Version des Namens Hideyoshi) hat die Könige von Bungo, Foca und mehrere andere unter sich gebracht ... Darum ihn alle Herren fürchten müssen... hat er, Riosogi, den Vizeprovinzial ganz ernstlich gebeten, er solle mit den Portugiesen (ver)handeln, daß sie mit den Schiffen, die aus China in Japan pflegten zu kommen, auch in seinen Porten (Häfen) landen. ...So versprach er ihnen dagegen Erlaubnis zu geben, daß sie auch in seinen Städten und Flecken Kirchen bauen und seine Untertanen zum christlichen Glauben bekehren möchten''[5].

Bald kam es zu langen philosophisch-theologischen Diskussionen zwischen buddhistischen Mönchen und christlichen Missionaren. Diese scheiterten meist jedoch daran, daß die Missionare die buddhistischen Lehren als Nihilismus mißverstanden. Nachdem weitere spanische Dominikaner ins Land gekommen waren, breitete sich die christliche Religion rasch aus. Die Missionare mischten sich mehr und mehr in die inneren Angelegenheiten Japans ein. Engelbrecht Kaempfer, der sich 1690 in Japan aufhielt, legte seine Meinung über die Missionierung rückblickend dar:

> ,,...wahrscheinlich würde es (das Christentum) bei einem so glücklichen Anfange sich bald über ganz Japan ausgebreitet haben, wenn nicht die ehrsüchtigen Absichten und unruhvollen Unternehmungen der Missionare (die weltliche und geistliche Belohnung ihrer Arbeit zugleich verlangten) sich den gerechten Zorn der höchsten Majestät des Reiches zugezogen — und dadurch eine Verfolgung über die neuen Christen veranlaßten, die an unmenschlicher Grausamkeit in der ganzen Geschichte nicht ihresgleichen hat. Dadurch ist dann aber auch der christliche Glaube bis auf die letzte Sprosse vertilget, und es ist endlich so weit gekommen, daß die bloße Erwähnung des teuren Namens unseres Heilands mit Kreuz und Schwert bestraft wird''[6].

Nachdem dem Fürsten Hideyoshi die politische Einigung Japans gelungen war, hatte er 1587 ein Dekret erlassen, in dem er alle Missionare aufforderte, das Land zu verlassen, damit die nationale Einheit durch

---

[4] Siehe dazu die verschiedensten Quellentexte, in: *G. C. Schwebell* (Hrsg.), Die Geburt des modernen Japan in Augenzeugenberichten (München, Tb-Ausgabe 1981). Über die ersten Kontakte des Christentums mit dem Buddhismus, siehe *W. Gundert*, Japanische Religionsgeschichte S.114f.162ff; *H. Dumoulin*, Zen. Geschichte und Gestalt S.199-214; *L. J. M. Cros*, Saint François de Xavier, sa vie et ses lettres II (Toulouse 1900); *L. Delplace*, Le catholicisme au Japon 1, S. Francois Xavier et ses premiers successeurs 1540-93 (Bruxelles 1909); *G. Schurhammer*, Der hl.Franz Xaver in Japan (Schöneck-Beckenried 1947); *G. Schurhammer-J. Wicki* (Ed.), Epistolae S. Francisci Xaverii II (Rom 1945). *E. Gräfin Vitzthum* (Hrsg.), Die Briefe des Francisco de Xavier. 1542-1552 (München ³1950).
[5] *G. C. Schwebell*, aaO. S.20.
[6] AaO. S.23.

die Christianisierung nicht gefährdet würde. Sein Nachfolger Tokugawa Ieyasu verbot 1614 endgültig den Katholizismus: Die Missionare wurden ausgewiesen, die Kirchen zerstört und die Japaner, die sich zum Christentum bekannten, verbannt oder getötet. 1637/38 schließlich wurden die letzten 37000 Christen in Shimabara bis auf etwa 100 Überlebende ausgetilgt. Von da an wurde Japan vollständig von der ganzen Welt abgeschlossen.

Erst mit der gewaltsamen Öffnung Japans 1854 war ein gegenseitiger Gedankenaustausch wieder möglich geworden. Da sich europäische Gelehrte schon mit dem Studium des Indischen Buddhismus befaßt hatten, veranlaßte dies schließlich japanische Wissenschaftler den Kontakt mit der europäischen Buddhismusforschung aufzunehmen. Nanjō Banyū (1849-1927) leitete bereits 1879 die Verbindung ein, die seitdem immer intensiver geworden ist[7].

In seiner wirklichen Form wurde der Buddhismus erst im 19. Jahrhundert entdeckt. Wenn auch schon in der Aufklärung Informationen vorlagen, so kann doch von einer wissenschaftlichen Buddhismusforschung erst ab Mitte des 19. Jahrhunderts gesprochen werden. Sie geschah in internationaler Zusammenarbeit. Komparative Studien, die mit den positivistischen Methoden der Philologie, Ethnologie und Religionswissenschaft durchgeführt wurden, trugen zu einer vertieften Kenntnis bei. Der Schweizer Indologe C. Regamey unterscheidet drei Schulen in der Buddhismusforschung: die Deutsch-Englische Schule, die Leningrader Schule und die Neue Schule. Die Deutsch-Englische Schule konzentrierte sich auf den Theravāda-Buddhismus und die Quellen in Pāli. Ihre Vertreter sind T. W. Rhys Davids, H. Oldenberg, E. Windisch, R. Pischel, H. Beckh, Nyānatiloka Mahāthera, K. Seidenstücker, K. Schmidt. Die Leningrader Schule widmete sich den scholastischen Texten in Pāli und Sanskrit und erforschte die mündliche Tradition. Ihr gehören O. Rosenberg, Th. Stcherbatsky und E. Obermiller an. Die Neuere Schule ist eine Synthese beider. Sie zieht neben Pāli- und Sanskrit-Texten auch tibetanische, chinesische und japanische heran, wobei es ihr um die Kenntnis des gesamten Buddhismus geht. Es werden dazugezählt: L. de la Vallée Poussin, S. Lévi, A. Foucher, A. Bareau, E. Lamotte, E. Conze, G. Tucci, E. Frauwallner, M. Walleser, H. Waldschmidt, H. v. Glasenapp, H. Bechert und D. Schlingloff[8].

Mit John May[9] könnte man die verschiedenen Phasen der Buddhismusforschung wie folgt einteilen: 1. Die historische Phase (Textver-

---

[7] *W. Gundert*, aaO. S.170ff.
[8] *H. W. Schumann*, Buddhismus S.4f.
[9] *J. May*, Vom Vergleich zur Verständigung. Die unstete Geschichte der Vergleiche zwischen Buddhismus und Christentum, 1880-1980, in: ZM 1/82, S.58-66.

gleichung und Hinweis auf historische Abhängigkeit), 2. die Phase der Vertiefung der Auseinandersetzung (Vergleich der Glaubenssysteme als solche), 3. neuere Phase (die Ansichten, Einstellungen beider Traditionen werden auf gegenwärtige Probleme angewandt)[10].

1. Zur historischen Phase: Mit dem Aufkommen der historisch-kritischen Methode entstand bald die Frage nach einer möglichen Beeinflussung des Christentums durch den Buddhismus. Die *ersten Vergleiche* behandelten dieses Thema. So sahen De Bunsen (1880)[11] und Arthur Lillie (1887)[12] die Essener als den Ort, wo Jesus Kontakt mit indischem Gedankengut gehabt haben könnte. Andere stellten *Textvergleiche* her: Rudolf Seydel (1882-1884) hielt an 51 Textparallelen zwischen dem Pāli-Kanon und dem Neuen Testament fest[13]. Einige Forscher zweifelten an diesem Ausgangspunkt (so z.B. Kellogg, 1885)[14], andere nahmen wenigstens einige dieser Parallelen für sicher an (so Van den Bergh von Eysinga, 1901, und Faber, 1913, wie auch Albert Edmunds, 1902)[15]. 1914 legte R. Garbe eine gründliche, umfassende Studie vor, in der er an vier Texten festhielt, die nach ihm eindeutig von buddhistischen Parallelen abhängen: a) die Prophezeiung des Simeon im Tempel (Lk 2,25ff., parallel zur Prophezeiung des Heiligen Asita über die künftige Buddhaschaft des Säuglings Gautama, wie sie in der Einleitung zu den Geburtslegenden, den Jātakas, geschildert wird); b) die Versuchung Jesu in der Wüste (Mt 4,1ff., parallel zur Versuchung des gerade erleuchteten Buddhas durch Māra, in Mahāvagga I, 11 + 13); c) Wandel des Petrus auf dem Wasser (Mt 14,25ff., viele Parallelen in der indischen Literatur, vor allem im Jātaka-Kommentar 190); d) die Brotvermehrung (Mk 6,35ff., parallel zu Jātaka 78)[16]. Diese historische Diskussion war dann mit einer kritischen Zusammenfassung von E. J. Thomas abgeschlossen und wurde erst wieder mit Roy C. Amore (1978)[17] aufgenommen. Seine Hypothese ist, daß die Spruchquelle Q stark buddhistisch beeinflußt wor-

---

[10] AaO. S.64.

[11] E. *De Bunsen*, The Angel-Messiah of Buddhists, Essenes, and Christians (London 1880).

[12] A. *Lillie*, Buddhism in Christianity, or Jesus the Essene (London 1887).

[13] R. *Seydel*, Die Buddha-Legende und das Leben Jesu nach den Evangelien (Leipzig 1887).

[14] S. H. *Kellogg*, The Light of Asia and the Light of the World: A Comparison of the Legend, the Doctrine and the Ethics of the Buddha with the Story, the Doctrine and the Ethics of Christ (London 1885).

[15] A. *Edmunds*, Buddhist and Christian Gospels, now first compared from the Originals, being ,,gospel parallels from the pāli texts'' (Philadelphia 1902).

[16] R. *Garbe*, Indien und das Christentum. Eine Untersuchung der religionswissenschaftlichen Zusammenhänge (Tübingen 1914).

[17] R. C. *Amore*, Two Masters, One Message. The Lives and Teachings of Gautama and Jesus (Nashville: Abingdon 1978).

den sein muß[18]. Sicher ist anzunehmen, so J. May, ,,daß die Interaktionen zwischen christlichen und buddhistischen Einflüssen in der Antike mannigfacher gewesen sein müssen als in literarischen Zeugnissen beider Traditionen nachzuweisen ist''[19].

In der zweiten Phase, die um die Jahrhundertwende einsetzte, der Vertiefung der Auseinandersetzung, ging es dann um grundsätzlichere Fragen als die der bloßen historischen Beeinflussung. Zu nennen sind hier Gelehrte wie Neumann (1891), Bertholet (1909), Wecker (1910), Grimm (1928), Schomerus (1931), Streeter (1933). In dieser Zeit entstanden verschiedene Einzelstudien zu bestimmten Themen der beiden Religionen, wie Leiden (Mensching, 1924), Liebe (Weinrich, 1935), Leben (Kenntner, 1939), Glauben (Dammann, 1965), Selbst (DeSilva, 1974). Schon seit 1880 gab es vergleichende Studien beider Traditionen, ab 1900 Vergleiche mit Gestalten wie Darwin, Kant, Franz von Assisi, Luther und Plotin[20]; ab circa 1950 wurden mehr philosophische Themen behandelt: Aspekte des Buddhismus mit Lehren verschiedener Philosophen in Beziehung gesetzt (so mit Whitehead, Heidegger, Jaspers, Schweitzer, Schopenhauer und Nietzsche). Sehr intensiv widmeten sich westliche wie östliche Gelehrte dem Thema der Mystik, wie Otto (1926) und Dumoulin (1966), Suzuki (1957), Ueda (1965); bekannte christliche Theologen wie P. Tillich, K. Rahner, H. de Lubac setzten sich mit dem Buddhismus auseinander. Zu konkreten Begegnungen und Gesprächen kam es besonders in Japan. Zu erwähnen sind: H. Enomiya-Lassalle, W. Johnston, Th. Merton, H. Dumoulin, J. Spae, H. Waldenfels; auf japanischer Seite F. Masutani, K. Nishitani, T. Mineshima, M. Abe und andere.

In einer neueren Phase, der Phase der Aktualisierung, geht es nicht mehr nur um den inhaltlichen Vergleich, auch der Dialog steht nicht mehr im Mittelpunkt, sondern, so J. May, es geht darum ,,Verständigung mehr indirekt durch Herausarbeitung gemeinsamer oder komplementärer Relevanz für die Lösung allgemeiner, menschlicher Probleme herbeizuführen''[21]. Zu nennen sind W. L. King (1962), Dharmasiri (1974). Es geht um Themen wie ,,der Mensch'' (DeKrester, 1956) oder ,,die Zukunft der Menschheit (Fox, 1972). Von naturwissenschaftlicher Seite zeigt sich ein Interesse an den Entsprechungen zwischen der modernen Physik und buddhistischer Weltsicht (C. F. von Weizsäcker, F. Capra). Ein anderer Versuch zeigt sich in der Herausar-

---

[18] *Ders.*, S.165-176. Siehe auch *J. E. Bruns*, The Christian Buddhism of St. John: New Insights into the Fourth Gospel (New York 1971).
[19] *J. May*, Vom Vergleich zur Verständigung S.60.
[20] AaO. S.61.
[21] AaO. S.62.

beitung möglicher Beiträge beider Religionen zum Aufbau einer sozialistischen Gesellschaftsordnung (Pieris, 1908). Erforderlich ist eine ,,Hermeneutik der Verständigung''. Beiträge dazu lieferten Pye und Morgan (1973), R. Panikkar, N. Smart und W. Cantwell Smith[22].

Es kann hier in diesem Zusammenhang jedoch nicht um die Ausarbeitung einer Hermeneutik des Dialogs gehen. Der kurze Überblick sollte lediglich eine kleine Vorstellung über den bisherigen Stand der Auseinandersetzung Buddhismus/Christentum vermitteln.

Zu ergänzen wäre noch das Zweite Vatikanische Konzil mit seiner Declaratio: ,,Nostra Aetate'' (Artikel Nr. 2 vom 28.10.1965)[23], zum Verhältnis der Kirche zu den nicht-christlichen Religionen. Darin wird neben dem Hinduismus auch dem Buddhismus ein Satz gewidmet: Es wird ,,das radikale Ungenügen der veränderlichen Welt anerkannt und ein Weg gelehrt, auf dem die Menschen mit frommen und vertrauendem Sinn entweder den Zustand vollkommener Befreiung zu erreichen oder — sei es durch eigene Bemühung, sei es vermittels höherer Hilfe — zur höchsten Erleuchtung zu gelangen vermögen''. Die Kirche betont, daß sie nichts ablehnt, was in den anderen Religionen ,,wahr und heilig ist'', und bemerkt, daß die Religionen ,,nicht selten einen Strahl jener Wahrheit erkennen lassen, die alle Menschen erleuchtet''. Es wird jedoch ihre Aufgabe betont: Sie muß unablässig Christus verkündigen, ,,in dem die Menschen die Fülle des religiösen Lebens finden, in dem Gott alles mit sich versöhnt hat''[24]. Die Erklärung geht nicht weiter in Einzelheiten, und der Abschnitt über Hinduismus und Buddhismus schließt mit der Ermahnung zu Klugheit und Liebe, zum Gespräch und zur Zusammenarbeit mit den anderen Religionen, damit durch das Zeugnis der Kirche die geistlichen, sittlichen, sozialen und kulturellen Werte, die sich bei den anderen finden, anerkennt, gewahrt und gefördert werden.

Es wird also zum Dialog ermahnt, auch die Werte in den anderen Religionen sollten nicht übersehen werden — doch dies stets mit dem Zeugnis des christlichen Glaubens und Lebens. Auch wenn die konkreten Aussagen von seiten der Kirche noch wenige sind — erwähnen sind daneben das ,,Dekret über die missionarische Tätigkeit der Kirche'' sowie die ,,Dogmatische Konstitution über die Kirche'' — so zeigt die Kirche doch eine Hinwendung zu den Religionen, ein erster Schritt zu neuen Möglichkeiten für einen gemeinsamen Dialog.

---

[22] Es kann an dieser Stelle jedoch nicht um die Ausarbeitung einer Hermeneutik gehen. Anzuführen seien nur die Werke *M. Pye and R. Morgan* (ed.), The Cardinal Meaning. Essays in Comparative Hermeneutics: Buddhism and Christianity (The Hague-Paris: Mouton 1973).
[23] ,,Verhältnis der Kirche zu den nichtchristlichen Religionen'', Text zit.in LThK, Vatikanum II, S.488-495.
[24] Ebd. S.491.

Aus einer langen Erfahrung der Begegnung mit Buddhisten versuchen heute die am Dialog Beteiligten über den bloß äußerlichen, abstrakten Vergleich hinauszugehen und den konkreten Dialog zu vertiefen. Dabei ist allerdings nicht zu übersehen, daß der Dialog bisher primär mit Vertretern des Zen stattfand.

Anfang dieses Jahrhunderts unternahm *Hans Haas* den Versuch, Quellentexte des Amida-Buddhismus ins Deutsche zu übersetzen. In verschiedenen kürzeren Aufsätzen setzte er sich mit der Reinen-Land-Lehre auseinander. Es war die vermeintlich auffallende Ähnlichkeit des Amida-Buddhismus vor allem mit dem Protestantismus, die das Interesse anzog. So schrieb Haas:

„Oft genug ist auf die zahlreichen auffallenden Berührungspunkte und Ähnlichkeiten zwischen dem Buddhismus, wie er in Japan in Erscheinung tritt, und dem katholischen Kirchentum mit seinem Ritual hingewiesen worden, Übereinstimmungen so frappanter Art... Aber die hier mitgeteilten Schriften werden zeigen: nicht nur der Katholizismus, auch der Protestantismus hat sein Gegenstück im japanischen Buddhismus, ein Gegenstück um nichts weniger frappant als jenes"[25].

Diese Ähnlichkeit war es auch, die *Karl Barth* veranlaßte, in seiner Kirchlichen Dogmatik auf die „Gnadenlehre" Hōnens und Shinrans einzugehen[26]. Unter den Religionswissenschaftlern waren es *Gustav Mensching*, der verschiedentlich über den Reinen-Land-Buddhismus schrieb[27], wie sein Schüler *Horst Butschkus*, der die Lehre Luthers und den Amida-Buddhismus verglich[28]. Der Schweizer Theologe *Fritz Buri* behandelte das Thema der Gnade bei Paulus, Shinran und Luther[29]. Eine der wichtigsten Schriften des Shin-Buddhismus, Tannishō, erschien kürzlich in deutscher Übersetzung von dem Japaner *Ryogi Okochi*; eine Diskussion

---

[25] *H. Haas*, Amida Buddha unsere Zuflucht. Urkunden zum Verständnis des japanischen Sukhavati-Buddhismus. Quellen zur Religionsgeschichte Bd.2 (Göttingen 1910) S.5f., Die Sekten des japanischen Buddhismus, in: ZMR 20 (1905) S.235-249; 266-270; *ders.*, Christliche Klänge im japanischen Buddhismus, in: ZMR 27 (1912) S.1-13; *ders.*, Die japanische Umgestaltung des Buddhismus durch Hōnen Shōnin (1133-1212) und Shinran Shōnin (1173-1262), in: ZMR 27 (1912) S.129-145; *ders.*, Grundlehren des japanischen Buddhismus, in: ZMR 30 (1915) S.40-53; *ders.*, Shinran Shōnin, der Begründer der Shin-shū oder Hongwanji Sekte des japanischen Buddhismus, in: OAZ 5 (1916/17) S.90-104.

[26] *K. Barth*, Kirchliche Dogmatik I/2 (Zollikon-Zürich ¹1939 ⁵1960) S.372-377.

[27] *G. Mensching*, Luther und Amida Buddha, in: ZMR 51 (1936) S.339-350; *ders.*, Hōnen Shōnin und Shinran Shōnin, in: Die Söhne Gottes. Aus den Hl. Schriften der Menschheit, hrsg. v. G.Mensching (Wiesbaden o.J.) S.155-162; *ders.*, Der offene Tempel. Die Weltreligionen im Gespräch miteinander (Stuttgart 1974).

[28] *H. Butschkus*, Luthers Religion und ihre Entsprechung im japanischen Amida-Buddhismus (Diss.Bonn 1940). (Emsdetten 1940).

[29] *F. Buri*, Der Begriff der Gnade bei Paulus, Shinran und Luther, in: ThZ 31 (1975) S.274-288.

mit dem protestantischen Theologen *Klaus Otte* schließt daran an[30]. Zwei weitere Neuerscheinungen sind der Aufsatz von *Johannes Laube*, Der Glaubensakt bei Luther und bei Shinran[31], sowie das bemerkenswerte Buch ,,Lotosblüten im Sumpf'' von *Claudia Lenel*, eine Übersetzung der Worte der ,,wunderbar gütigen Menschen'' der Jōdo-shin-shū[32].

Eine katholische Stellungnahme steht im deutschsprachigen Raum noch aus. Erwähnenswert ist die Arbeit von *Masumi Shimizu*, die sich auf das Problem des ,,Selbst'' bei Shinran und Dogen konzentriert und parallel auf das der ,,Person'' im Christentum[33]. Im Französischen liegt das Buch von *Henri de Lubac* vor, im Englischen gibt es wichtige Hinweise bei *J. J. Spae, A. Bloom* und *J. B. Cobb*[34].

Am Beispiel der *deutschsprachigen* Autoren H. Haas, H. Butschkus und K. Barth wollen wir zeigen, wie die Lehre vom Reinen Land von diesen Theologen und Religionswissenschaftlern gesehen und verstanden wurde. Zunächst stellen wir die Schwerpunkte ihrer Interpretation dar, um im Anschluß daran die Hauptthemen, die sich herauskristallisierten, nochmals vom buddhistischen Verständnis her zu hinterfragen und ins rechte Licht zu rücken. Wir versuchen dabei ein möglichst objektives, unverfälschtes Bild zu vermitteln, ohne von vornherein gewaltsam die von der abendländischen, christlichen Tradition geprägten Begriffe und Denkstrukturen auf das buddhistische Denken anzuwenden. Einige Anmerkungen zum möglichen Dialog zwischen Buddhismus und Christentum bilden den Schluß.

---

[30] *R. Okochi und K. Otte*, Tan-ni-sho. Die Gunst des Reinen Landes. Begegnung zwischen Buddhismus und Christentum (Basel 1979).

[31] *J. Laube*, Der Glaubensakt bei Luther und Shinran, in: ZM 67(1983)1, S.31-49.

[32] *C. Lenel*, Lotosblüten im Sumpf. Überlieferung der wunderbar gütigen Menschen. Aus dem japanischen Jodo-Shin-Buddhismus (Freiburg 1983).

[33] *M. Shimizu*, Das ,,Selbst'' im Mahāyāna-Buddhismus in japanischer Sicht und die ,,Person'' im Christentum im Licht des Neuen Testaments (Leiden 1981).

[34] *H. de Lubac*, Amida (Paris 1955); *J. J. Spae*, Buddhist-Christian Empathy (Chicago/Tokyo 1980); *A. Bloom*, Shinran's Gospel of Pure Grace (Tucson, Arizona ⁴1977); *J. B. Cobb*, Can a Christian be a Buddhist too?, in: Jap Rel X/3 (1978) S.1-20; ders., Can a Buddhist be a Christian too?, in: Jap Rel XI/2-3 (1980) S.35-55.

XI. HANS HAAS: DIE LEHRE VON AMIDA BUDDHA UND SEINEM REINEN LAND — EIN KRYPTO-CHRISTENTUM?

Was die Europäer zu einer intensiveren Beschäftigung mit dem Reinen-Land-Buddhismus bewegte, war, wie bereits oben betont, die anscheinend verblüffende Ähnlichkeit mit paulinischem und lutherischem Denken. So war es Haas ein großes Anliegen, ,,...den Leser einen tiefen Blick in eine ihm fremde und ihn vielleicht doch in vielen Stücken verwandt anmutende Glaubenswelt tun zu lassen''[1].

In seinen ersten Aufsätzen bietet Haas eine allgemeine, geschichtliche Darstellung des Buddhismus in Japan, indem er knapp auf die verschiedenen Schulen eingeht; so in: ,,Beiträge zur ältesten Geschichte des Buddhismus in Japan'' (1903, fortgeführt 1911); ,,Die Sekten des japanischen Buddhismus (1905) und später nochmals ,,Grundlehren des japanischen Buddhismus'' (1915). In der Schrift ,,Japans Zukunftsreligion'' ([2]1907) geht es ihm darum, die Rolle des Christentums hervorzuheben, zumal ,,das heutige Japan im Hinblick auf die Religion sich in einem Prozesse des Gärens befindet, zusehends aber mehr und mehr dahin geführt wird, zu prüfen, ob es nicht etwa doch das sich ihm selbst anbietende Christentum sei, zu dem es Vertrauen fassen könne als zu der rechten Hilfe in seiner religiösen Not''[2]. Das Ergebnis, zu dem der Autor kommt, läßt sich mit einem Satz wiedergeben: ,,Was der Missionar den Japanern sagen kann, ist, daß sie im Christentum die Krönung und Erfüllung des Buddhismus, des Konfuzianismus und selbst des Bushido finden''[3].

Im besonderen setzt sich Haas mit der Reinen-Land-Lehre auseinander. Mit ,,Amida Buddha unsere Zuflucht. Urkunden zum Verständnis des japanischen Sukhāvatī-Buddhismus'' legt Haas eine erste deutsche Übersetzung ausgewählter Texte der Reinen-Land-Schulen vor. Als Einleitung zu jedem Text gibt der Verfasser jeweils eine kurze Erklärung. Die Einführung in die Lehre der verschiedenen Schulen überläßt er japanischen Autoren. Es geht hier nicht darum, die Übersetzung unter philologischem Standpunkt zu analysieren; vielmehr soll gefragt werden, wie Haas die Lehre von Amida Buddha und dem Reinen Land verstanden und vor allem, wie er Shinrans Denken interpretiert hat.

---

[1] *H. Haas*, Amida Buddha unsere Zuflucht S.5.
[2] *H. Haas*, Japans Zukunftsreligion (Berlin [2]1907) S.13.
[3] AaO. S.90f.

Für ein solches Vorhaben ist die spätere Übersetzung ,,Shinran Shōnin. Der Begründer der Shinshū oder Hongwanji-Sekte des japanischen Buddhismus" (1916/17) auszuklammern: Es ist eine Übersetzung zweier Biographien Shinrans, einmal aus dem fünfbändigen Werk ,,Bukkyō Kakushū Kōyō" (Darstellung der einzelnen Schulen des Buddhismus) von Mokurai und Jitsuzen (1896)[4], sowie Auszüge aus dem bekannten ,,Godenshō" (Das Leben Shinran Shōnins), das von Shinrans Urenkel Kakunyo Shōnin 1296 vollendet wurde. 1911, also fünf Jahre vor Hans Haas' Übersetzung, war diese Schrift von G. Sasaki und D. T. Suzuki nach dem japanischen Original ins Englische übersetzt worden[5]. Haas' Übersetzung weicht von der Suzukis erheblich ab, was wohl darin begründet ist, daß ihm eine der vielen Übertragungen ins moderne Japanisch vorlag, die schon mehr oder weniger stark vom Original abweichen[6]. Der Aufsatz ,,Christliche Klänge im japanischen Buddhismus" (1912) kann deshalb nicht herangezogen werden, da der erste Teil nur aus einer kurzen Einführung besteht, der zweite Teil, in dem das Thema eigentlich zur Sprache kommen sollte, entgegen der Ankündigung Haas', anscheinend nie mehr veröffentlicht wurde[7]. Es verbleiben so nur wenige Seiten aus dem Aufsatz ,,Die japanische Umgestaltung des Buddhismus durch Hōnen Shōnin (1133-1212) und Shinran Shōnin (1173-1262)" von 1912 und die Erklärungen in ,,Amida Buddha unsere Zuflucht", sowie einige Bemerkungen in der Darstellung der Jōdo-shū und Jōdo-shin-shū in dem Aufsatz ,,Die Sekten des japanischen Buddhismus" von 1905.

Zu Beginn der Anthologie ,,Amida Buddha unsere Zuflucht" bezeichnet Haas die Auswahl der übersetzten Texte als ,,ganz und gar die des Übersetzers"[8]. Auf die drei Sanskrit-Sutren, die dem chinesischen und japanischen Reinen-Land-Buddhismus zugrundeliegen und die bereits damals in englischer Übersetzung in der Reihe ,,Sacred Books of the East", herausgegeben von Max Müller, veröffentlicht waren, geht Haas nicht weiter ein. Er stellt sich vielmehr die Frage, wie diese ,,sich als buddhistisch gebenden und doch so durchaus unbuddhistischen Tripitaka-Texte ... wie so fremde, den Buddhismus in seinen Prinzipien angreifende Ideen in das System Gotama Buddhas hineingekommen

---

[4] *H. Haas*, Shinran Shōnin S.92-97.
[5] Godenshō umfaßt die Seiten 97-104. Die Übersetzung von Sasaki/Suzuki findet sich in: *D. T. Suzuki* (Ed.), Collected Writings on Shin Buddhism S.169-190.
[6] Ein Fotoabdruck des handschriftlichen Originals ist in *D. T. Suzuki* (Ed.), Collected Writings on Shin Buddhism, aufgenommen.
[7] Mit einem Hinweis, daß der Schluß folgt, endet der Aufsatz. Der angekündigte Schluß ist aber in den gesamten Nummern der Zeitschrift für Missionskunde und Religionswissenschaft bis 1938 unauffindbar.
[8] *H. Haas*, Amida Buddha unsere Zuflucht S.6.

sind"⁹. Die Texte, die Haas vorstellt — von Shinran sind es „Shō-shinge": ein Hymnus über den wahren Glauben aus Kyōgyōshinshō, und Auszüge aus „Tannishō" — scheinen ihm für den europäischen Leser geeigneter, und er verzichtet so auf die Wiedergabe anderer, aber doch mindest ebenso wichtiger Texte der Heiligen Schriften der Shinshū.

Im Vorwort zu „Amida Buddha unsere Zuflucht" stellt Haas fest: „Die Religion, um die es sich handelt, ist eine einfache, schlichte. Sie hat im Grund nur *ein* Thema: Glaube nur! Oder: Und ist in keinem anderen Heil, ist auch kein anderer Name den Menschen gegeben, darinnen wir sollen selig werden. Oder höchstens: So man von Herzen glaubet, so wird man gerecht, und so man mit dem Munde bekennet, wird man selig"[10].

1. Der „Erlöser" Amida Buddha

Woran soll der Mensch nun glauben, worin liegt sein Heil? Es ist nach Haas der „Erlöser" Amida Buddha, der im Mittelpunkt der Reinen-Land-Lehre steht: Da es für den Menschen sehr schwer ist, gerettet zu werden, machte Amida Buddha das „vorzeitliche Gelöbnis", in dem er versprach, alle zu retten. Haas versteht das Gelöbnis wie das hebräische „berith" und erklärt es als „Verlangen, gnädiger Wille, Absicht, Vorsatz, Ratschluß, Gnadenbund, Testament, Bürgschaft, Versprechen, Schwur oder eidliche Zusage, Verheißung"[11], als „solenne Eidschwüre"[12]. Es ist „die von ihm (Amida) aufgerichtete ursprüngliche Verheißung. Sie ist eine Heilsveranstaltung (hōben)"[13]. Vor allem für die Schwachen und Armen, für die Gefesselten machte Amida Buddha sein Gelöbnis[14]. Er ist der „Heiland der Menschen"[15]. Besonders erbarmt er sich des akunin, des schwachen, törichten Menschen, der es nicht eilig hat, ins Reine Land zu gehen. Der Glaube, daß selbst der schwache und unfähige Mensch gerettet wird, ist die Ursache für die Erlösung. Es ist tariki, die „Kraft eines Anderen"[16], die „Kraft des Heilands *Amida*"[17], die den Menschen erlöst, denn: „Mit unserer Macht ist nichts getan, wir sind gar bald verloren. Soll uns geholfen werden, so muß schon — anders

---
[9] AaO. S.7.
[10] AaO. S.6.
[11] AaO. S.39/Anm. 2.
[12] *H. Haas*, Die japanische Umgestaltung des Buddhismus S.136.
[13] *H. Haas*, Amida Buddha unsere Zuflucht S.114.
[14] *H. Haas*, Die japanische Umgestaltung des Buddhismus S.133f.
[15] AaO. S.136.
[16] *H. Haas*, Amida Buddha unsere Zuflucht S.51/Anm.2.
[17] AaO. S.125/Anm.2.

ist's nicht möglich — eine andere Macht für uns eintreten. Und eine solche andere, höhere Macht ist wirklich vorhanden, und nicht vorhanden bloß, nein, auch bereit, ja, danach brennend, uns Armen ihre Retterhand zu reichen"[18].

Die Menschen sind wie Gefesselte. Sie können ihre Ketten nicht von selbst abschütteln. Aber es gibt einen, der stark genug ist, die Fesseln zu zerbrechen: ,,Ein Glück nur, daß ein solcher Starker da! Nun wohl, wer ist dieser Starke, der uns die Bande lösen kann, die uns beschweren, der Helfer und Heiland, der die Gebundenen zur herrlichen Freiheit der Kinder Buddhas führt? Fragst du, wer der ist — Er heißt: Amida Nyorai. Wer aber ist dieser Amida Nyorai, dieser Heiland der Menschen?"[19]. Die Schrift — die drei Reinen-Land-Sutren — zeugen von ihm: von seinen Gelübden, seiner ,,Heilandsliebe", seiner ,,Erhöhung"[20]: ,,Er ist nun nicht mehr der Bodhisattva Hozo. Nein, nun ist er erhöht, nun ist ihm ein Name gegeben, der über alle Namen ist: Namu Amida Butsu. Er ist der Buddha, der Tathagata, der die Zuflucht aller Menschen ist. *Licht* ist sein Kleid. Ja, er ist der Vater des Lichts ... Daher sein Name Amitabha, ,der da die Fülle unendlichen Lichtes' ... Und wie er Licht ist, so auch *Leben*. Seines Lebens Länge kann niemand ausdenken. Er ist ewig. Daher sein Name Amitayus, ,der da hat die Fülle unendlichen Lebens'. Herrlicher aber als sein Lichtglanz, unendlicher noch als sein Leben ist, wo dies möglich wäre, sein Erbarmen, seine Gnade, seine *Liebe* zu den armen Menschen, seinen Kindern —"[21].

So wie die Sutren Amida Buddha und sein Reines Land schildern und verherrlichen, entsteht für Haas der Eindruck: ,,Und ist kein anderer Gott"[22]. Als der ,,freundliche Beherrscher des westlichen Paradieses"[23] verspricht Amida dem Gläubigen die Geburt im Reinen Land, das ,,Eingehen zum Leben der Seligkeit in Amidas Himmel"[24]. Er ist der Nyorai, ,,der da bleibet, wie er ist"[25]. Für Haas ist die Konzeption Amida Buddhas als Erlöser ,,ganz und gar die eines Gottes, der Gebete erhört"[26]. Er ist der ,,Urquell alles Lichts und Lebens ohne Grenzen, durch den auch die anderen Buddhas alle zur Buddhaschaft gelangt sind. Er ist ein Allerbarmer, der keinem seine Hilfe versagt, der nach ihr begehrt"[27];

---

[18] *H. Haas*, Die japanische Umgestaltung des Buddhismus S.134.
[19] AaO. S.135.
[20] AaO. S.136.
[21] AaO. S.137.
[22] Ebd.
[23] *H. Haas*, Die Sekten des japanischen Buddhismus S.246.
[24] *H. Haas*, Amida Buddha unsere Zuflucht S.39/Anm.4.
[25] AaO. S.43/Anm.9.
[26] *H. Haas*, Japans Zukunftsreligion S.83.
[27] *H. Haas*, Die Sekten des japanischen Buddhismus S.237.

,,Er ist unser aller Vater, wir alle seine Kinder und untereinander Brüder''[28]. Vor ihm sind alle gleich. Er ist ein Erlöser — so Haas — der auffallend dem Erlöser in der katholischen Dogmatik ähnelt: mit Andeutungen einer göttlichen Trinität und göttlichen Fleischwerdung[29].

2. Das Reine Land und der Weg zum Reinen Land

Als Retter und Erlöser, als Heiland der Menschen, verzichtet Amida Buddha selbst ,,nach so viel heißer Arbeit und Mühsal einzugehen zu der wohlverdienten Ruhe des Nirwana, sondern nun erst recht zu leben und zu regieren in seinem Reiche ohne Ende''[30]. Sein Wunsch ist es, alle bei sich in seinem ,,Paradies'' zu versammeln.

Bei der Ausmalung des ,,Himmelreichs'' in den Sutren, fühlt sich Haas in eine Stimmung versetzt, die, christlich gesprochen, dem gleichkommt: ,,Jerusalem, du hochgelobte Stadt, wollt' Gott, ich wär' in dir! Da ist nicht Sünde fürder, noch Leid und Geschrei und Kampf, sondern eitel Freud und Wonne und Friede. Daher der Name *Gokuraku*, sanskritisch Sukhāvatī, ,höchste Lust'''[31]. Es ist ein ,,Himmel voller Seligkeit, wo ... Amida als Herrscher thront''[32]. Dieses Paradies ist noch eine Vorstufe zur letzten Seligkeit, dem *Nirvāṇa*, das als Endziel bestehen bleibt[33]. Haas geht so weit zu sagen: ,,Der Amidaismus ist recht eigentlich ein buddhistischer Protest gegen Nirwana. Er nimmt *jōbutsu*, die Buddhaschaft, als das letzte Strebeziel und versteht dieses als etwas Lebendiges, Glückvolles. Für den Buddhisten haben die aktiven Freuden des westlichen Paradieses mehr Anziehendes, als die Traumwonnen eines schattenhaften Nirwana''[34].

Wie kommt nun der Gläubige in dieses ,,Reich'', zur ,,Seligkeit des Reinen Landes im Westen''[35]? Nur eines wird gefordert: der Glaube. Nämlich zu glauben, daß Amida es ist, der rettet, und daß vom Menschen nichts anderes verlangt wird, als an Amida und sein Gelöbnis zu glauben[36]. Wer von einem solchen Glauben erfüllt ist, wird von ganzem Herzen den Namen Amida Buddhas anrufen: ,,Amida Buddha, du un-

---

[28] *H. Haas*, Die japanische Umgestaltung des Buddhismus S.143.
[29] *H. Haas*, Japans Zukunftsreligion S.84.
[30] *H. Haas*, Die japanische Umgestaltung des Buddhismus S.136.
[31] AaO. S.137.
[32] *H. Haas*, Die Sekten des japanischen Buddhismus S.245.
[33] AaO. S.245f. Haas erkennt den Unterschied zwischen Hōnens und Shinrans Lehre richtig: Für Shinran ist der Eintritt ins Reine Land gleichbedeutend mit dem Erlangen des Nirvāṇa, das schon hier und jetzt verwirklichbar ist.
[34] *H. Haas*, Japans Zukunftsreligion S.79.
[35] *H. Haas*, Die japanische Umgestaltung des Buddhismus S.138.
[36] AaO. S.141.

sere Zuflucht"[37]! Jeder Synergismus ist ausgeschlossen. Gute Werke oder das Aussprechen des Namens Amida Buddhas sind nicht Bedingung für die Erlösung. Was in den „Himmel" einhilft, ist allein der Glaube[38]. Sogar das „bloße Heilsverlangen" ist, so Haas, zur Erlösung nicht erforderlich[39]. Jedes eigene Mitwirken des Menschen zu seiner Rettung ist ausgeschlossen. Daß der Name Amida Buddhas angerufen wird, geschieht nicht aus eigener Kraft, vielmehr ist es tariki, die „Kraft eines anderen, eines Helfers", die den Menschen zum Heilsweg führt[40]. Es ist eine „höhere, übernatürliche Macht", die der Schwache, von sich aus Unfähige, nur mit gläubigem Vertrauen erfassen muß[41]. Das menschliche Vermögen kann die Seligkeit nicht erwirken: Es ist deutlich, „daß Amida allein uns dazu einhilft und von uns nichts weiter gefordert wird, als nur das eine, daß wir an ihn glauben, auf seine Heilandmacht und Gnade fest vertrauen"[42]. Der Glaube ist keine Eigenleistung des Menschen, sondern eine „Gabe" Amidas[43].

Das Nenbutsu, das Anrufen des Namens, ist nur die „spontane, natürliche Dankesäußerung des Erlösten"[44], es ist „Dank, beileibe nicht Anbetung"[45]. Hōnen und Shinran brachten, so Haas, das Gebet in Japan „wieder in Übung und zu höheren Ehren"[46]. Die Gebete an Amida „unterscheiden sich meist in nichts von Gebeten, wie sie ein altgläubiger Christ an Christus richtet. Es sind Gebete mehr um geistliche Segnungen als um leibliche Güter, mehr Dank als Bitte"[47]. Aber, was einzig und allein für die Erlösung von Bedeutung ist, ist das sola fide. Aus dieser Sicht gesehen, stellt Haas fest: „Dem protestantischen Zweig des Christentums gleicht diese Sekte, die sich weiter als irgendeine andere von der ursprünglichen Lehre Buddhas entfernt und in der Tat dem Monotheismus nahe kommt ..."[48]. In diesem Zusammenhang warnt Haas, der Leser solle nicht auf den Gedanken kommen, daß er, Haas selbst, die Reine-Land-Lehre in der Richtung interpretierte, daß diese die Züge des Christentums angenommen habe. Um einen solchen Verdacht auszuschalten, verweist er auf seine Übersetzung der Quellenschriften: „Was diese Urkunden bieten, das ist ja nun freilich am Ende

---

[37] AaO. S.138.
[38] *H. Haas*, Amida Buddha unsere Zuflucht S.129/Anm.1.
[39] Ebd.
[40] *H. Haas*, Die japanische Umgestaltung des Buddhismus S.138.
[41] *H. Haas*, Die Sekten des japanischen Buddhismus S.237.
[42] *H. Haas*, Die japanische Umgestaltung des Buddhismus S.141.
[43] AaO. S.142.
[44] *H. Haas*, Die Sekten des japanischen Buddhismus S.247.
[45] *H. Haas*, Die japanische Umgestaltung des Buddhismus S.142.
[46] *H. Haas*, Japans Zukunftsreligion S.83.
[47] AaO. S.84.
[48] *H. Haas*, Die Sekten des japanischen Buddhismus S.246f.

alles andere eher als Buddhismus. Das wird sich jeder sagen, der auch nur halbwegs weiß, was der historische Buddha einst gepredigt. Es ist das gerade Gegenteil von seiner Lehre"[49]. Und Haas fragt sich, ohne natürlich eine Antwort zu geben: ,,Wie sind so durchaus fremde Gedanken in die buddhistische Religion hineingekommen? — So durchaus christliche, evangelische Gedanken"[50]? Aus seinem Verständnis der Reinen-Land-Lehre kommt Haas zu dem Ergebnis: ,,Auch die Mehrzahl der japanischen ‚Buddhisten', bin ich geneigt, in Ansehung ihrer Dogmatik wenigstens, mehr für Kryptochristen als für echte Jünger des Buddha Sakyamuni zu halten, die sie selbst sich wähnen —"[51] Und es bleibt für Haas kein Zweifel, daß man bei einem objektiven Vergleich des Buddhismus mit dem Christentum sagen muß: ,,Die buddhistische Weltanschauung kann dem japanischen Volke unmöglich auf die Dauer genügen, der Buddhismus hat keineswegs Aussichten, die Weltreligion der Zukunft zu werden, weil die Grundanschauungen, die ihn beherrschen, denen des Christentums keineswegs ebenbürtig sind"[52].

---
[49] *H. Haas*, Die japanische Umgestaltung des Buddhismus S.144.
[50] Ebd.
[51] AaO. S.132.
[52] *H. Haas*, Japans Zukunftsreligion S.58.

XII. HORST BUTSCHKUS: DIE SELBSTAUFGABE ALS SELBSTHINGABE AN EIN ANDERES

Die vielen Hinweise auf den Amida-Buddhismus als ,,unverfälschtes *Luther*tum", als ,,*der* Protestantismus" waren es, die Butschkus veranlaßten, die einzelnen Übereinstimmungen genauer zu untersuchen und sich nicht nur auf den Hinweis der Ähnlichkeit zu beschränken: ,,Wir müssen deshalb annehmen..., daß der japanische Amidaismus in bestimmten Erscheinungen eine Entsprechung sei zu *der* Religiosität, die als ,*der* Protestantismus' oder ,*die* Reformation *Luthers*' bekannt ist. In der Tat verhält es sich so"[1].

In jedem einzelnen Kapitel stellt Butschkus die Lehre Luthers der Reinen-Land-Lehre Hōnens und Shinrans gegenüber. In seinem Verständnis des Reinen-Land-Buddhismus basiert er vor allem auf H. Haas und den Darstellungen von A. Reischauer und A. Lloyd[2]. Es geht in unserem Zusammenhang nicht darum, den Vergleich Luthers mit dem ,,japanischen Protestantismus", den Butschkus zieht, auf Richtigkeit und Falschheit zu untersuchen, sondern es soll das im Vergleich sichtbar werdende Verständnis Butschkus' vom Reinen-Land-Buddhismus herausgelöst und hinterfragt werden.

1. *Die Wirklichkeit des ,,Glaubens"*

Die Situation, in der sich der Mensch vorfindet, das ,,*generell-existentielle Unheil*", das christlich gesprochen ,,Sünde" und ,,Sündenstrafe" ist, ist buddhistisch ,,Unwissenheit und Leiden"[3]. Ein sittliches Vergehen, so Butschkus, kann buddhistisch ,,nur eine Mißachtung kosmischer Gesetze bedeuten". Es fehlt jeder ,,moralistische Anstrich". Die Sünde ist so ein törichter Akt, der dem, der ihn vollzieht, ein gegenwärtiges oder zukünftiges Übel bringt. Wie kann sich der Mensch davon befreien? Wie kommt er aus seiner Ohnmacht heraus zur ,,*Wende*", das heißt, zum Glauben? Wo entsteht der Glaube? Was geht ihm voraus? — Diese Fragen bilden den Ausgangspunkt für Butschkus' Untersuchung über den Glauben[4].

---

[1] *H. Butschkus*, Luthers Religion und ihre Entsprechung im japanischen Amida-Buddhismus S.1.

[2] *A. Lloyd*, Shinran and his Work. Studies in Shin Theology (Tokyo 1910); *A. Reischauer*, Studies in Japanese Buddhism (New York 1923).

[3] *H. Butschkus*, aaO. S.39.

[4] AaO. S.9.

Die Voraussetzung für den Glauben ist die ,,Ohnmacht" des Menschen[5]. Seine Schwäche ist Vorbedingung zum Heil; das heißt: gerade der ,,Sünder" ist ,,Gottnächster"[6]. Das Gefühl der Ohnmacht steht im Zusammenhang mit der historischen Gegebenheit, in der sich Hōnen und Shinran befanden, dem Zeitalter der ,,letzten Tage des Gesetzes" (mappō). In dieser Zeit des sittlichen und religiösen Verfalls kann der Mensch nicht mehr auf dem ,,Heiligen Pfad" durch eigene Kraft zur Vollkommenheit kommen[7]. Diese Erkenntnis, daß der Mensch durch sich selbst, allein durch eigene Kraft, unfähig ist, erlöst zu werden, ist nach Butschkus ,,nicht wie bei Luther gleichbedeutend mit dem Eingeständnis einer eigenen sittlichen Verfehlung, sondern bedeutet eine Einsicht in das Nichtkönnen aus seelischer Schwäche"[8]. Aus dieser Überzeugung wird alle Werkfrömmigkeit abgewiesen: ,,*Ohne des Gesetzes Werke*"[9].

Auf ihrer Suche nach Erlösung wandten sich Hōnen und Shinran von den unzähligen Riten und Zeremonien ab, die in den einzelnen Schulen praktiziert wurden, da sie diese nicht als heilsnotwendig erachteten[10]. Sie kritisierten den ,,Rationalismus und Scholastizismus", den ,,entseelten Intellektualismus" der Mönche und Gelehrten und priesen dagegen den Glauben des einfachen und ungelehrten Volkes[11]. Sie verkündeten, daß es nicht das Privileg der Mönche und Kleriker sei, das Heil zu erlangen, sondern daß alle, ohne Unterschied, aufgenommen sind, selbst die, oder gerade die von der Gesellschaft Geächteten[12]. Aus ihrem eigenen Erleben kamen Hōnen und Shinran zu diesem Ergebnis. Sie verwarfen die Lehre des Heiligen Pfades und akzeptierten den Weg des ,,Jōdomon", die Lehre der Erlösung durch Glauben[13].

Das *Wesen der Verheißung* faßt Butschkus in einem Satz zusammen: ,,*Die Selbstaufgabe als Selbsthingabe an ein ,Anderes*'"[14]. Hōnen und Shinran waren zu der Einsicht gekommen, daß in dem Zeitalter des Verfalls, in dem sie lebten, Befreiung nur dann gefunden werden kann, wenn das eigene Ich aufgegeben und überwunden und alles Vertrauen auf eine höhere Macht gesetzt wird. Diese ,,höhere Macht" oder ,,Macht eines anderen" (tariki) ist die Gnade Amidas. Das Heil ist nur zu gewinnen in der

---

[5] AaO. S.10.
[6] AaO. S.13.
[7] AaO. S.14f.
[8] AaO. S.17.
[9] AaO. S.8.
[10] AaO. S.3f.
[11] AaO. S.5.
[12] AaO. S.6.
[13] AaO. S.22.34.
[14] AaO. S.20.

,,Abweisung jeglichen wie bislang betätigten Selbstwollens, Selbststrebens, Selbstkönnens ..., die gleichbedeutend ist mit dem Vertrauen auf eine als stärker denn die eigene anerkannte Macht, die von sich aus, ,aus freien Stücken' dem Menschen das von ihm Ersehnte schenkt. Dieses Wissen bleibt aber kein bloß verstandesmäßiges Fürwahrhalten, sondern zieht nach sich eine Gesamtbewegung des Menschen: seine vollständige Übergabe an das als allein heilsmächtig, d.i. heilbringend empfundene ,Andere' unter praktischem Verzicht auf alle bisher geübten ,selbstischen' Heilsversuche, eben: die Selbstaufgabe als Selbsthingabe, die ,Wende' "[15]. Diese Hingabe, diese Wende ist der *Glaube*[16].

Bei der Frage nach dem *Wesen und Inhalt*, dem ,,*Dynamismus*" *des Glaubens*, erklärt Butschkus: ,,Der Glaube erweist sich also als ein Wirkendes, Wirksames, als eine ,Kraft', ein Dynamisches, weswegen wir sein Wesen als ,Dynamismus' bezeichnen"[17].

Der Glaube an die Kraft des ,,Anderen" ist eine *Gabe des ,,Anderen'*[18]. Aber dieser Glaube wird ,,nicht nur gleichsam als Produkt, als Geschenk des ,Anderen' empfunden, sondern er wird geradezu mit diesem identifiziert"[19]. Amida, dessen Wesen im Wirken besteht, wird als Wirkender mit dieser ,,Kraft", mit diesem als ,,Wirksamkeit erfahrenen Glauben" identisch, das heißt: ,,psychologisch" identisch[20]. Diese Identifizierung des Glaubens mit dem ,,Anderen" ist eine ,,Glaubensmystik"[21], ,,im höheren Grade unio"[22].

Wie wirkt sich dieser Glaube auf das konkrete Leben, die ,,vita nova" aus? Die *Wirkung* besteht in einer ,,Umwandlung, einer Erneuerung des ganzen Menschen"[23]. Der Gläubige ist von Friede und Freude erfüllt, er erlebt eine ,,innere Beschwingung"[24]. Schon hier fühlt er sich als ,,Lebend-Erlöster", der Gruppe der ,,Auserwählten" zugehörig[25]. Äußerlich sind die ,,Werke" die sichtbaren Auswirkungen. Das religiöse Leben erfährt eine ,,Vereinfachung": Es gibt keine Unterscheidung mehr zwischen Priestern und Laien, Mann und Frau, gut und böse, jung und alt. Religiöse Worte und Schriften werden dem einfachen Volk zugänglich gemacht, das alltägliche Leben wird ,,geheiligt"; es gibt keine

---

[15] AaO. S.21.
[16] AaO. S.22.
[17] AaO. S.47.
[18] AaO. S.48.
[19] Ebd.
[20] AaO. S.49.
[21] Ebd.
[22] AaO. S.51.
[23] AaO. S.53.
[24] AaO. S.54.
[25] AaO. S.55.

Verbote mehr bezüglich Essen und Trinken, das Einhalten des Zölibats wird nicht mehr gefordert, vielmehr wird die Ehe gewürdigt[26]. Der Gläubige soll sich an ,,die allgemein gültige Wahrheit'' (jap. zokutai), die ,,profane Wahrheit'' halten: die weltlichen Gesetze beachten, sich in der Gemeinschaft moralisch gut verhalten und seinen Pflichten nachkommen[27].

Mit dem Erlangen des Glaubens sind, so Butschkus, Schwierigkeiten, ,,Störungen'', verbunden, die ,,nach seinem bereits verwirklichten Besitz entstehen''[28]. Der ,,Eigensinn'', der das Geschenk des ,,Anderen'' zurückweist, der die ,,Gnadengabe'' nicht mit ganzem Vertrauen annimmt und am eigenen Wollen und Planen festhält, ist das Haupthindernis[29]. Die Fähigkeit zu glauben, ist wiederum ein ,,Gnadengeschenk'', das heißt ,,eine strenge Determiniertheit tönt uns aus unserem Buddhismus entgegen''[30]. Es ist das Karma, das die Rolle einer ,,Vorherbestimmung'' spielt. Trotzdem darf der menschliche Wille nicht ausgeschlossen werden; wenn auch ein gewisser ,,Synergismus'' besteht, so gibt es doch wenigstens eine ,,positive Gelassenheit gegenüber dem Heilswirken Gottes''[31]. Obwohl der Glaube als ,,leichte Praxis'' gilt, so ist er doch zugleich schwer zu erlangen, nämlich ,,gerade weil er — paradox! — anders als die Selbstgerechtigkeit eben *nicht* ohne Weiteres durch den eigenen Willen des Menschen ‚realisierbar' ist''[32]. Hat der Mensch den Glauben einmal gewonnen, so bedeutet das noch nicht, daß er damit schon ein ,,Fertiger'' wäre. Er ist immer noch ein ,,Werdender'', er kann immer wieder vom Glauben abkommen, der stets neu erstritten werden muß[33]. Die Gefahr des Mißbrauchs der Glaubensfreiheit erfordert wieder eine sittliche Norm, an die sich der Gläubige halten muß, um nicht vom Glauben abzuweichen. Es ist dies die ,,geistliche Wahrheit'' (jap. shintai), die an das religiöse Gewissen appelliert[34].

2. *Der ,,Gottes''-Begriff*

Der ,,Zielpunkt'' der Hingabe des Gläubigen, das ,,Andere'', ist Amida[35]. Um das ,,Andere'' näher begreifen zu können, geht Butschkus

---

[26] AaO. S.57-63.
[27] AaO. S.65.
[28] AaO. S.72.
[29] Ebd.
[30] AaO. S.73.
[31] AaO. S.75.
[32] Ebd.
[33] AaO. S.77.79.
[34] AaO. S.81.
[35] AaO. S.22.

auf den ,,spekulativen Hintergrund und Untergrund'' ein, ,,den der Amidaismus als Teil des Buddhismus im besonderen des Mahāyāna, mit diesem gemein hat und den er deshalb stillschweigend anerkennt, weil voraussetzt''[36]. Das Gemeinsame ist das *Numen*: ,,Shinnyo-Hosho'' oder Dharmakāya.

Shinnyo Hosho, die ,,Realsubstanz'' des Universums, liegt als das Eine allem Gewordenen, der gesamten phänomenalen Welt, zugrunde. Wird der Buddha als ,,religiöses ,Objekt' seines personhaften Charakters entkleidet'', das heißt: ,,substantialisiert'', ,,essentialisiert'', so hat die numinose Wirklichkeit die Bezeichnung ,,Dharmakaya'', Gesetzeskörper, besser ,,Substrat oder Substanz der durchgängigen Kausalbestimmtheit des Kosmos''. Aber ,,immerhin haftet diesem ,Körper' noch weiter mindestens ein Hauch von Personalität an, damit sozusagen ein Gegenstück bildend zum christlichen ,Gott'''[37].

Butschkus hebt die ,,untheologische Beschaffenheit der Theologie'' im Mahāyāna hervor, die mehr ,,Philosophie'' und ,,Metaphysik'' ist, als Theologie im Sinne verstandesmäßig formulierter Religion[38]. Der Buddhismus hat ontologischen Charakter und ist ,,intellektueller, erkenntnismäßiger Natur''[39]. Das buddhistische Numen ist ,,impersonal'', ein ,,verschwommenes Neutrum''. Es gibt keinen anthropomorphen Schöpfer, keine Erschaffung der Welt innerhalb der Geschichte. Der Akzent liegt im Buddhismus auf der Immanenz, auch wenn in der Konzeption des Dharmakāya ein ,,Ansatz zur Welttranszendenz'' besteht: ,,Das Numen im Buddhismus ist wesenhaft Substanz, ein irgendwie ,Materiales', aber ein ,Materiales', dem eine neutrale Energie (im Gegensatz zum persönlichen Willen) eignet. Es befindet sich in einem dauernden Werde- und ,Entwerde'-Prozeß. Das gibt dem Ganzen einen durchweg mahayanistischen Charakter''[40].

Unbegreiflich, unerkennbar und unfaßbar ist das Absolute und als solches heißt es ,,Hosho Hoshin'', vergleichbar mit dem ,,deus absconditus''[41]. Der Hosho Hoshin ist ,,formlos und der Beschreibung unzugänglich''[42] und entspricht mehr dem Gott, auf den im Alten Testament hingewiesen wird[43]. Unbegreiflich ist das Numen jedoch nur im Sinne einer ,,bedingten intellektuellen Unerkennbarkeit''[44]. Es ist jetzt noch

---

[36] AaO. S.31.
[37] AaO. S.32.
[38] AaO. S.35.
[39] AaO. S.36.
[40] AaO. S.37.
[41] Ebd.
[42] AaO. S.33.
[43] Ebd.
[44] AaO. S.38.

nicht zu verstehen, aber in der Erleuchtung ist das Erfassen des Absoluten möglich. Das ,,numen buddhisticum" ist ,,an das universale Kausalgesetz des Karma gebunden, mehr noch *konstituiert* es selbst, was ihm neben seiner ,materialen' Beschaffenheit *auch* das ,Formale' gibt"[45].

Vom Absoluten sprechen kann der Mensch nur in Form des ,,*Hoben Hoshin*", dem ,,Nirmanakaya", ein ,,incarnatus gleichsam"[46]. Eine solche Inkarnation ist Mönch *Hozo*, der das Gelübde ablegte, ,,ein Buddha zu werden, der allen Hilfsbedürftigen ein Retter werden wollte"[47]. Hozo's Historizität ist im Unterschied zu der Jesus' sehr fraglich[48]. Das spirituelle Moment, das im Jesus als ,,Christus" enthalten ist, ,,mangelt Hozo überhaupt, denn als werdendem Bodhisattva, d.i. aber einer Inkarnation des Absoluten, das ja *Eines* ist, fehlt ihm notwendig auch noch ein besonderes ,Geistiges', da dies ja im *Einen* unzertrennlich mit dem ,Materiellen' verbunden ist"[49]. Hozo fehlt das Charisma und: ,,Hozo ist *erstens* bloß (mit starkem Vorbehalt) historische Person, und wird *ferner* erst in der Wiederverkörperung als Amida zum spirituellen Prinzip, es besteht als jeweilig *ein* Element ohne das andere"[50].

Als der ,,Heiland", die ,,Heilandgottheit", ist Hozo bekannt unter der Bezeichnung Amida. Amida ist: ,,Heilandgottheit, Erlöser oder ,impersonal' ,Prinzip' der Erlösung vermittels seines in ihm gleichsam verkörperten stellvertretenden Verdienstschatzes"[51].

Für Butschkus ist Amida kein eindeutiger Begriff. Die Amida-Vorstellung schwankt zwischen ,,Personalität und Impersonalität, besser Symbolisierung einer (impersonalen) Idee"[52]. Zum einen ist Amida die Manifestation von unendlicher Liebe und Weisheit, zum anderen wird Amida als Person aufgefaßt, die die absolute Wahrheit verkörpert. Bei der Frage, für welche der beiden Auffassungen sich der Autor entscheiden soll, kommt er zu dem Ergebnis: ,,Beide Anschauungen als gleichberechtigt nebeneinander bestehen zu lassen, zumal wie es uns dünkt, im Christentum (bei Luther) eine ähnliche Doppelheit vorhanden ist: nämlich in ,Christus' und dem ,heiligen Geist'"[53].

Er fragt dann weiter, ob Amida als Person nicht dem ,,Christus" entspräche, und Amida als Idee der Barmherzigkeit und Weisheit dem ,,heiligen Geist". Er begründet seinen Vergleich: ,,Für die In-Bezie-

---

[45] AaO. S.37.
[46] AaO. S.33.
[47] AaO. S.34.
[48] AaO. S.42.
[49] Ebd.
[50] AaO. S.43.
[51] AaO. S.46; siehe auch S.34.
[52] AaO. S.43.
[53] AaO. S.44.

hung-Setzung des ‚Christus' zum ‚personalen' Amida spricht die Tatsache, daß ‚Christus' ja als Personifizierung des ‚heiligen Geists' (?) der göttlichen Liebe, Gnade, Barmherzigkeit betrachtet wird, für die des ‚heiligen Geists' zum ‚vergöttlichten' Amida, daß der erstere ebenso wie dieser sich darbietet als Gnade, Wahrheit, Barmherzigkeit, usw., also ‚abstrakte' Wesensheiten"[54]. Auf Grund dieser zwiespältigen Amida-Vorstellung und der Undeutlichkeit der ,,Gottheit" Amida, gebraucht Butschkus den Terminus ,,Semi-Theismus", den er von Reischauer übernimmt[55]. Im Gegensatz zum christlichen Gott hat der ,,deus revelatus" des Amidaismus nur ,,*eine* Seite: die gütige, liebevolle, freundliche; *das Zornelement fehlt*"[56]. Diese Seite ist es, die Amida zur ,,Heilandgottheit" macht, zum Erlöser vom Leiden.

3. Das ,,Jenseits"

Mit dem Glauben an Amida Buddha ist noch nicht das ,,Letzte und Höchste" gewonnen, denn ,,zur wahren Erleuchtung werden wir erst im Jenseits kommen"[57]. Der Zustand des Glaubens ist noch ein vorläufiger. Die wahre Vollendung kommt erst mit dem Tode. Butschkus stellt fest, daß es ,,offenbar nicht nur *einen* Zustand nach dem Tode gibt, sondern mehrere"[58]. Wenn der Amida-Buddhismus auch nur symbolisch davon spricht, so ist der Zustand des ,,Paradieses im Westen", des ,,Reinen Landes" doch ,,in hohem Maße Positives und Erstrebenswertes"[59]. Das ,,Paradies im Westen" ist eine ,,Zwischenstation", ist ,,zwischen dem Leben hienieden und dem Nirvana"[60]. Durch das Nirvana als ,,höchstes Entwicklungsziel" ist das ,,Reine Land" nur noch etwas ,,Provisorisches" und ist strukturell ,,dem im sonstigen Buddhismus üblichen vielen Himmeln und Paradiesen als Zwischenreichen zwischen der Menschenwelt und dem ‚Erlösten' gleich, wenn auch es sich vielleicht (?) durch seine größere Herrlichkeit und Vollkommenheit von jenem unterscheidet; d.h. aber das ‚Reine Land' enthüllt sich als ein vergängliches und ist damit dem Werden und Vergehen, also dem Karmagesetz unterworfen. Amida als der mit diesem ‚Paradiese' als Heilsmittel gleichsam ‚Operierende' durchbricht also mit ihm nicht die Karmagesetzlichkeit"[61]. Diese ,,Bedingtheit" und ,,Vorläufigkeit" des ,,Reinen Lan-

---

[54] Ebd.
[55] AaO. S.45.
[56] Ebd.
[57] AaO. S.83.
[48] Ebd.
[59] AaO. S.84.
[60] AaO. S.85.
[61] Ebd.

des" wird aber durch die Betonung des Nirvāna in den Hintergrund geschoben. Genauso verhält es sich mit Amida, der ,,im Grunde" Bodhisattva ist, und der doch ,,emphatisch auf den Thron erhoben und damit in höherem Maße ... vergöttlicht wird"[62]. Die ,,gebildeten Amidaisten" werden das ,,Reine Land" viel abstrakter, ,,geistiger" verstehen. Es symbolisiert für sie ,,eine mystische Welt des transzendentalen Idealismus"[63].

Für Butschkus beinhaltet die Reine-Land-Lehre eine doppelte Anschauung: die ,,populär-drastische" und die ,,lehrhaft-dogmatische". Daß die populäre Auffassung bestehen blieb, läßt sich nach seiner Meinung aus der ,,Souveränität des Glaubens" ableiten[64].

Das Ergebnis seines Vergleichs faßt Butschkus so zusammen: Es ging Hōnen und Shinran um *,,die Bemühung, in überlieferten Lehrformen, die dann als Medien der Verkündigung verwandt wurden, darzubieten und zu vermitteln: die Wirklichkeit des ,Glaubens' "*[65].

---

[62] AaO. S.86.
[63] In Anlehnung an *D. T. Suzuki*, The Development of the Pure Land Doctrine in Buddhism, in: EBud IV/4 (1925) S.325, zitiert in H. Butschkus, aaO. S.86.
[64] AaO. S.87.
[65] Ebd.

XIII. KARL BARTH: DIE REINE-LAND-LEHRE — EIN PRIMITIV VERSTANDENER CHRISTLICHER PROTESTANTISMUS?

Im Band I der Kirchlichen Dogmatik ,,Die Lehre vom Wort Gottes'' behandelt Barth im dritten Abschnitt das Thema: ,,Gottes Offenbarung als Aufhebung der Religion'': ,,Die wahre Religion''.

Nach Barth ist jede Religion ein Mach-werk, ein Unternehmen des Menschen und als solche kein Glaube, sondern Unglaube. Sie ist Götzendienst und Werkgerechtigkeit[1]. Religion steht in schärfstem Gegensatz zum Glauben: ,,Wir beginnen mit dem Satz: Religion ist *Unglaube*; Religion ist eine Angelegenheit, man muß geradezu sagen: *die* Angelegenheit des *gottlosen* Menschen''[2]. Die Religion muß in der Offenbarung aufgehoben werden, denn ,,... in der Religion wehrt und verschließt sich der Mensch gegen die Offenbarung dadurch, daß er sich einen Ersatz für sie beschafft, daß er sich vorwegnimmt, was ihm in ihr von Gott gegeben werden soll''[3]. Die Aufhebung der Religion durch die Offenbarung kann auch positiv verstanden werden: Die Religion kann durch die Offenbarung gerechtfertigt und geheiligt sein, d.h. ,,Offenbarung kann Religion annehmen und auszeichnen als wahre Religion ... Es gibt eine wahre Religion: genau so, wie es gerechtfertigte Sünder gibt ...: *die christliche Religion ist die wahre Religion*''[4]. Die ,,wahre'' Religion'' gibt es nur auf Grund der *Gnade*. Diese ist allein Gottes Offenbarung[5]. Barth setzt das ,,durch die Gnade Gottes'' identisch mit ,,*durch den Namen Jesus Christus*''[6]. Christen sind so nur ,,in dem Namen Jesus Christus, d.h. in der in Jesus Christus geschehenen Offenbarung und Versöhnung was sie sind, und damit Träger der wahren Religion''[7]. In Jesus Christus wird die christliche Religion durch einen vierfachen göttlichen Akt zur wahren Religion erhoben durch göttliche Schöpfung, Erwählung, Rechtfertigung und Heiligung[8]: ,,Daß es eine wahre Religion gibt, das ist Ereignis im Akt der Gnade Gottes in Jesus Christus''[9].

---

[1] *K. Barth*, Kirchliche Dogmatik I/2, S.329.S.338.343.
[2] AaO. S.327.
[3] AaO. S.330f.
[4] AaO. S.357.
[5] AaO. S.356.
[6] AaO. S.379.
[7] Ebd.
[8] Siehe ausführliche Darlegung KD I/2 S.379-397.
[9] AaO. S.377.

Liest ein Amida-Gläubiger diese Sätze Barths — Religion ist Machwerk des Menschen, Götzendienst und Werkgerechtigkeit, Religion ist *Unglaube*, ist *die* Angelegenheit des *gottlosen* Menschen — wäre er vermutlich nicht wenig erstaunt: Sollte seine Religion Unglaube sein, Götzendienst und Werkgerechtigkeit? Hat nicht gerade er die Liebe und das Erbarmen Amidas erfahren, auf die er ganz und gar vertrauen kann? Sollte sein Glaube absolut nichtig sein?

Hören wir, wie Barth sich zu dieser buddhistischen Gnaden- und Glaubensreligion äußert, die von ihm keineswegs unbeachtet blieb. In ihr meinte er eine Religion zu finden, die dem Christentum ähnlich ist. Barth widmete ihr die Fußnoten auf den Seiten 372-377 der Kirchlichen Dogmatik I/2 (1939):

,,Es darf wohl als eine geradezu providentielle Fügung bezeichnet werden, daß die, soweit ich sehe, genaueste, umfassendste und einleuchtendste ‚heidnische' Parallele zum Christentum, eine Religionsbildung im fernsten Osten in Parallelität nicht etwa zum römischen oder griechischen Katholizismus, sondern nun ausgerechnet gerade zu der *reformatorischen* Gestalt des Christentums steht und also das Christentum gerade in seiner Form als konsequente *Gnadenreligion* vor die Frage nach seiner Wahrheit stellt''[10].

Das Ziel Barths ist es nicht, eine vollständige Darstellung der Reinen-Land-Lehre zu geben. Er weist vielmehr auf einige Ähnlichkeiten zum protestantischen Christentum hin, um dann umso schärfer die Unterschiede, vor allem *den* großen Unterschied herauszustellen. In seiner Kenntnis des Reinen-Land-Buddhismus basiert Barth auf der Darstellung von K. Florenz, Die Japaner, und Tiele-Söderblom, Kompendium der Religions-Geschichte[11].

1. *Die Gnadenreligion von Amida Buddha: Ähnlichkeiten mit dem Protestantismus*

Der Ausgangspunkt für die Reinen-Land-Schulen war, so Barth, die Forderung, für die große Masse des Volkes einen Weg zur Erlösung aufzuzeigen. Der in der Tradition verkündete ,,Pfad der Heiligkeit'', auf dem durch eigene Anstrengung das Ziel erreichbar ist, war für den einfachen Menschen als zu schwer erkannt worden. Ein großes Anliegen war es deshalb, eine ,,wesentlich erleichterte Heilsmethode zu finden''[12]. Hönen rückte aus diesem Grund die ,,Gottheit'' Amida Buddha in den Mittelpunkt, genannt das ,,Unendliche Licht'' oder das ,,Unendliche

---

[10] AaO. S.372.
[11] *K. Florenz*, Die Japaner, in: Chantepie de la Saussaye, Lehrbuch der Religionsgeschichte Bd. 2 (²1925). S.262-244. S.385-400.
[12] *K. Barth*, Kirchliche Dogmatik I/2 S.373.

Leben"[13]. Amida Buddha ist für das einfache Volk ein „höchster, persönlicher Gott", ein „barmherziger Erlöser"[14]. Er ist „Schöpfer und Herr eines Paradieses", in dem der Gläubige nach dem Tod geboren wird. Diese „Wiedergeburt" geschieht nicht durch eigene Kraft, sondern wurde bereits in der „Ur-Verheißung", im „Gelübde des Gottes Amida" versprochen. Vom Menschen ist nur verlangt, nicht auf die eigene Kraft, sondern „auf die dieses anderen, des Amida" zu vertrauen. Die einzige Bedingung ist: nur an ihn, der auch mit den Sündern Erbarmen hat, fest zu glauben und seinen Namen auszusprechen. Im Anrufen des Namens werden dann Amidas Verdienste zu Verdiensten des Gläubigen, und es besteht kein Unterschied mehr zwischen ihm und dem Gläubigen[15].

Shinran hat diese Gedanken seines Lehrers Hōnen, so Barth, weiter entfaltet: Eine Verehrung anderer Buddhas neben Amida wird verboten; verdienstliche gute Werke gibt es nicht; es kommt nur auf den Glauben an. Der Mensch, der so sehr den „fleischlichen Lüsten" verhaftet ist, kann nichts für seine Rettung tun. Das einzige, was ihm zukommt, ist, für seine Erlösung zu danken. Die Anrufung Amidas ist ein Zeichen der Dankbarkeit und hat nichts mit eigener Leistung zu tun[16]. Der Glaube an die Ur-Verheißung ist „schließlich selber eine Gabe des Gottes"[17]. Es kommt beim Glauben weder auf das „Gefühl", noch auf die „Freudigkeit des Herzens", noch auf die „Stärke des Heilsverlangens" an. Es ist ein Glaube, der für jeden gleich gilt, ohne Unterschiede. Bittgebete oder andere Werke sind ohne Bedeutung, denn der Glaube ist eine Gnadengabe, die nichts fordert[18].

Die Existenz dieses „japanischen Protestantismus" ist für Barth eine „providentielle Fügung", womit er sagen will, „daß wir weit entfernt, uns durch jene frappante Parallelität hinsichtlich der Wahrheit des Christentums auch nur einen Augenblick stutzig machen zu lassen, dankbar dafür sein sollten, daß sie uns so überaus lehrreich vor Augen führt: die christliche Religion in ihrer geschichtlichen Gestalt, als Form der Lehre, des Lebens und der Ordnung als solche kann es nicht sein, der die Wahrheit an sich zu eigen ist — auch dann nicht, wenn diese Gestalt die reformatorische sein sollte. Ihre Gestalt, auch ihre reformatorische — Gestalt, ist offenbar nicht als einwandfrei original nachzuweisen. Gewiß von Identität zwischen dem christlichen und jenem japanischen ‚Protestantis-

---

[13] Ebd.
[14] Ebd.
[15] Ebd.
[16] Ebd.
[17] AaO. S.374.
[18] Ebd.

mus' wird man besonnenerweise nicht reden wollen. Geradezu gleich pflegen sich ja zwei natürliche oder geschichtliche Gestalten nicht zu sein"[19].

2. Unterschiede zwischen Amida-Buddhismus und Protestantismus

Trotz der auffallenden Parallelen sind doch die Unterschiede unverkennbar: So war nach Barth der Ausgangspunkt der Reinen-Land-Schulen die Frage nach einem leichteren, für alle zugänglichen Heilsweg. Eine Lehre vom ,,Gesetz", von einer ,,Heiligkeit", von einem ,,Zorn" Amidas gibt es nicht: ,,Es scheint der Güte und Barmherzigkeit dieses Gottes alles Relief und damit der Erlösung des Menschen durch ihn alle Dramatik, jeder Charakter einer wirklichen Problemlösung zu fehlen"[20]. Weiter fehlt ,,jener Akzent eines Kampfes für die Ehre Gottes gegen die menschliche Eigenwilligkeit und Überheblichkeit"[21]. Überhaupt steht und fällt der ,,Jodoismus" mit der ,,inneren Kraft und Berechtigung des stürmischen menschlichen Wunsches nach einer Erlösung durch Auflösung, nach dem Eingang ins Nirwana, zu dem ja das allein durch den Glauben zu erreichende ,reine Land' nur die Vorhalle bildet, nach der Buddhaschaft, zu deren Vollkommenheit auch der Gott Amida erst unterwegs ist. Dieses menschliche Wunschziel, und nicht Amida oder der Glaube an ihn ist in der Jodo-Religion die eigentlich regierende und bestimmende Macht, zu der sich Amida und der Glaube an ihn und das ,reine Land', in das der Glaube den Eingang bildet, nur wie Mittel zum Zwecke verhalten"[22].

Doch mit all diesen Unterschieden, meint Barth, ist das Entscheidende nicht ausgesagt. Zumindest kann die Reine-Land-Lehre mit einem ,,etwas primitiv verstandenen christlichen Protestantismus" verglichen werden[23]. Die Unterschiede könnten vielleicht durch die Berührung mit dem Christentum und einer ,,Fortentwicklung des Jodoismus zu einer noch reineren Gestalt" wegfallen und so eine ,,annähernd vollkommene Gleichheit mit der reinsten Form des Christentums als Gnadenreligion doch noch Ereignis werden"[24]. Alle erwähnten Unterschiede sind nur ,,Symptome des wirklichen Unterschiedes zwischen der wahren und der falschen Religion"[25]. Die christlich-protestantische Gnadenreligion ist

---

[19] AaO. S.375.
[20] Ebd.
[21] Ebd.
[22] Ebd.
[23] Ebd.
[24] AaO. S.376
[25] AaO. S.375. Alle Unterschiede sind nur ,,Symptome des wirklichen Unterschieds zwischen der wahren und falschen Religion".

nicht deshalb die wahre Religion, weil sie eine Gnadenreligion ist — das könnte auch vom Reinen-Land-Buddhismus gesagt werden —, sondern ,,über Wahrheit und Lüge der Religion entscheidet nur Eines, nämlich *der Name Jesus Christus*''[26]. Aus diesem Grund muß als erster und wichtigster Unterschied dieser eine betont werden; alle anderen Unterschiede sind damit zweitrangig geworden. Und so ist klar, daß ,,die Wahrheit der christlichen Religion tatsächlich in dem einen Namen Jesus Christus und sonst in gar nichts beschlossen ist. Wirklich in der ganzen Simplizität dieses Namens als des Inbegriffs der göttlichen Offenbarungswirklichkeit, die ganz allein die Wahrheit unserer Religion ausmacht''[27].

Sollte allein der *Name Jesus Christus* der Inbegriff der göttlichen Offenbarungswirklichkeit sein, er allein die Wahrheit der Religion ausmachen?

Auch im dritten Teil seiner Versöhnungslehre (KD IV/3, 1959) hält Barth daran fest: Jesus Christus ,,ist das *eine*, das *einzige* Licht des Lebens''[28]. Er *ist* der einzige Offenbarer, das einzige Wort Gottes[29], er ist der einzige Mittler zwischen Gott und Welt[30]. Bei der Behauptung dieser Ausschließlichkeit will sich Barth auf die Bibel stützen: Es gibt ,,keine Spur von der Vorstellung einer Pluralität göttlicher Offenbarungen[31], und: als das einzige Wort Gottes ist Jesus Christus ,,das keiner Ergänzung bedürftige, keiner Konkurrenz ausgesetzte, keiner Kombination mit anderen zugängliche, keiner Überbietung durch andere fähige Wort''[32].

Und doch findet sich hier bei Barth ein positiver Neuansatz: Während es in der Lehre vom Wort Gottes (KD I/2, 1939) nur einen sich ausschließenden Widerspruch zwischen der christlichen Offenbarung und den nicht-christlichen Religionen gab, gesteht Barth nun in der Versöhnungslehre die Wirklichkeit von wahren Worten außerhalb des Christentums zu, wie die Wirklichkeit von wahren Lichtern in der Geschöpfwelt. Alle Menschen haben die potentielle und virtuelle Möglichkeit, das Wort Gottes zu empfangen und zu hören.

Während Barth noch in der Gotteslehre (KD II/1, 1940) nur einen Widerschein des göttlichen Lichtes sah, gesteht er nun — innerhalb der christologischen Klammer — zu: unzerstörbare und unersetzbare eigene Lichter oder Wahrheiten der Geschöpfwelt.

---

[26] AaO. S.376
[27] Ebd.
[28] Kirchliche Dogmatik IV/3 (Zürich ¹1959) S.95; siehe dazu *H. Küng*, Existiert Gott?, S.578ff.
[29] Kirchliche Dogmatik aaO. S.96f.110.
[30] AaO. S.52-56.
[31] AaO. S.103.
[32] AaO. S.121; siehe auch aaO. S.110-115.

Die vielen Lichter und Wahrheiten der Geschöpfwelt haben zwar ein eigenes, aber kein selbständiges Sein. Sie sind nur ,,*Brechungen* des einen Lichtes, ... *Erscheinungen* der einen Wahrheit. Sie haben wohl Macht, Würde, Geltung, sie haben aber keine selbständige, keine ihnen letztlich eigene, sie *haben* — sie haben aber *nur* — die ihnen durch das Leuchten des einen Lichts der einen Wahrheit verliehene Macht, Würde und Geltung''[33]. Und an anderer Stelle betont Barth: ,,Daß Jesus Christus das eine Wort Gottes ist, heißt nicht, daß es nicht — in der Bibel, in der Kirche und in der Welt — auch *andere*, in ihrer Weise auch bemerkenswerte Worte — andere, in ihrer Weise auch helle Lichter — andere, in ihrer Weise auch reale Offenbarungen gebe''[34].

Wahr sind diese Worte jedoch nur in ihrer Beziehung zum einen Wort Gottes, d.h. durch Anteil und Dienst an der Wahrheit des einen Wortes; als Entsprechungen und Bezeugungen des einen Wortes können sie nichts eigenes, nichts anderes als Jesus Christus aussagen; sie können, biblisch gesprochen, nur als Gleichnisse des Himmelreichs gelten[35]. Barth grenzt dann diese Worte ab, je nach der Nähe ihrer Beziehung zu Jesus Christus. Das biblische Wort als direkte Bezeugung des einen Wortes gehört zum inneren Bereich oder Kreis, das profane Wort als außerordentlicher Zeuge gehört zum äußeren Bereich[36].

Über die *wahren Worte in der Profanität* macht Barth — im Gegensatz zu seiner früheren negativen Einstellung — positive Aussagen: Aus dem Satz vom einen Wort Gottes folgt nicht, ,,daß alle außerhalb des biblisch-kirchlichen Kreises gesprochenen Worte als solche wertlos oder gar als Worte unechter Prophetie nichtig und verkehrt, alle dort aufgehenden und scheinenden Lichter als solche Irrlichter, alle dort sich vollziehenden Offenbarungen als solche falsch sein müßten''[37]. Vielmehr sieht Barth nun die Möglichkeit, daß es andere Worte auch außerhalb der Kirche geben kann und daß diese durch solche Menschen gesprochen sein könnten, denen Jesus Christus noch nicht oder nicht wirksam bezeugt worden ist[38].

Diese Aussage der Anerkennung profaner Wahrheit ist kein Zugeständnis an die natürliche Theologie. Wenn sich hier vielleicht eine gewisse Öffnung für das Anliegen der natürlichen Theologie zeigt, so verwahrt sich Barth doch explizit gegen die natürliche Theologie[39]. Der

---

[33] AaO. S.173.
[34] AaO. S.107.
[35] AaO. S.123-126.
[36] AaO. S.107.132.
[37] AaO. S.108.
[38] AaO. S.122ff.
[39] AaO. S.131.

Grund für die Existenz wahrer profaner Worte ist *allein in Jesus Christus* zu sehen[40]. Kraft der Offenbarung Jesu Christi erhalten die geschöpflichen Wahrheiten Anteil an der Wahrheit Gottes. Indem das Versöhnungswerk Jesu Christi, das zugleich Offenbarung ist, die gesamte Schöpfung umfaßt, stehen auch die Menschen außerhalb der Kirche und die Geschöpfwelt in positiver Beziehung zur Offenbarung.

Trotz all dieser Aussagen offenbaren für Barth — im Gegensatz zum Römerbrief des Paulus und zur Apostelgeschichte — die Lichter, Worte und Wahrheiten der Schöpfung ,,nicht Gottes ewige Kraft und Gottheit, sondern nur die Linien, Kontinuitäten, Konstanten und Schemata des geschöpflichen Seins''[41]. Sie offenbaren Gott ,,nicht durch ihr eigenes Licht, sondern nur gleichsam als — die christliche Offenbarung reflektierende — Rücklichter''[42].

Demgegenüber halten wir mit H. Küng daran fest, daß nicht jede Rede von Gott von der biblischen Botschaft abhängig sein muß, denn: ,,Nach den schon das Alte und dann erst recht das Neue Testament durchziehenden Zeugnissen ist es unmöglich zu behaupten, die Bibel zeige gegenüber den nichtchristlichen Religionen eine rein negative Haltung und exklusive Intoleranz. Der *Gott der Bibel* erscheint zunehmend nicht nur als Gott der Juden und Christen, sondern als *der Gott aller Menschen*. Die *negativen Aussagen* über Irrtum, Finsternis, Lüge, Sünde der nichtchristlichen Welt gelten dem Heidentum, das sich der christlichen Botschaft verweigert: keine definitiven Verdammungsurteile, sondern deutliche *Aufforderung zur Bekehrung*. Das Schicksal der mit der christlichen Verkündigung nicht konfrontierten Menschen interessiert die Bibel nur indirekt. Die *positiven Aussagen* der Bibel über die nichtchristliche Welt zeigen, daß es eine ursprüngliche Bekundung Gottes an die ganze Menschheit gibt: *Auch Nichtchristen können den wirklichen Gott erkennen*, was die Schrift als Offenbarung Gottes in der Schöpfung versteht. In diesem Sinne ist Gott auch den Nichtchristen nahe[43].

---

[40] AaO. S.133; siehe auch S.108.129f.
[41] Siehe dazu auch die Darstellung K. Barths in *H. Küng*, Existiert Gott?, S.580.
[42] Ebd.
[43] AaO. S.581.

XIV. GEMEINSAME FRAGEN

Wir sahen: Der Buddhismus — an unserem Beispiel im besonderen der Shin-Buddhismus — zeugt von einer tiefen Religiosität. Er gibt mit seiner Lehre ein Beispiel, wie dem Menschen, der sein Unheil erfährt, echter Sinn vermittelt wird, und wie er in seinem Leben Befreiung erfahren kann. Die Auseinandersetzung mit dieser Lehre erfolgte von christlicher Seite aus bisher in der Weise, daß man Vergleiche zog und Ähnlichkeiten und Unterschiede aufwies. Doch die Schwierigkeit, die sich immer wieder zeigte: Unsere abendländischen, vom Christentum und damit von der griechischen Philosophie geprägten Begriffe, können nur bedingt auf das buddhistische Denken angewandt werden. Der verschiedene Horizont, der verschiedene Kontext wurde übersehen! Die Wahrheit, wie sie sich im Buddhismus, und im besonderen der Lehre von Amida Buddha und seinem Reinen Land darstellt, wurde allzu schnell in eine bestimmte, christliche Richtung umgedeutet. Grundsätzliche Begriffe blieben so ungeklärt, bzw. von vornherein christlich gefärbt. Dazu kommt, daß die Autoren (ausgenommen Hans Haas) auf sekundären Darstellungen basierten, die bereits schon Interpretation sind. So faßten sie aus ihrer Sicht und ihrem Verständnis das wirklich Gemeinte mißverständlich auf und vermittelten dem Leser eine ungenaue Vorstellung der shin-buddhistischen Lehre.

Wir wissen: Die Probleme, die bei der Beschäftigung mit östlichem Denken auftreten, sind groß. Wir alle stehen erst am Anfang des Dialogs. Ein echter Dialog wird für die Zukunft freilich unausweichlich sein: ein Dialog, der vordergründige Vergleiche und vorschnelle Schlüsse vermeidet und die Wahrheit selbst zur Sprache kommen läßt. Ein Dialog, der dem Überdenken und Klären der eigenen Position dient, der die Kritik des anderen nicht zurückweist, sondern positiv aufnimmt und seine eigene Tradition im Licht der anderen neu reflektiert.

Es wird so mit dem Dialog immer eine Kritik der eigenen Tradition, eine *Selbstkritik*, verbunden sein. Es kann nicht darum gehen, die Schwächen des einen Partners aufzudecken, in der Meinung, selbst im Besitze der Wahrheit zu sein; sondern stets müssen beide kritisch hinterfragt werden. Das bessere Verständnis der eigenen Religion ist ein wichtiges Element im Dialog.

Werner Kohler, protestantischer Theologe und Religionswissenschaftler, der lange in Japan lebte, schreibt:

> ,,(Wir müssen)... in Auseinandersetzung mit unseren Traditionen, besonders auch mit den Anfängen unserer Religion, zu unterscheiden lernen

zwischen den falschen Wegen und dem guten Pfad, zwischen den guten Entwicklungen und den Fehlentwicklungen. Gerade die Auseinandersetzung mit der je anderen Religion und auch mit der Religionskritik kann helfen, der Sache auf die Spur zu kommen. So könnte die Begegnung zwischen Buddhismus und Christentum nach Jahrhunderten dazu führen, daß beide, Buddhisten wie Christen, kritischer werden gegenüber der eigenen Geschichte, sie ernster nehmen und so auch mehr lieben''[1].

Gemeinsame Fragen, gemeinsame Probleme können hier lediglich aufgezeigt werden. Es kann nicht darum gehen, fertige Lösungen zu bieten. Die ,,Werkstattatmosphäre'' wird bleiben. Auf Fragen, die sich aus unserer Darstellung ergaben, können wir nur verweisen. Mit Hans Waldenfels können wir so sagen: ,,Es kann nicht darum gehen, bereits abschließende Urteile zu wagen. Wir müssen uns vielmehr darum bemühen, einige Bausteine — sicherlich nicht alle, vielleicht nicht einmal die wichtigsten — zum Gespräch bereitzustellen''[2].

1. *Glauben*

Wie wir aus der Darstellung des Amida-Buddhismus von seiten der drei Autoren *Haas*, *Butschkus* und *Barth* sahen, bestimmten sie den Reinen-Land-Glauben einmütig als Vertrauen auf die ,,Andere Kraft'', auf eine ,,höhere'', ,,übernatürliche'' Macht, nämlich die erlösende Macht Amidas und sein Versprechen. Dabei ist tariki, die Andere Kraft, ganz im Gegensatz zur eigenen Kraft verstanden, als etwas, das außerhalb des eigenen Ich, getrennt vom Gläubigen, steht. Es geht darum, ganz auf diese Andere Kraft, die ,,Heilandsmacht'', zu vertrauen und den Namen Amida Buddhas auszusprechen; oder wie es Butschkus formuliert: Es geht um die ,,Selbstaufgabe als Selbsthingabe an ein ‚Anderes'''. Allen drei Interpretationen liegt das Denkschema zugrunde: Das Glaubenssubjekt, der Mensch, steht dem Glaubensobjekt, Buddha, gegenüber. Dabei wird Buddha als ein ,,Höheres'' verstanden, als das ,,ganz Andere''. Der Glaube ist der Glaube an das Gelöbnis Amida Buddhas und an die ,,Heilandmacht''. Wer daran ,,ohne jede eigene Betätigung'' glaubt, besitzt den wahren Glauben, der eine ,,Gabe des Gottes'', ein ,,Geschenk'' ist. Bei diesem Glauben ist nicht einmal ,,selbst das bloße Heilsverlangen'' erforderlich oder die ,,Freudigkeit des Herzens'', es kommt auch nicht auf das Gefühl des Gläubigen an, denn

---

[1] *W. Kohler*, Zen-Buddhismus und Christentum, in: Begegnung mit dem Zen-Buddhismus, hrsg. v. H. Waldenfels (Düsseldorf 1980) S.41f.
[2] *H. Waldenfels*, Absolutes Nichts. Zur Grundlegung des Dialogs zwischen Buddhismus und Christentum (Freiburg 1976) S.157; siehe auch *H. Waldenfels* (Hrsg.), Begegnung mit dem Zen-Buddhismus S.7.12.

dieser Glaube steht überhaupt nicht im Ermessen des Gläubigen: er ist vielmehr ganz und gar eine ,,Gnadengabe''. Das ,,Gebet'' ist nicht als Bitte um etwas zu verstehen, sondern ist Ausdruck des Dankes.

Was aber hat sich aus unserer Darstellung ergeben? Worum geht es im *Glauben nach shin-buddhistischer Sicht* wirklich? Wir stellten fest: Shinran predigt keinen Glauben an Vorschriften oder an Buddha, noch irgendein Vertrauen oder subjektives Gefühl. Der Glaube hat nichts mit Fürwahrhalten von Glaubenssätzen zu tun und ist nicht an einer göttlichen Offenbarung orientiert. *Vielmehr geht es im Glauben darum, daß der Mensch sein Wesen, das in Unklarheit und Leidenschaft gefangen ist, begreift,* die Tatsache, daß sein Ich, schwach und egoistisch, sich an Äußerlichkeiten klammert und nur seinen Nutzen und Vorteil sucht; daß es in ihm nichts Beständiges gibt, und er dem Wechsel und den Widersprüchen unterworfen ist. Trotz und gerade wegen dieses Wissens kommt der Gläubige zu der Einsicht, daß er von Anfang an durch das Ur-Versprechen Amida Buddhas aufgenommen ist und sicher Befreiung erlangen wird ohne von seiner Seite etwas dazuzutun. Allein im Vertrauen auf das Hongan, das allem menschlichen Denken und Fühlen vorausgeht, ist der Gläubige sich seiner Rettung sicher.

Wir sahen: Glauben heißt *Freisein von jeder Eigenmächtigkeit*, heißt, sein Herz von allem Vergänglichen lösen und auf das Versprechen Amidas vertrauen. Ein so verstandener Glaube hat nichts mit Wissen oder Moral, nichts mit gut oder böse zu tun; er liegt überhaupt jenseits des menschlichen Ermessens und hat seinen Grund allein im Hongan, das immer schon vorgegeben ist. Es wurde vom Bodhisattva schon erfüllt und ist jetzt Realität. Es handelt sich beim Glauben deshalb auch *nicht um eine Eigenleistung*, vielmehr ereignet sich der Glaube im Menschen von selbst, ganz spontan: Durch das Angerufensein von Amida, von seinem Ur-Versprechen, entscheidet sich der Mensch zum Glauben. Die Antwort oder Reaktion des Menschen ist aber wiederum nicht die Entscheidung des Gläubigen selbst, sondern sie ist im Grunde nichts anderes als das Wirken der Anderen Kraft, der Kraft von Amidas Gelöbnis. Die Passivität, mit der der Mensch den Glauben aufnimmt, schließt die Aktivität nicht aus, denn die freie Entscheidung bleibt bestehen. So kann Barths Bemerkung, daß nicht einmal das ,,Heilsverlangen'' erforderlich ist, mißverstanden werden: Der Mensch muß sich entscheiden, an die Zusagen, die im Hongan gegeben wurden, zu glauben[3]. Nur, insofern

---

[3] Bandō Shōjun hat sich in einem Aufsatz ,,Jesus Christus und Amida. Zu Karl Barths Verständnis des Buddhismus vom Reinen Land'' damit auseinandergesetzt, in: Gott in Japan, hrsg.v. S. Yagi und U. Luz (München 1973) S.72-93; kürzlich erschien zu diesem Thema ein Aufsatz von K. Takizawa ,,Jōdo-shin-Buddhismus und Christentum in Auseinandersetzung mit Karl Barth'', publiziert in Takizawas Schrift ,,Reflexionen über die

der Glaube vom Menschen, von der eigenen Kraft herbeigeführt und gewollt wird, ist er nicht der wahre Glaube; denn dieser kommt ganz aus der Kraft von Amida Buddhas Hongan.

So ist auch mit dem Ausdruck, der Glaube sei eine ,,Gabe'' des Gottes, ein ,,Gnadengeschenk'', äußerst vorsichtig umzugehen. Es handelt sich dabei um eine Ausdrucksweise, die den Eindruck vermittelt, daß Glaube wie eine Sache von Buddha dem Menschen übergeben wird. Aber wir sahen, daß der *Glaube* als *das Wirken des wahren und wirklichen Herzens Amida Buddhas im menschlichen Herzen* entsteht. In diesem Sinn sind die Liebe und Barmherzigkeit Buddhas und der Glaube des Menschen ein- und dasselbe: *Glaube ist die Einheit des Herzens Buddhas und des menschlichen Herzens;* Buddha läßt im Menschen den Glauben entstehen. Der Glaube ist da verwirklicht, wo der Mensch sein Wissen und Streben, sein Sich-Verlassen auf die eigene Kraft aufgegeben hat. *Glaube ist das Leerwerden von jeglicher Eigen-Kraft, das Leerwerden von sich selbst, die Ich-losigkeit.* Erst in diesem Leerwerden, das heißt im Glauben, zeigt sich das wahre Selbst im Menschen, der sein egoistisches Ich überwunden hat und eins geworden ist mit dem Buddha-Herzen.

Wir finden diese Erklärung von modernen shin-buddhistischen Interpreten bestätigt, die Shinrans Briefesammlung kommentieren, wenn wir folgende Aussage über das Erlangen des *Glaubens* lesen: ,,Es ist der kürzest mögliche Zeitraum, gestoßen an die äußersten Grenzen der Zeit und doch innerhalb ihrer, verschmolzen mit dem, was zeitlos ist. Genau zu diesem Zeitpunkt kehrt das Herzwasser zurück und tritt in das Meer des Hongan (Buddhas Herz und Geist) ein und wird eins mit ihm im Geschmack. Hier ereignet sich mit anderen Worten die Einheit des Herzens der törichten Wesen und des Herzens Buddhas mit dem befleckten Herzen geradeso wie es wie jenes des Tathagata wird. Die Einheit oder der Geschmack der Zeit mit dem Zeitlosen, die sich hier ereignen, machen das Wesen des Glaubens aus, und sein Entstehen wird ‚der eine Augenblick des Erwachens des Glaubens' genannt. So sind der Augenblick des Erwachens des Glaubens und das Sagen des Nenbutsu ein Augenblick, sowohl in als auch außerhalb der Zeit. Es ist die Zeit, die erfüllt, reich und reif ist, und durchdrungen von Zeitlosigkeit''[4].

---

universale Grundlage von Buddhismus und Christentum'' (Frankfurt 1980) S.66-110. Takizawa geht von der Frage aus: Was versteht Karl Barth unter dem ,,Namen Jesus Christus'', und kommt dabei zu dem Ergebnis, daß die Unterschiede, die Karl Barth zwischen Christentum und Jōdo-Buddhismus herausstellte, bereits aufgehoben seien. Um diesen Denkschritt Takizawas nachvollziehen zu können, ist eine intensive Auseinandersetzung mit seinem Grundansatz unumgänglich. Dies würde im Rahmen dieser Arbeit zu weit führen. Deshalb soll an dieser Stelle nicht auf die Auseinandersetzung Takizawas mit Karl Barth eingegangen werden.

[4] *Y. Ueda* (Ed.), Mattōshō Kommentar S.83; siehe auch S. Bandō, aaO. S.78ff.

Das Entscheidende ist: *Es geht* im Glauben *nicht um den Glauben an eine außerhalb des Menschen stehende höhere Macht, sondern es geht um die Überwindung des falschen Ich,* das die Ursache für alles Leiden ist, die Ursache für die Unklarheit aller Wesen. Die wahre Natur und wahre Wirklichkeit, die durch die Unklarheit verdeckt ist, wird im Erlangen des Glaubens aufscheinen, indem der Mensch sein wahres Selbst realisiert, das Buddha ist. Wir sahen, daß im *Nenbutsu* die völlige Hingabe des Gläubigen an das Hongan, die *wahre Ich-losigkeit,* ausgedrückt ist: Wenn der Mensch das Nenbutsu sagt, so ist das Zeichen seines Glaubens und umgekehrt wird Glaube im Aussprechen des Nenbutsu manifest. Im Anrufen des Buddha-Namens löst sich der Mensch von seinem Haften am Ich und realisiert sein wahres Selbst. Das Nenbutsu ist nicht nur als ein „Gebet" zu verstehen, mit dem der Gläubige zum Dank seiner Rettung Buddha anruft, sondern es ist — wenn wir auf Shinran hören — zugleich der Ruf Amidas an die Menschen, der Wunsch, zu ihm zu kommen. Amida Buddha manifestiert seinen Namen, damit der Mensch mit der wahren Wirklichkeit überhaupt in Berührung kommen kann. Im Augenblick der Manifestation des Namens im Hongan wurde Amida Buddha selbst zum Wort namu-amida-butsu[5]. Der Glaube besteht so in der Annahme des namu-amida-butsu und dies ereignet sich, wenn der Mensch leer geworden ist, jeden Ich-Gedanken abgetan hat, und den Namen Buddhas hört und aufnimmt. Im Augenblick des Hörens entsteht der Glaube und das Nenbutsu folgt ganz natürlich, von selbst, als Zeichen der Dankbarkeit. Das namu-amida-butsu verkörpert so gleichzeitig den Anruf Buddhas wie die Antwort des Menschen: Es ist nicht der Mensch, der Amida Buddha ruft, sondern Amida ist es, der alle Wesen anruft. Der Gläubige hört den Ruf (namu) und antwortet darauf (amida butsu) in der konkreten Praxis des Nenbutsu.

Es ist falsch, hier in der Subjekt-Objekt-Kategorie zu denken in dem Sinn: der Gläubige als Glaubenssubjekt verehrt Amida Buddha, das Glaubensobjekt. Mit *namu-amida-butsu* wird keine statische Beziehung ausgedrückt, sondern eine *dynamische Realität.* Wir sahen, daß für Shinran der Name kein Objekt ist, kein statischer Name. Es geht ihm nicht um das Wesen Amida Buddhas, sondern um *das Wirken, die dynamische Funktion, das Geschehen, das alle umfaßt und keinen vergißt*[6].

Der Name geht als eine Manifestation Amida Buddhas in den Menschen ein. Der Gläubige empfängt namu-amida-butsu und wird mit ihm

---
[5] *S. Ueda* schrieb ausführlich darüber in seinem Aufsatz: Der Glaubensbuddhismus. Über das Nenbutsu, in: NOAG 88 (1960) S.32-44; *D. T. Suzuki,* Amida. Der Buddha der Liebe (Bern-München-Wien 1974) S.26f; *ders.,* Essays in Zen Buddhism II (London ²1970) S.180ff.
[6] Siehe dazu *S. Bandō,* The Significance of the Nenbutsu, in: CRJ VII/3 (1966) S.204; *ders.,* Jesus Christus und Amida S.76f; siehe auch *R. Okochi,* Tan-ni-sho S.79ff.

eins. Die Worte namu-amida-butsu bedeuten hier nicht mehr, daß der Gläubige Amida Buddha verehrt, zu ihm Zuflucht nimmt, sie sind kein Ruf von seiten des Menschen, sondern namu-amida-butsu geht von der Seite Buddhas aus. Er ist es, der die Rettung vollbracht hat[7]. Namu-amida-butsu ist so ein Geschehen, in dem die Einheit des Gläubigen mit Amida Buddha (jap. *ki hō ittai*) verwirklicht ist. Es gibt kein Ich auf der einen Seite, das den Namen sagt, und Buddha auf der anderen Seite, sondern im namu-amida-butsu kommt die Einheit von Ich und Amida zum Ausdruck. Im Aussprechen des Nenbutsu gibt es keinen Dualismus mehr von Sprecher und Angesprochenem. Es ist eine intuitive Einsicht in die Wahrheit, die letzte Wirklichkeit, die das Aufgeben des Ich in das Ur-Versprechen Amida Buddhas ist, in die wahre Natur jedes Wesens. In diesem Augenblick ereignet sich die wahre Befreiung. Von einem frommen Amida-Gläubigen, Saichi, wird diese Einheit von ki und hō in Versen geschildert:

„„Das Herz, das (des Buddhas) gedenkt,
ist Buddhas Herz,
ein Buddha, von Buddha geschenkt — ‚Namu-amida-butsu'.

Ich bin ein glücklicher Mensch,
ein frohes Herz ist mir gegeben,
Amidas Freude ist meine Freude — ‚Namu-amida-butsu'.

Mein Herz und dein Herz —
die Einheit der Herzen —
‚Namu-amida-butsu' "[8].

Beim Sagen des Nenbutsu verlöschen alle Leidenschaften und jedes menschliche Wollen. Es ist wie die Rückkehr des Menschen zu dem, dem er ursprünglich angehört, zu seinem wahren Selbst. In diesem Sinn ist das Nenbutsu nicht mehr das Mittel (jap. *hōben*), mit dem der Mensch in Beziehung zum Absoluten tritt, sondern es ist schon das Ziel. Es ist Zeichen dafür, daß der Mensch bereits erlöst ist. Eine solche Gestalt des Glaubens hat nichts mit Heteronomie zu tun. Vielmehr sahen wir: Es geht um die *Gewißheit des eigenen, ursprünglichen, wahren Selbst*. Um zu diesem zu finden, muß der Mensch ganz auf die Kraft von Amida Buddhas Hongan vertrauen, fest daran glauben, das heißt, leer werden von dem Gedanken des Ich, um so sein wahres Selbst zu verwirklichen.

Der Buddhist Bandō versucht diese buddhistische Gewißheit in christlicher Terminologie wie folgt verständlich zu machen: „Die Wirklich-

---

[7] *S. Ueda*, aaO. S.40; siehe auch *Y. Takeuchi*, Probleme der Versenkung im Ur-Buddhismus. Beiheft der ZRGG XVI (Leiden 1972) S.82.
[8] Aus Saichis Notizbüchern, zit.in: *D. T. Suzuki*, Der westliche und der östliche Weg S.158ff; *D. T. Suzuki*, Kyōgyōshinshō Kommentar S.229f/Nr.80; S.284/Nr.252.

keit, daß das alte Selbst gestorben ist und ein neues Selbst geboren wird, daß das alltägliche Ich gänzlich tot ist und das wahre Ich wiedergeboren wird, die Wirklichkeit also, dem alten Adam gestorben zu sein und in Christus zu leben, wobei das Kreuz des Selbst zugleich auch seine Auferstehung ist, dies ist die ‚Hinübergeburt', dies ist ‚Namu-Amida-Butsu'"[9].

Werden wir mit solchen Aussagen nicht stark an die biblische Tradition erinnert? Schon im Alten Testament und Judentum bezeichnet der hebräische Begriff ,,*aman*" das Verhältnis des Menschen zu Gott als Vertrauen, Glauben-schenken, Bauen-auf, Setzen-auf, was untrennbar ist von Gehorsam, Treue und Hoffnung und zugleich ein Sich-Loslassen einschließt. In diesem Sinn wurde er im Ur-Christentum übernommen: als *fides qua* creditur bedeutet Glauben, griechisch ,,*pistis*", formal dem Wort Gottes Glauben schenken[10]. Glauben schließt Gehorchen und Gehorsam ein[11], das Vertrauen darauf, daß Gott seine Verheißung erfüllt, das Vertrauen und die gleichzeitige Hoffnung auf Gottes Hilfe[12].

Im Neuen Testament bekommt Glauben inhaltlich, als *fides quae*, einen besonderen Akzent: es ist nicht nur der Glaube an Gott[13], sondern der Glaube an Gottes Heilstat in Christus, die Annahme des Kerygmas, der Botschaft von Jesus Christus als Sohn, und Gottes eschatologisches Handeln durch ihn[14]. *Paulus* formuliert den Inhalt des christlichen Glaubens: ,,Wenn du mit deinem Mund bekennst: ‚Jesus ist der Herr' und in deinem Herzen glaubst: ‚Gott hat ihn von den Toten auferweckt', so wirst du gerettet werden"[15].

Die gläubige Annahme der Botschaft ist mit der Metanoia, der ,,Umkehr" verbunden[16]. Im Akt des Glaubens vollzieht der Mensch die radikale Hinwendung zu der Wirklichkeit, genannt Gott, als Antwort auf Gottes eschatologisches Handeln in Christus. Das heißt: der Glaube nach dem neutestamentlichen Verständnis ist immer zugleich der Glaube an Jesus Christus, denn in ihm begegnet Gott[17]. Entscheidend ist —

---

[9] *S. Bandō*, Jesus Christus und Amida S. 79.
[10] Joh 2,22; Apg 24,14; 26,27; Lk 24,25; Joh 3,34; 5,38; Zum Kapitel ,,Christlicher Glaube" siehe *R. Bultmann*, Theologie des Neuen Testaments (Tübingen ⁷1977) bes. S.271-353 u.S.422-445; *U. Wilckens*, Der Brief an die Römer Bd.1 (Köln 1978), Bd.2 (Köln 1980); *G. Kraus*, Vorherbestimmung. Traditionelle Prädestinationslehre im Licht gegenwärtiger Theologie (Freiburg 1977) S.340ff.
[11] Röm 10,16.
[12] Mk 11,22f par; Mt 17,20; Lk 17,6; Röm 4,17-20; Röm 9,33; 10,11; Hebr 11.
[13] 1 Thess 1,8f; Hebr 6,1; 11,6.
[14] 1 Kor 15,11; Röm 4,24.
[15] Röm 10,9.
[16] Apg 20,21.
[17] Kol 1,19; 2,9.

wie es besonders Paulus immer wieder betont — daß der Mensch nicht durch sich selbst, durch eigene Anstrengung und Bemühung, nicht durch ,,Werke'', zum Glauben kommt. Vielmehr weiß sich der Sünder, der sich im ,,Un-Heil'' befindet, völlig auf Gottes vorausgegangene Gnade angewiesen[18]. Erst Gottes Tat in Christus bewirkt im Menschen den Glauben. Selbst der religiös Geächtete empfängt unverdient das Heil. Auch er empfängt den Glauben als Geschenk, nämlich den Glauben, daß mit Jesus Christus als dem Träger des Heils das zu erwartende Endheil bereits angebrochen ist. Glauben so verstanden ist das Vertrauen auf Gott und sein Handeln, das in Jesus Christus offenbar wurde[19]. Allein auf dem Weg des Glaubens kann der Mensch sein Heil erlangen. Glauben steht so im Gegensatz zu den Werken, die das Gesetz fordert[20]. Denn Glauben besteht gerade in der Negation jeder Eigen-Leistung und jeden eigenmächtigen Tuns[21]. Die Hingabe an Gottes Gnade ist nur Antwort auf sein Heilshandeln. In diesem Sinn kann vom Glauben als Gehorsam gesprochen werden[22]. Der Glaube ist dabei eine Willensentscheidung des Menschen: der Mensch gibt sich selbst auf. Glauben ist so die Daseinsweise des Menschen, der sein Ich überwunden hat und ganz in Christus lebt[23].

Meint der Mensch durch Werke des Gesetzes das Heil zu gewinnen, so ist das eine arrogante Selbsteinschätzung, und menschliche Anmaßung, die sich rühmt, aus eigener Kraft bestehen zu können[24]. Glauben ist gerade der Gegensatz des ,,Rühmens'', der sündigen, eigenmächtigen Haltung des Menschen. Das einzige Wichtige ist, den Gedanken aufgeben, daß der Mensch von sich aus etwas bewirken kann, und sich so einzig als von Gott Beschenkten zu verstehen[25]: Glauben ist das Freisein von jedem Selbstruhm. Es heißt anerkennen, daß Werke nicht zum Heil führen können und darauf vertrauen, daß im Christus-Geschehen dem Menschen das Erbarmen Gottes zuteil wurde. Nichts ist von seiten des Menschen, alles nur von Gott her möglich, aus Gnade[26].

Der Gläubige wird von Gott gerechtfertigt[27]. ,,Gerechtigkeit'' oder ,,Gerechtfertigtwerden'', griechisch *dikaiosüne*, verwendet Paulus als Be-

---

[18] Röm 10,17.
[19] Röm 4.
[20] Röm 3,28; Gal 2,16; Röm 4,4f; Gal 3,12; Phil 1,29.
[21] Röm 4,16; 6,14; 11,5f; Gal 2,21; 1 Kor 1,17ff. Siehe auch ThWB zum NT VI S.221.
[22] Röm 1,8; 16,19.
[23] Gal 2,19f.
[24] Röm 3,27; 4,1f; Röm 2,17.23.
[25] 1 Kor 1,29; Phil 3,3-10.
[26] Röm 4,16.
[27] Röm 2,13; 8,30.

zeichnung der Heilsbedingung oder auch des Heilsgutes[28]. Der Mensch hat die Gerechtigkeit, wenn er als gerechtfertigt *anerkannt*, ,,gerechtgesprochen'' ist. Es handelt sich also um keine ethische Qualität des Menschen, sondern um seine Relation zu Gott. Glaubt der Mensch, so wird ihm die Gerechtigkeit jetzt schon zugesprochen; das heißt das eschatologische Geschehen beginnt bereits hier mit dem Ereignis des Glaubens[29]. Von Gott von der Sünde freigesprochen ist der Sünder gerecht; in Christus ist er ein neues Geschöpf geworden, das alte ist überwunden[30]. Das eschatologische Leben, griechisch *zoe*, ist zwar noch nicht voll verwirklicht, es ist aber auf gewisse Weise schon Gegenwart.

Auch bei *Johannes* finden wir oft den Satz: Der an Jesus Christus Glaubende hat das ewige Leben[31]. Was der gewöhnliche Mensch Leben nennt, ist nur Schein, Irrtum und Lüge[32]. Glauben ist die Umkehr des Menschen, die Abkehr von sich selbst und die Hinwendung zum wahren Leben, zur Wahrheit, die in Christus offenbar wurde[33]. Auch nach Johannes ist der Glaube Tat Gottes: ,,Niemand kann zu mir kommen, wenn es ihm nicht vom Vater gegeben ist''[34]. Erst der Glaube als Geschenk Gottes ermöglicht die freie Entscheidung des Menschen zum Glauben und damit das Überwinden der Selbstgerechtigkeit[35]. Wer glaubt, ist schon aus dem Tod ins Leben hinübergegangen[36]. Jedoch ist der Gläubige, solange er in dieser Welt lebt, ständigen Angriffen ausgesetzt[37]. Der Vorläufigkeitscharakter des Glaubens ist so gegeben.

Daß der Mensch sein Heil erlangen kann, verdankt er ganz und gar der Charis Gottes, Gottes gnädigem und liebevollem Handeln[38]. Dieses besteht darin, daß er seinen Sohn ,,für uns dahingab''[39]. Durch die Charis wird die Sünde überwunden[40]. Der Gläubige hat einen neuen Stand gewonnen[41], er hat das Pneuma empfangen, die ,,geistige Gemeinschaft'', das heißt, die ,,Einmütigkeit des Wollens''[42].

---

[28] *R. Bultmann*, Theologie des Neuen Testaments S.271ff.
[29] Röm 4,5; 5,1; 8,10; 9,30.
[30] 2 Kor 5,17.
[31] Joh 3,15; 6,40.
[32] Joh 8,44.55; 3,19.
[33] Joh 20,29.
[34] Joh 6,65; 15,19; 17,14.
[35] *G. Kraus*, Vorherbestimmung S.341; *R. Bultmann*, Gnade und Freiheit, in: Glauben und Verstehen II (Tübingen ³1961) S.156-158; *H. G. Kümmel*, Die Theologie des Neuen Testaments nach seinen Hauptzeugen Jesus, Paulus, Johannes (Göttingen ²1972) S.179 zum Thema Glauben als freie Entscheidung.
[36] Joh 5,24; 11,26; 15,19; 17,14.
[37] Joh 17,15.
[38] Röm 3,24.
[39] Röm 8,32.
[40] Röm 5,20f.
[41] Röm 5,2.
[42] Gal 4,6; Röm 8,16; 2 Kor 12,18; 1 Kor 14,14; *R. Bultmann*, Theologie des Neuen Testaments S.206f.

Seine Wirkung zeigt der Glaube in der konkreten Tat, im Handeln nach dem Wort Gottes. Der Glaube ist in der Liebe wirksam: ,,Wenn ich auch allen Glauben besitze, um Berge zu versetzen, doch hätte die Liebe nicht, so bin ich nichts''[43]. Der Gläubige erfährt die ,,Freiheit der Kinder Gottes'', Friede, Freude, Trost und Hoffnung; in Verantwortung für den Nächsten führt er eine geistgewirkte Existenz[44]. Das Heil ist, wenn auch noch nicht voller gegenwärtiger Besitz, im Glauben bereits angebrochen[45].

Wenn auch im Laufe des christlichen Denkens der Glaubensbegriff Abänderungen erfuhr, so kann im Blick auf Paulus und Johannes im Vergleich mit dem Shin-Buddhismus doch daran festgehalten werden: Glaube ist primär das Vertrauen auf Gott und sein Heilshandeln in Jesus Christus. Vor allem war es Luther, der auf den biblischen Sprachgebrauch zurückgriff: Gegenstand des Glaubens ist das Erbarmen und die Liebe Gottes, wie sie vom historischen Jesus verkündet wurden. Allein im Glauben daran — sola fide — kann der Mensch von seinen Sünden befreit werden und zum Heil kommen. Dieser Glaube ist nicht Werk des Menschen, sondern ganz und gar Gabe Gottes.

Wir sehen: Auch nach christlichem Verständnis sind nicht irgendwelche Lehren, Lehrsätze oder Dogmen Gegenstand des Glaubens; es geht nicht um ein Fürwahrhalten von Glaubenssätzen — das wäre ein selbstgemachter Glaube — vielmehr geht es um das Ergreifen der Heilsoffenbarung, die im Wort Gottes durch die Person Jesu Christi den Menschen übermittelt (vermittelt) wurde. Glaube ist, so verstanden, das Vertrauen darauf, daß in Jesus Christus sich Gott offenbart hat[46].

Es ist das Vertrauen auf die Person Jesu Christi als Bringer und Träger des Heils, das Vertrauen darauf, daß in und durch ihn als Mittler Gott am Menschen gehandelt hat. Dieser Glaube impliziert ein bestimmtes Selbstverständnis des Menschen: die Einsicht, daß vor Gott alle Sünder sind und nur durch die Gnade Gottes gerecht werden können. Eine Aufhebung der Schuld durch eigene Kraft und gute Werke ist unmöglich. Indem der Mensch glaubt, wird er gerechtfertigt, grundlos, bedingungslos, aus Gnade. Er muß sich nur beschenken lassen, sein eigenes Vermögen und seine eigenen Leistungen aufgeben. Das bedeutet jedoch nicht, daß der Glaube nichts mit persönlicher Entscheidung zu tun hat, vielmehr — so W. Kasper — ist er doch ,,bei aller Ungeschuldetheit und Gnadenhaftigkeit ... ein voll und ganz menschlicher Akt''[47].

---

[43] 1 Kor 13,2; Gal 5,6; Röm 13,8-10, Joh 13,34; 1 Kor 16,13; Eph 3,17; 2 Tim 1,13; 1 Joh 3,23.
[44] Gal 3,2.
[45] Röm 10,10; Gal 5,5; Röm 6,8.
[46] Siehe dazu auch *H. Waldenfels*, Faszination des Buddhismus. Zum christlich-buddhistischen Dialog (Mainz 1982) S.97.
[47] *W. Kasper*, Einführung in den Glauben (Mainz 1972) S.30.

Auch im christlichen Glauben geht es um die *Überwindung des Ego*, das meint, alles aus eigener Kraft tun zu können. Glaube ist die ,,personale Selbstüberantwortung des Menschen an Gott, ein Amen-Sagen zu Gott und ein rückhaltloses Gründen der Existenz in ihm''[48]. Mit anderen Worten: ,,Glauben meint also ein Trauen und Bauen auf die in Jesus wirksame Macht Gottes, ein Gründen der Existenz in Gott. Glauben bedeutet also ,Gott-wirken-Lassen', ,Gott-in-Aktion-treten-Lassen', Gott Gott sein lassen und ihm die Ehre geben, also seine Herrschaft anerkennen. In einem solchen Glauben wird Gottes Herrschaft konkret Wirklichkeit in der Geschichte. Der Glaube ist gleichsam die Hohlform für das Da-sein der Herrschaft Gottes''[49].

In der Person Jesu Christi ist dieser Glaube voll verwirklicht worden: ,,Das unumfaßbare Woraufhin der menschlichen Transzendenz, die existentiell und ursprünglich nicht nur theoretisch oder bloß begrifflich vollzogen wird, heißt Gott und teilt sich selbst existentiell und geschichtlich dem Menschen als dessen eigene Vollendung in vergebender Liebe mit. Der eschatologische Höhepunkt der geschichtlichen Selbstmitteilung Gottes, in dem diese Selbstmitteilung als irreversibel (siegreich) offenbar wird, heißt Jesus Christus''[50].

In dem Gründen der Existenz in der Wirklichkeit, genannt Gott, findet der Gläubige — in der Nachfolge Jesu — seine wahre Bestimmung, das Heil. So löst er sich aus seiner Entfremdung, aus der Sünde, überwindet sie und kann die Wirklichkeit eines erfüllten Daseins in Freiheit und Liebe erfahren[51]: ,,Das sich in seiner Freiheit erlösende Selbst, das nämlich Gott zur Mitte der eigenen freien Existenz macht, ist als Kreatur durch die schöpferische Freiheit Gottes konstituiert und dadurch zur Annahme der Selbstmitteilung Gottes befähigt. Gott aber teilt sich durch die ungeschaffene Gnade mit, die er selbst ist, sowie durch die daraus entspringenden natürlichen Fähigkeiten des Menschen in dessen Freiheit. So ist er selbst Bedingung der Möglichkeit des Heils für den Menschen, aus der dieser sein Heil selbst in Freiheit vollzieht''[52].

Gottesglaube ist so nichts anderes als ein vertrauendes Loslassen und Sich-Fallenlassen in das unauslotbare, unsagbare Geheimnis, das Gott genannt wird[53]. Mit dem Shinbuddhisten formuliert: Glaube ist nichts

---
[48] AaO. S.78; siehe auch S.86ff.
[49] *W. Kasper*, Jesus der Christus (Mainz ²1975) S.96.
[50] *K. Rahner*, Schriften zur Theologie XIII S.181 über die Selbstzusage Gottes an die Menschheit; siehe auch *ders.*, Grundkurs des Glaubens. Einführung in den Begriff des Christentums (Freiburg 1976) S.122ff.
[51] Mk 10,52; vergleiche Apg 16,31; *W. Kasper*, Einführung in den Glauben S.113f.
[52] *K. Rahner*, Schriften zur Theologie XII, S.260.
[53] *Ders.*, aaO. IX, S.114; siehe auch S.79-126, besonders S.113.115.124; *H. Waldenfels*, Absolutes Nichts. Zur Grundlegung des Dialogs zwischen Buddhismus und Christentum (Freiburg 1976) S.188.

anderes als ein vertrauendes Loslassen und Sich-Fallenlassen in die unauslotbare, unsagbare Wirklichkeit, die Amida genannt wird[54].

2. Das Nicht-Ich und das wahre Selbst

Untrennbar mit der Frage des Glaubens verbunden ist die des Nicht-Ich und des wahren Selbst. Denn wir sahen: Sowohl im Shin-Buddhismus wie auch im Christentum beinhaltet Glauben das Überwinden des egozentrischen Ich und die Annahme der Botschaft vom Heil, von der Befreiung des Menschen. Er ist der Mensch, der sich in der Entfremdung, in der ,,Sünde'' befindet und seine wahre Identität noch nicht gefunden hat; der Mensch als Wanderer auf dem Weg, der noch nicht zu sich selbst gekommen ist; der Mensch im Unheil, der so sehr an seinem Ich haftet, daß er unfähig ist, sich davon zu lösen; der sein Ich absolut setzt und dabei die Wahrheit nicht erkennt.

Die buddhistische Lehre vom Nicht-Ich und dem wahren Selbst muß im Zusammenhang mit der Doktrin der *Substanzlosigkeit aller Dinge* gesehen werden.

Auf die menschliche Existenz angewandt, besagt diese, daß es kein Subjekt getrennt vom Objekt gibt. Was fälschlicherweise als selbständiges Subjekt angenommen wird, ist nur das Zusammenfließen von Elementen. Diese bestehen nicht getrennt voneinander, sondern nur in einem In- und Miteinander. Alles Seiende ist nicht beständig, nicht substantiell, und existiert durch das Entstehen in Abhängigkeit (skt. *pratītya samutpāda*, jap. *juni innen*)[55]. Auf die einfachste Formel gebracht, kann dies so wiedergegeben werden: ,,Wenn dies ist, ist auch jenes; wenn dies entsteht, entsteht auch jenes; wenn dies nicht ist, ist auch jenes nicht; wenn dies vergeht, vergeht auch jenes''[56].

Wenn es auch in der buddhistischen Tradition immer wieder verschiedene Interpretationen gab, so verstehen doch die japanischen Buddhisten darunter die gegenseitige Abhängigkeit aller Phänomene des Universums in Vergangenheit, Gegenwart und Zukunft oder die Interdependenz und damit Relativität aller Dinge und Ideen. Das heißt: jeder Augenblick besteht in einem Zusammenwirken, einem Zusammenfliessen von verschiedenen Faktoren, und es gibt kein Selbst und keine Substanz, die diesem abhängigen Entstehen unterliegt oder ihm vorausgeht.

---

[54] *J. B. Cobb*, Beyond Dialogue. Toward a Mutual Transformation of Christianity and Buddhism (Philadelphia 1982), macht den Versuch, eine Verbindung herzustellen zwischen Christus und Amida: ,,Amida als Christus'', aaO. S.123ff.

[55] Vgl. *M. Abe*, Substance, Process and Emptiness, in: JapRel XI/2-3 (1980) S.14-24; *Y. Takeuchi*, Probleme der Versenkung im Ur-Buddhismus S.68ff; *H. Waldenfels*, Absolutes Nichts S.17ff.

[56] *H. Ui*, zitiert in: Y. Takeuchi, aaO. S.13.

Gerade diese allgemein-buddhistische Voraussetzung darf im Dialog nicht übersehen werden. Hajime Nakamura betont, daß das ,,Entstehen in Abhängigkeit" eine *praktische sittliche Lehre* ist, die als universale Wahrheit gültig ist[57]. Ihren Ausdruck findet sie in der Lehre vom Nicht-Ich. Es handelt sich dabei nicht um ein dogmatisches oder philosophisches System, sondern es geht um eine Lebensweise, ,,in der sich einfach ,ich (ego)-loser' aber gleichzeitig ,selbstwerdender' Existenzwandel vollzieht[58].

Diese *Lehre vom Nicht-Ich* (skt. *anātman*; jap. *muga*) besagt nicht, daß das, was wir als Person bezeichnen, lediglich als ein Bündel von einzelnen Daseinsfaktoren besteht — diese Interpretation wird heute von buddhistischen Wissenschaftlern als eine einseitige Auslegung der Lehre Śākyamunis in einer späteren Phase erklärt[59]. Wohl aber ist zwischen dem empirischen, individuellen Ich (skt. *ātman*, jap. *jiga, ga*) und dem wahren Selbst zu unterscheiden[60]. Das Bewußtsein ,,Ich-bin-ich" bedeutet nichts anderes als eine Ich-Verhaftetheit. Durch sie entsteht das egozentrische Ich, das die Ursache für alles Leiden ist. Dieses in sich gefangene, alltägliche Ich muß überwunden werden, damit das wahre Selbst, dem ,,kein Sein in der objektiven Welt" zukommt, erscheint[61].

Untrennbar mit dieser Lehre vom ,,Nicht-Ich" (*anattā*) verbunden ist die Lehre von der ,,Leere" oder dem ,,absoluten Nichts" (*śūnyatā*), wie sie das Mahāyāna entwickelte[62]. In der Erleuchtung wird die letzte Wirklichkeit als ,,Leere", als ,,absolutes Nichts", als ,,formloses Selbst" erfahren. Shinran gebrauchte dafür den Begriff ,,*muge*", das ,,Unmittelbare, ohne Hindernis frei Bestehende, grenzenlos Offene". In diesem Sinn ist es die ,,Freiheit von sich selbst zum Anderen hin", das ,,Sich-selbst-leer-machen[63]. Für Shinran ist das Nenbutsu der einzige Weg des *muge*[64]. Im gläubigen Aussprechen des Namens Amida Buddhas sieht der Mensch die Relativität seines Daseins ein und erkennt, daß seine ganze Existenz absolut auf die Kraft Amidas angewiesen ist.

---

[57] *H. Nakamura*, Die Grundlehren des Buddhismus S.23f.
[58] *M. Shimizu*, Das ,Selbst im Mahāyāna-Buddhismus und die ,Person' im Christentum S.129.
[59] Aus dem Vortrag *H. Nakamuras*, ,,Implications of Asian Psychology in World Perspective" zum Internationalen Psychologen-Kongreß in Tokyo 1974, zitiert in: H. Dumoulin, aaO. S.45.
M. Shimizu behandelt diese Problematik sehr ausführlich in aaO. S.129-134.
[60] Vgl. Teil 1, Kap. A I.2.; ebenso *H. Nakamura*, aaO. S.17-20; *H. Dumoulin*, Begegnung mit dem Buddhismus S.41ff.
[61] *S. Hisamatsu*, Satori (Selbsterwachen). Zum postmodernen Menschenbild, in: Gott in Japan, hrsg. v. U. Luz und S. Yagi (München 1973) S.132f.
[62] Siehe ausführlich Kap. VII. 2.
[63] *M. Shimizu*, aaO. S.131.
[64] *Shinran*, *Kyōgyōshinshō* S.62/II, 85; siehe auch S.72/II, 106f.

Diese Einsicht bringt gleichzeitig ein radikales Sich-selbst-Loslassen mit sich, das sich in einer ,,Wende des Herzens" vom unklaren, egoistischen zum gläubigen Herzen, das sich, anders gesagt, mit der Geburt im Reinen Land ereignet. Wer so sein Vertrauen auf die eigenen Taten und Handlungen aufgibt, wer sich völlig auf das große Mitleiden Amidas verläßt, erfährt sein wahres Selbst: seine ursprüngliche Selbst-Natur, die Buddha ist. Er erwacht zu der Wirklichkeit, in der er hier und jetzt mit dem Dharmakörper unmittelbar eins ist (*ki-hō ittai*). Es ist die Erfahrung, in der der Mensch seine wahre Identität findet, eine Identität, aus der unendliche Liebe und unbegrenztes Mitleid hervorströmen.

Wir sahen aus den Ausführungen über den christlichen Glauben, daß auch in der Bibel die Rede ist vom besseren Ich, von befreiter Individualität, von wahrer Identität. Findet sich in der Schrift nicht auch das Motiv der Umkehr des Herzens, des Loslassens und der Entsagung? Denken wir an die Paulus-Stelle im Römerbrief:

> ,,Wir wurden mit ihm begraben durch die Taufe auf den Tod; und wie Christus durch die Herrlichkeit des Vaters von den Toten auferweckt wurde, so sollen auch wir als neue Menschen leben"[65].

Oder eine andere Stelle:

> ,,Legt den alten Menschen ab, der in Begierde zugrunde geht, ändert euer früheres Leben und erneuert euren Geist und Sinn! Zieht den neuen Menschen an, der nach dem Bild Gottes geschaffen ist, in wahrer Gerechtigkeit und Heiligkeit"[66].

Wird vielleicht zu Unrecht von seiten der Buddhisten die christliche Vorstellung von ,,*Person*" kritisiert? Hans Waldenfels weist mit Recht darauf hin, daß von der Kategorie des ,,Personalen" stets so gesprochen werde, als meinten alle einheitlich dasselbe. Eine Verständigung über das damit Gemeinte werde gar nicht angestrebt. Aber gerade dies wäre von größter Bedeutung. Es entsteht so die Frage, ,,ob es nicht an der Zeit ist, das Verständnis von ,Person' und ,personal/persönlich' a) bei den westlich-christlich-religionswissenschaftlich bzw. -theologischen Gesprächspartnern und b) bei den asiatisch-buddhistischen Gesprächspartnern zu überprüfen, um zu sehen, ob nicht ein uneinheitliches Verständnis der genannten Grundkategorie ein Hinderungsgrund ist, daß sich Christen und Buddhisten in der Gottesfrage besser verständigen. Denn es könnte ja sehr wohl sein, daß eine Auseinandersetzung an einer Stelle ausgetragen wird, die eine solche längst nicht mehr verdient,

---

[65] Röm 6,4; vgl. auch Lk 17,33.
[66] Eph 4,22-24.

weil die verschiedenen Gedankengänge inzwischen stärker konvergieren, als dies den Gesprächspartnern selbst bewußt ist"[67].

Welcher Personbegriff wird nun kritisiert? Es ist der Personbegriff ,,der den Menschen narzistisch zu einer Art Selbstfesselung treibt und in der Person nichts anderes als ein in sich beschlossenes und sich von allem anderen abgrenzendes Ego erblicken und so die Betonung des Person-charakters zu einer subtilen Art von Egozentrik werden läßt"[68]. Es ist unübersehbar, daß auf buddhistischer Seite bereits eine intensive Auseinandersetzung mit dem Problem der ,,Person" eingesetzt hat. So kann etwa Keiiji Nishitani, der bekannte Philosoph der Kyotoer Philosophenschule, die Idee der Person als den ,,höchsten Begriff vom Menschen" würdigen:

,,Ohne Zweifel ist der Begriff vom Menschen als Person der höchste Begriff vom Menschen, den es bisher gegeben hat. Das gleiche kann in Bezug auf die Vorstellung Gottes als eines personalen Wesens gesagt werden. Seitdem in der Neuzeit die Subjektivität mit ihrem Selbstbewußtsein in den Vordergrund rückte, wurde der Begriff des Menschen als Person nahezu selbsteinsichtig. Ist aber die Art und Weise, über ,,Person" zu denken, wie sie bis heute allgemein verbreitet war, wirklich der einzig mögliche Weg, über ,,Person" zu denken"[69]?

Was versteht Nishitani unter ,,Person"?

,,... Person ist eine Erscheinung mit nichts hinter sich, was erscheint. Hinter der Person ist absolut nichts; d.h., hinter ihr liegt absolutes Nichts. Während dieses absolute Nichts gegenüber der Person das ganz Andere ist und die absolute Negation der Person meint, ist es kein von der Person verschiedenes *Ding*. Absolutes Nichts ist das, was — indem es mit dem Sein, genannt Person, eins wird — diese Person entstehen läßt. Entsprechend sind die zuvor gebrauchten Ausdrücke: ,,Da *ist* absolutes Nichts" und: ,,Es *ist* hinter" tatsächlich ungenau. Nichts ist nicht ein Ding, das nichts *ist*. Vielmehr ist, wo kein Nichts ist, absolutes Nichts"[70].

Es geht Nishitani also nicht um die Alternative Personsein-Nicht-Personsein, sondern um ein qualifiziertes Verständnis von Person. Es geht ihm um die ,,Wendung des Menschen als Person von einem personzentrischen Selbstverständnis zu einer Selbstöffnung als der Realisierung des absoluten Nichts"[71].

---

[67] H. *Waldenfels*, Faszination des Buddhismus S.43f. siehe auch *J. A. Cuttat*, Asiatische Gottheit-christlicher Gott (Einsiedeln 1965) S.71.
[68] H. *Waldenfels*, aaO. S.45.
[69] K. *Nishitani*, The Personal and the Impersonal in Religion, in: EBud NS III/2 (1970) S.80.
[70] AaO. S.81.
[71] AaO. S.82; siehe auch *H. Waldenfels*, Absolutes Nichts S.106ff.

Gewiß, nicht zu Unrecht können wir *an christliches Personverständnis die Frage stellen:* Wurde mit der Adaption der griechischen Philosophie, die sehr stark die Person als substantielles Seiendes betont, die ursprüngliche biblische Auffassung nicht verdrängt oder verdeckt? So meint Winston L. King, ein guter Kenner des Ostens wie des Westens: Die Schwierigkeit liegt wohl darin, daß das christliche Verständnis des Selbst vorwiegend *begrifflich* ist, das buddhistische dagegen *existentiell.* Und King fährt fort: ,,Für den Westen ist daher Selbst eine fest in sich geschlossene Individualität geworden, die scharf von jeglichem Einfall des Impersonalen oder Nicht-Persönlichen getrennt und dagegen geschützt werden muß. Daher hat er das spezifische Selbstbewußtsein stark betont, das heißt das Bewußtsein des persönlichen, von anderen Selbst und Dingen getrennten Selbst; und er neigt dazu, dieses Selbst mit dem zu identifizieren, was Fingarette die ‚angst-erzeugte' Subjektivität nennt, jene Subjektivität, die aus dem inner-psychischen Konflikt entsteht; oder wir könnten es auch das Selbst des Bewußtseins-in-emotionaler-Spannung-mit-seiner-existentiellen-Situationen nennen. Der Westen neigte auch dazu, die Aufforderung seines eigenen vorherrschenden Glaubens (des Christentums) zur ‚Selbstverleugnung' abzuschwächen oder dieser Verleugnung enge und naheliegende Formen zu geben, vor allem aber das mystische Zeugnis und den Ruf nach der Erlangung eines ‚selbst*losen*' Bewußtseins oder einer *im*personalen Wahrnehmung ängstlich abzulehnen''[72].

Aus dieser Sicht urteilt auch Waldenfels: Die Schwierigkeit des westlichen Menschen gegenüber der Lehre vom Nicht-Ich beruhe weniger

> ,,auf einem Gegensatz zum Weg des Christentums, als auf der Theorie des neuzeitlichen Menschenbildes, dessen Krankheitssymptome inzwischen offenkundig sind: Es geht bei ihm um den eigenständigen, selbstbewußten, autonomen, individuell-persönlichen, sich zugleich anderen gegenüber abgrenzenden bzw. sich ihnen gegenüber behaupten wollenden Menschen, der sich damit zugleich isoliert und vereinsamt''[73].

Bei all den Formeln, sagen wir nun anātman, muga, Nicht-Ich, persönlich-unpersönlich oder transpersönlich — geht es um ein Personsein, das nicht egozentrisch an sich festhält, sondern im Sichselbst-Loslassen sein wahres Selbst verwirklicht. Personalität also nicht im Sinne von ,,Personzentrik, sondern in Selbstlosigkeit, in diesem Sinne in Selbstaufgabe, in ‚Impersonalität' verwirklicht...''[74].

Wenn auch die ursprüngliche biblische Auffassung im Laufe der Tradition oft verdrängt oder verdeckt wurde, so kann doch das eigentlich

---

[72] *W. L. King*, East-West Religious Communication, in: EBud NS I/2 (1966) S.1/9f.
[73] *H. Waldenfels*, Absolutes Nichts S.19f.
[74] *Ders.*, Faszination des Buddhismus S.55.

christliche Verständnis von Person mit W. Kasper etwa so umschrieben werden:

> ,,... konkret verwirklicht sich die Person nur in Relationen. Die Einmaligkeit jedes einzelnen Ich impliziert nämlich eine Abgrenzung vom anderen Ich und damit einen Bezug zu ihm. Die Person ist darum nur in der dreifachen Relation: zu sich, zur Mitwelt und zur Umwelt. Sie ist bei sich, indem sie beim anderen ist. Konkret formuliert: Das Wesen der Person ist die Liebe''[75].

Und dennoch fällt es dem westlichen Menschen sehr schwer, den Gedanken vom Auflösen des Ich nachzuvollziehen. Einer jedoch hat die wahre Selbstlosigkeit mit allen Konsequenzen vorgelebt, in seiner Person voll verwirklicht: Jesus Christus. Sein Dasein ist — mit Ratzinger formuliert — ,,ein gänzlich offenes Sein, ein Sein ,von-her' und ,auf-zu', das nirgendwo an sich selber festhält und nirgendwo nur auf sich selbst steht''[76]. Jesus hat genau das, was die Buddhisten mit dem Loslassen des Ich und dem Verwirklichen des wahren Selbst meinen, gelebt. Christsein heißt so: ,,Sein wie der Sohn, Sohn werden, also nicht auf sich und nicht in sich stehen, sondern ganz geöffnet leben im ,Von-her' und ,Auf-zu' ''[77]. In diesem Sinn ist auch W. Kaspers Aussage zu verstehen: ,,So ist Jesus in seinem radikalen Gehorsam radikale Herkünftigkeit von Gott und radikales Übereignetsein an Gott. Er ist nichts aus sich, aber alles aus Gott und für Gott. So ist er ganz Hohl- und Leerform für Gottes sich selbst mitteilende Liebe. Dabei setzt die Hinwendung Jesu zum Vater selbstverständlich die Zuwendung und Mitteilung des Vaters an Jesus voraus''[78]. Hohl- und Leerform für Gott bedeutet die totale Offenheit, das absolute Geöffnetsein für Gott. Dieses Geöffnetsein bedeutet zugleich vollkommene Ichlosigkeit und Hinwendung an die anderen. In Jesus hat Gott sich dem Menschen mitgeteilt und durch Jesus ist das Heil zugesprochen, das im Glauben hier bereits angebrochen ist und in dem damit verbundenen Überwinden des Ich, dem Sich-selbst-Loslassen.

3. Reines Land und Befreiung

Das Sich-selbst-Loslassen als Verwirklichung des wahren Selbst ereignet sich für den Buddhisten wie auch für den Christen nicht irgendwann, an irgendeinem Ort, sondern schon hier und jetzt in diesem ,,Ich'' selbst, nämlich im Negieren der ,,Ich-Illusion''. Das Heil ist nicht

---

[75] *W. Kasper*, Jesus der Christus S.291.
[76] *J. Ratzinger*, Einführung in das Christentum (München 1968) S.146.
[77] AaO. S.147.
[78] *W. Kasper*, aaO. S.130.

in einem ,,Paradies", nicht an einem Ort der Ruhe nach dem Tode zu finden, sondern *schon in dieser gegenwärtigen Welt* ist es unter denen, die — shinbuddhistisch gesprochen — wahrhaft an das Ur-Versprechen Amidas glauben und im Vertrauen seinen Namen aussprechen. Der Mensch steht im Gegensatz zu Buddha, zur wahren Wirklichkeit. Im Grunde ist er jedoch von dieser Wirklichkeit nicht verschieden; denn die wahre ursprüngliche Natur von allem ist das Sosein als Leere. Diese wahre Natur ist nur durch die Unklarheit verdeckt. Der Mensch muß diese Welt nicht verlassen, um zu seinem Sein als Buddha zurückzukehren; wenn er sein Ich negiert und seine Unklarheit überwindet, befindet er sich bereits in ihm. Wo die eigene Kraft restlos verschwunden ist und der Mensch allein die Andere Kraft wirken läßt, erscheint sein wahres ursprüngliches Selbst, das unbegrenzte Liebe und Erbarmen und unendliche Weisheit ist. Hier ist das Reine Land oder Nirvāna Wirklichkeit geworden. Als Gegensatz zum ,,unreinen Land" der Unklarheit und Nicht-Erleuchtung ist es *keine ins Jenseits gerückte, zukünftige Welt*. Bei der Schilderung des Reinen Landes in den Sutren geht es nicht um eine Richtung oder Entfernung: alle Aussagen sind symbolisch gemeint. Es ist also keineswegs buchstäblich und gegenständlich aufzufassen als ,,Paradies", ,,Himmelreich", ,,Himmel voller Seligkeit", ,,Vorhalle des Paradieses". Es steht auch nicht mit seinen Freuden dem ,,schattenhaften Nirwāna" gegenüber, noch weniger ist es ein ,,Protest gegen das Nirwāna"[79]. Vielmehr ist es eine Realität, die mit dem Erwachen des Glaubens angebrochen ist: es ist da, wo es keinen Egoismus, kein Leid und keine Angst mehr gibt; es ist die ‚Heimat des Menschen, die Wirklichkeit, in der er seine eigentliche, ursprüngliche Natur wiedergewonnen hat. So erklärt Bandō:

> ,,Das Reine Land ist nichts anderes als die Umgebung, in der Körper und Geist erlöst sind. Ein Reines Land, das als Objekt isoliert von dem im Glauben stehenden Subjekt ist, ist nichts anderes als Illusion..."[80].

Und Bandō führt weiter aus:

> ,,Das Reine Land ist in Wahrheit die Auflösung des Egozentrismus, der Entfremdung vom eigentlichen Selbst, d.h. es ist die Restauration, die Manifestation des wahren Selbst — des Buddha —, und dies gerade ist das Nirwana. So kann man sagen, das Reine Land sei das Nirwana, dem eine gegenständliche Ausdrucksform gegeben wurde"[81].

Wir sahen, daß nach Shinran's Lehre nicht das zukünftige Nirvāna von zentralem Stellenwert ist, sondern der Glaube hier und jetzt, der der

---

[79] Siehe die Darstellung von H. Haas, Kap. XI.2.
[80] *S. Bandō*, Jesus Christus und Amida S.75.
[81] AaO. S.80.

Ort ist, wo das Reine Land Wirklichkeit wird. Es ist deshalb nicht richtig, das Reine Land als ,,Provisorium'', als vergänglich und bedingt, zu disqualifizieren und dem zukünftigen Nirvāna größere Bedeutung zuzuschreiben: Der Mensch muß in dieser konkreten, alltäglichen Welt, voll von Leid und Egoismus, Unruhe und Angst, leben. Deshalb — so sah es Shinran — hat eine Lehre, die auf die Erlösung am Lebensende vertröstet, wenig Sinn für den Menschen hier.

Gewiß müssen wir zugeben, daß bei Shinran Stellen zu finden sind, die aussagen, daß das Buddha-Werden oder das Höchste Nirvāna erst mit dem Tod realisierbar ist. Aber an vielen anderen Stellen heißt es eindeutig, daß der, der das gläubige Herz erlangt hat, sich schon im Buddha-Land befindet. Von da aus verwirklicht er *sofort*, das heißt: *in Kürze, bald*, die Höchste Erleuchtung, die das Nirvana ist. Wenn wir auch diese Spannung des einerseits zukünftigen, andererseits doch bereits gegenwärtigen, die Spannung des ,,Noch-nicht'' und ,,Doch-schon'' und die damit verbundene Problematik klar sehen, so muß doch an der so wichtigen Aussage festgehalten werden: *Mit dem Erlangen des gläubigen Herzens ereignet sich schon hier die Befreiung.* Was nach dem Tod geschieht, kann der Mensch nicht wissen. Wichtig ist das konkrete Hier und Jetzt. Deshalb spricht Shinran vom Buddha-Werden oder Nirvāna in Begriffen der Geburt im Wahren Buddha-Land, das heißt von der Erlösung, die hier bereits Wirklichkeit wird.

Reines Land und Nirvāna sind also nicht zwei voneinander getrennte Wirklichkeiten, — die eine vorläufig, bedingt, vergänglich, die andere endgültig, unbedingt, unvergänglich — sondern: In der Geburt im Reinen Land ist das Buddha-Werden bereits enthalten, so wie die Frucht potentiell in der Saat enthalten ist. Reines Land und Nirvāna sind nicht zwei verschiedene, völlig voneinander getrennte und unabhängige Wirklichkeiten, ohne Bezug zueinander; das Reine Land ist auch nicht Ursache oder Voraussetzung für das Nirvāna, vielmehr ist das Reine Land als Ursache mit dem Nirvāna als Wirkung schon identisch. Bandō hebt diese Beziehung hervor: ,,Wenn man es vom Nirwana, dem äußersten Ereignis her sieht, so wird man das Hinübergeborenwerden in das Reine Land durch Nenbutsu als Mittel zum Zweck bezeichnen können. Was man dabei jedoch nicht übersehen darf, ist, daß dabei Nenbutsu und Reines Land als Ursache gleichsam schon mit dem Nirwana als Ergebnis schwanger gehen, daß es sich um ein Mittel zum Zweck handelt, bei dem gleichsam schon in jedem einzelnen Schritt auf dem Wege die herrliche Landschaft des Zielortes mit enthalten ist. Es ist durchaus nicht nötig, bis zum Ende zu gehen, um den Zielort, das Ergebnis, die Vollendung zu sehen. Das Nenbutsu und das Reine Land sind nur Ursache in dem Sinne, daß die Ursache schon mit der Wirkung paradoxerweise identisch ist, anders gesagt, daß sie es inmitten dieser Welt der Illusionen ermöglichen, mit dem Heil in Berührung zu kommen"[82].

Finden wir nicht auch in Jesu Verkündigung vom Reich Gottes das *Ineinander von Noch-nicht und Doch-schon*, von Weltimmanenz und Welttranszendenz?

Auch Jesus ging es einzig und allein um das Heil des Menschen und aller Wesen: um die Freiheit von Angst, Zweifel und Egoismus. Er verkündigte das Heil für *alle*: den Anbruch der Gottesherrschaft, des Reiches Gottes. Ja, mit ihm selbst ist das Heil zu den Menschen gekommen, nämlich in seiner Verkündigung und seinem Handeln[83]. Es ist nicht nur als etwas Jenseitiges, Zukünftiges zu erhoffen, es ist vielmehr eine Wirklichkeit, die bereits in der Gegenwart angebrochen ist. Das Heil zeigt sich in der Hinwendung Jesu zu den Sündern, Armen und Kranken[84], in der Annahme der Verlorenen[85]. Nicht in beschreibenden Aussagen, nur in Bildreden und Gleichnissen verkündigt Jesus das Heil. Es geht um das Eschaton des Menschen, um seine höchste Erfüllung, die gerade nicht mehr aussteht, sondern schon hier und jetzt zu verwirklichen ist. Erlösung also nicht einfach in ferner Zukunft, sondern in dieser alltäglichen Welt[86].

In seinem selbstlosen Dienst am Nächsten, in seiner uneingeschränkten Liebe zu Gott und den Menschen, hat Jesus die Wahrheit gelebt, die für ihn „nicht vor, über oder hinter der Geschichte" liegt, sondern „mitten in ihr". Gerade für ihn besteht Erlösung nicht darin, daß der Mensch der Geschichte enthoben ist, sondern es geht um eine Befreiung in die Geschichte hinein[87]. In diesem Sinn ist die Gestalt Jesu für den Buddhisten keineswegs unannehmbar. Und wenngleich das Gespräch um Jesu Person, um seine Bezogenheit auf Gott theologisch nach wie vor zu den schwierigsten Dingen gehört, so müßte doch ein Einstieg gelingen in der Frage nach seiner Sache.

Jesus sprach nicht nur über die Wahrheit, sondern lebte und verkörperte sie in seiner ganzen Existenz. In der konkreten Praxis der Gottes- und Nächstenliebe bringt sich die Wirklichkeit des Reiches Gottes, das letzte und endgültige Heil des Menschen, selbst zur Sprache. So ist in Jesus die Wahrheit des Menschen offenbar geworden: die Wahrheit über das Heil des Menschen. In diesem Sinne kann Jesus als der „Mittler"

---

[82] AaO. S.88.
[83] Mt 5,20ff; Lk 16,16.
[84] Mk 2,1-12; Lk 7,36-50.
[85] Lk 15.
[86] *E. Schillebeeckx*, Jesus. Die Geschichte von einem Lebenden (Freiburg-Basel-Wien ³1975) S.153.
[87] *M. Seckler*, Hoffnungsversuche (Freiburg-Basel-Wien 1972) S.76.

verstanden werden, der Heilbringer, durch dessen Leben der Mensch stets auf die ihn bestimmende Wirklichkeit verwiesen wird[88].

Johannes umschreibt das von Jesus verkündete Heil mit Begriffen wie ,,Leben'', ,,Wahrheit'', ,,Licht''. Ja, in Jesus selbst erscheint die Welt der ,,Wahrheit'' und des ,,Lebens'' unter den Menschen, die sich in Finsternis und Blindheit, Lüge und Schein, in der Knechtschaft befinden. Als der Offenbarer Gottes offenbart Jesus nicht irgendeine Wahrheit, er offenbart nichts ,,als daß er der Offenbarer ist, daß damit gesagt ist, daß er der ist, auf den die Welt wartet und der in seiner Person das bringt, worauf alle Sehnsucht des Menschen geht: Leben und Wahrheit als Wirklichkeit, aus der der Mensch existieren kann, Licht als die völlige Durchsichtigkeit der Existenz, in der Fragen und Rätsel ein Ende haben''[89]. Im Glauben an seine Person und der damit verbundenen Negation aller menschlichen Selbstbehauptung, aller menschlichen Werte und Maßstäbe, ist das Heil schon in dieser Welt angebrochen[90]. Seine Auswirkung zeigt es in der Freiheit von der Sünde, im Wandel im Licht, in der Liebe zu den Brüdern: ,,Einst wart ihr Finsternis, jetzt aber seid ihr durch den Herrn Licht geworden. Lebt als Kinder des Lichts!''[91].

Wie in Verwiesenheit auf Jesus der Christ sich seiner Erlösung bewußt wird, so hat der Shin-Buddhist dieses Wissen im Hinblick auf Amida Buddha.

Gewiß, an diesem Punkt werden Christen ihr Spezifikum des Geschichtlichen einbringen. Heil wird geschichtlich vermittelt wirksam: ,,Dieses personale absolute Heilsereignis und der ereignishafte Heilsbringer (der das Heil ist, nicht nur lehrt und verheißt) in einem muß die reale Selbstzusage Gottes an die Menschheit sein, die irreversibel und nicht bloß vorläufig und bedingt ist; diese Einheit von eschatologischem Heilsereignis und absolutem Heilsbringer muß geschichtlich sein, weil alles ,,Transzendentale'' als solches allein nicht endgültig sein kann, außer es wäre schon Anschauung Gottes oder die Vollendung der Transzendentalität des Menschen könnte an seiner Geschichte vorbei geschehen; es muß auch in einem die *freie* Annahme der Selbstzusage Gottes sein, die eben durch diese Selbstaussage gewirkt wird und die nicht bloß gedanklich, sondern durch die Lebenstat geschieht (auch das gehört zum absoluten Heilsereignis)''[92].

---

[88] *E. Schillebeeckx*, aaO. S.174.
[89] *R. Bultmann*, Theologie des Neuen Testaments S.418; siehe auch *E. Schillebeeckx*, aaO. S.528.
[90] Joh 16,8-11.
[91] 1 Joh 3,10.
[92] *K. Rahner*, Grundkurs des Glaubens. Einführung in den Begriff des Christentums (Freiburg-Basel-Wien 1976) S.292.

Jesus hat als historische Gestalt gelebt, gehandelt und gelitten. Er selbst verstand sich als der Heilsbringer. Von Hōzō dagegen kann nicht im Sinne historischer Tatsächlichkeit gesprochen werden. Hōzō Bodhisattva gibt es als solchen eben nur in der Lehre des geschichtlichen Śākyamuni. Er ist nur ideele Realität, im Gegensatz zu Jesus niemals sichtbare Person, und deshalb nur für den Gläubigen im Raum seiner glaubenden Sprache existent.

Dennoch ist Hōzō — so wird der Buddhist antworten — wenngleich keine bestimmte historische Gestalt, so doch mehr als ein Produkt der Phantasie[93]. Inwiefern? Nach den Erzählungen der Sutren war es Śākyamuni, der die Lehre von Hōzō Bodhisattva und Amida Buddha verkündete. Śākyamuni selbst war zweifellos eine historische Gestalt, ein Prinz, der eines Tages Haus und Familie verließ, um den Weg zur Befreiung zu suchen, der schließlich zur Wahrheit erwachte und zum Buddha wurde. Seine Wahrheit verkündete er den anderen. Shinran gab diese Lehre weiter, indem er die Verkündigung der Reinen-Land-Sutren aufgriff, die sich auf Śākyamuni berufen. Dabei forderte er jedoch nicht den Glauben an Buddha. Aber mit der Geschichte von Hōzō Bodhisattva und dessen Ur-Versprechen aktivierte er das allgemeine menschliche Vertrauen: Um den Glauben geht es, daß ein Bodhisattva die Kraft hat, auf seinem Weg für die Erlösung anderer zu wirken. An diesem Punkt nun setzt der Realitätsgehalt des Zieles ein: Solche Erlösung ist nicht nur möglich, sie ist wirkliches, tatsächliches Ereignis. Und das beste Beispiel für dieses tatsächliche Ereignis ist der historische Śākyamuni selbst.

Jeder aber, der wie er die Wahrheit sucht und zur Erleuchtung kommt, ist ebenso ein Bodhisattva, aus dessen Liebe und Weisheit der Wunsch entspringt, nicht nur für sich selbst den Nutzen zu haben, sondern ihn in universalem Mitleiden auch allen anderen Wesen zu erweisen. Deshalb verzichtet er darauf, ins Nirvāṇa einzugehen und kehrt immer wieder in diese Welt zurück, um für das Heil der anderen zu wirken.

Bodhisattva und Reines Land also ein bloßer Mythos? Nein, für den Buddhisten geht es um den Ausdruck erfahrenen Heils und, wie in der christlichen Verkündigung, um einen Appell, diese Heilserzählung in unsere Geschichte hinein zu übersetzen, Realität werden zu lassen und handelnd zu bezeugen.

Die *Rückfrage an den Buddhismus* muß erlaubt sein: Bezieht sich das Gelöbnis Hōzō Bodhisattvas (Amida Buddhas) nicht allzu sehr auf eine verinnerlichte, weltabgewandte Erlösung, die nach christlicher Sicht die Notwendigkeit sozialer Veränderungen einer Gesellschaft übersieht? An-

---

[93] R. Okochi, Tan-ni-sho S.110f.

gesichts des gegenwärtigen Zustands der Welt und der menschlichen Mitverantwortung für die Gestaltung der Welt wird gerade hier eine Anfrage an den Buddhismus notwendig sein. Zerbricht die buddhistische Rede von der universalen Erlösung, von der Erlösung aller Menschen und eines jeden Wesens überhaupt nicht zusehends im Blick auf unsere Gegenwart? Es wäre eine wichtige Aufgabe für die Buddhisten, ihr Verständnis von Heil zu konkretisieren im Hinblick auf die Ereignisse in der Geschichte. Ihre verinnerlichte Erfahrung bedarf der Erweiterung zu einem verantwortlichen aktiven Leben in dieser Gesellschaft, zum sozialen Engagement[94].

Der Buddhist würde dies grundsätzlich kaum bestreiten. Gerade die Verwirklichung des Bodhisattva-Weges im Mahāyāna, das sich vom primär mönchischen Ideal des einsamen Arhat (Heiligen) im älteren Theravāda durch die Ausrichtung auf den Laien und sein Alltagsleben unterscheidet, soll ja nicht nur ein schönes Ideal bleiben. Das Verhalten und Handeln des einzelnen, der zur Erleuchtung gekommen ist, soll für sich selbst sprechen: Das Wohlwollen, die Menschenfreundlichkeit, eben sein Mitleiden und die Weisheit, die er ausstrahlt, sollen erahnen lassen, was Heil bedeutet.

4. *Gott, Amida und die ,,Leere''*

Wir stellten fest: In der *Erfahrung des wahren Selbst* geht es nicht um die Wirklichkeit einer isolierten, autonomen Subjektivität oder Objektivität, vielmehr befindet sich alles im ,,Licht'' Amidas oder im ,,Ort'' der Leere[95]. Erst in der Leere oder im Nichts anwesend kann alles so sein, wie es wirklich ist. Nur durch das Vernichten des Ich kann der Mensch zu seiner ursprünglichen Seinsart zurückfinden. Jede bestehende Beziehung — zu sich selbst oder zu Amida — muß dabei in der Leere verschwinden. Es gibt hier kein Festhalten irgendeiner Beziehung. In der Leere ist jede Beziehung verschwunden; alles ist in der Leere als in seinem Grund ein- und dasselbe.

Eine *Spannung zwischen gelebter Frömmigkeit und philosophischer Reflexion* ist freilich nicht zu übersehen. In der religiösen Praxis des Buddhismus wird die Transzendenzerfahrung alles andere als nur negativ formuliert. Wir

---

[94] *J. B. Cobb*, Can a Christian be a Buddhist, too?, in: JapRel VII/1 (1971) S.45; *J. v. Bragt*, Tangenten an einen vollkommenen Kreis, in: Munen musō, ungegenständliche Meditation. Festschrift für Pater Hugo M. Enomiya-Lassalle, hrsg.v. G. Stachel (Mainz 1978) S.386.
[95] *K. Nishida*, Was liegt dem Selbststein zugrunde? in: Gott in Japan S.108; vgl. auch *S. Hisamatsu*, Satori, ebd. S.136; *H. Tanabe*, Memento mori, ebd. S.120; *H. Waldenfels*, aaO. S.57f.

sahen im Shin-Buddhismus: Für den Gläubigen ist *Amida Buddha* das Letzte und Höchste, über das hinaus es nichts Höheres gibt. Schon das Wort Amida ,,unbegrenztes Licht und unendliches Leben'' symbolisiert die unendliche Weisheit und Liebe. Amida ist so — positiv ausgedrückt — Liebe und Weisheit. Der Gläubige richtet sein ganzes Vertrauen auf Amida Buddha, ruft ihn im Nenbutsu an und sucht dahinter nicht noch etwas anderes, das die Philosophen als formlosen Dharmakörper oder als ,,*Leere*'' bezeichnen. Für den mit philosophischem Denken vertrauten Buddhisten ist Amida jedoch ein Ausdruck der ,,*Leere*''.

Diesen philosophischen Hintergrund scheinen Hans Haas, Horst Butschkus und Karl Barth in ihrer Beschreibung des Amida-Buddhismus nicht klar genug erkannt zu haben. Vom westlichen, dualistischen Denken ausgehend verstehen sie Amida Buddha als ,,höchsten, persönlichen Gott'', als ein personales Wesen, das außerhalb des Menschen existiert und ihm gegenübersteht: Amida ist der ,,barmherzige Erlöser'', ,,Schöpfer und Herr eines Paradieses''; er ist der ,,Heiland'', der ,,Retter''; er ist der ,,Starke'', der große Liebende und Allerbarmer, der mittels seiner Kraft alle Fesseln durchbrechen kann, die den Menschen am wahren Glauben hindern, und ihnen zur Erlösung verhilft. Für Haas ist Amida der, ,,der da bleibet wie er ist'', ,,der die Fülle unendlichen Lebens und unendlichen Lichts hat''. Damit — so Haas — rückt die Vorstellung von Amida Buddha sehr stark in die Nähe der christlichen Gottesvorstellung, zumal es Andeutungen auf eine ,,göttliche Trinität'' und ,,göttliche Fleischwerdung'' gibt.

Von Amida auf seiner Stufe als Hōzō-Bodhisattva sprechen die Autoren nur wenig. Butschkus erkennt die Beziehung Hōzō-Amida in dem Sinn, daß er Hōzō als eine Inkarnation des Absoluten bezeichnet. Im Vergleich zu Jesus kommt Hōzō weniger gut weg: das spirituelle Moment ,,mangelt Hōzō überhaupt'', ihm fehlt ein besonderes ,,Geistiges'', ihm fehlt das ,,Charisma''; überhaupt ist Hōzō nur mit Vorbehalt historische Person und wird erst in der Manifestation als Amida zum spirituellen Prinzip. Als Amida ist er die ,,Heilandgottheit'', der ,,Erlöser'', oder impersonal augedrückt ,,Prinzip der Erlösung''. Butschkus sieht in Amida die Spannung zwischen Personalität und Impersonalität. Die ,,undeutliche'' Gottesvorstellung, wie er sie in der Reinen-Land-Lehre zu finden meint, läßt ihn deshalb von einem ,,Semi-theismus'' sprechen.

Gerade das Entscheidende, nämlich daß es keinen Buddha außerhalb des menschlichen Herzens gibt, die Einheit von ki und hō, wurde von den Autoren zu wenig beachtet. Es gibt aber im Shin-Buddhismus keine außerhalb des Menschen stehende höhere Macht, sondern alles west an in der Leere.

Auf den philosophischen Hintergrund ging nur Butschkus ausführlicher ein: Er zeigt den Unterschied des Dharma an sich und des Dharmakörpers in seiner manifestierten Form, als dessen Ausdruck er Amida Buddha versteht. Ein Zitat von G. Hoshino soll die Beziehung vom formlosen und manifestierten Dharmakörper veranschaulichen (bei ihm stehen dafür ,,Wesenskörper'' und ,,Erscheinungskörper''):

,,Diese Beziehung der Gleichheit in der Verschiedenheit des Erscheinungskörpers zum Wesenskörper beruht lediglich darauf, daß der Wesenskörper, auch Tathāgata genannt, absolutes Nichtsein ist. Das absolute Nichtsein, das Tathāgata, ist über relatives Sein und Nichtsein hinaus, entgeht allen Bestimmungen. Es hat mit der bloßen Leerheit oder dem passiven Nichts, wie man es in mancher Mystik trifft, nichts zu tun. Es ist ja kein passives Nichts, welches an der Grenze der Negationen auftaucht, sondern das aktive. Da es an keinerlei Bestimmungen gebunden ist, kennt es keine Hindernisse, ist es absolut frei. Da es keine bloße Leerheit, sondern das aktive und positive Nichtsein ist, bewegt es sich unendlich, ohne sich von sich zu einem anderen zu bewegen. Es hat freie Existenz an allen Orten zu allen Zeiten. Es ist allgegenwärtig. Da Tathāgata das Nichtsein ist, hat es keine Form anzunehmen. Da es formlos ist, kann es auch jede beliebige Form annehmen, indem es als aktives Nichtsein sich selbst beliebige Bestimmungen vorschreibt. Diese Formlosigkeit bedeutet aber nicht etwa einen der wirklichen Form mangelnden Möglichkeitszustand, sondern es ist gerade in dem Sinne formlos, daß es keiner bestimmten Form verhaftet ist und darum zugleich alle Form hat. Das absolute Nichtsein ist schon als solches alles Sein''[96].

Wenn dieser Doppelcharakter des Dharmakörpers nicht richtig erkannt wird, entstehen Mißverständnisse in der Weise, daß Amida entweder als ein personaler Gott aufgefaßt wird oder nur als der Dharma an sich. Für den Gläubigen ist es schwer, diese Unterscheidung zu erfassen. Für ihn ist Amida als der Retter mit personalen Zügen das Letzte, Höchste. Auf einer philosophischen Ebene jedoch ist Amida Symbol für die letzte Wirklichkeit, die śūnyatā, Leere, oder Absolutes Nichts ist. Positiv bestimmt ist sie Weisheit und Liebe. *Amida ist das unbegrenzte Wirken unendlicher Liebe und unendlichen Mitleids.*

Das heißt: Es kann nicht von einer transzendenten ,,fremden'' Macht die Rede sein, die dem Menschen gegenübersteht. Vielmehr: Amida Buddha als die ,,Andere Kraft'', die *Macht des wahren, ursprünglichen Selbst*, ist die ,,Leere''. Als eine Manifestation der letzten Wirklichkeit ist Amida positiver Ausdruck für Mitleiden und Liebe. ,,Leere'' bedeutet im Mahāyāna allgemein niemals ein Negativum. Die Buddhisten betonen ja

---

[96] *G. Hoshino*, Das Verhältnis des buddhistischen Denkens zu Karl Barth, in: Antwort. Festschrift zum 70. Geburtstag von Karl Barth (Zürich 1956) S.427.

gleichzeitig das „wunderbare Sein" (*myō-u*) als Kehrseite der „wahren Leere"[97].

Shizutera Ueda versucht zu erklären, wie die letzte Wirklichkeit als Leere im Buddhismus verstanden wird. An Hand eines bekannten Bildes der Zen-Malerei — das in wenigen Pinselstrichen einen Menschen darstellt, der mit dem Schneiden eines Bambus beschäftigt ist — erörtert Ueda: „Hier ist Gott völlig verschwunden, keine Spur des Verschwindens ist geblieben. Es bleibt nur lautere Leere. Gott ist hier vollkommen ‚entworden'. Diese Leere ... ist Ausdruck für die radikal durchgeführte Bildlosigkeit der Transzendenz, welche noch irgendwie von menschlichen Bildern und Begriffen berührt ist, zur Bildlosigkeit selbst, zum Nichts, zur Über-Transzendenz ... Das Nichts der Gottheit ist dieser Mensch, wie er so arbeitet"[98]. Dies soll jedoch keine „solipsistische Selbst-Verabsolutierung des Menschen" sein, sondern: „Das Gott-Lassen bedeutet für ihn, sich selbst vollkommen zu lassen, sich selbst als den, der mit Gott vereint ist und an seinem mit Gott vereinten Selbst haftet. Der Durchbruch durch Gott hindurch bis zum Nichts der Gottheit bedeutet zugleich, daß das Selbst des Menschen vom Nichts der Gottheit vollkommen durchbrochen und durchdrungen ist... So durchdringen hier einander vollkommen die Leere als Ausdruck des Nichts der Über-Transzendenz und der Mensch als dessen positiver Ausdruck"[99].

Das Absolute und der Mensch bilden in buddhistischer Sicht keine substantielle Einheit, sondern das Absolute transzendiert den Menschen. Die Realisation des wahren Selbst wird als jede Transzendenz wie auch Immanenz übersteigend, ja sogar als totale Negation beider, aufgefaßt. Hisamatsu erklärt dazu: „Gewöhnlich hält man die Buddha-Natur für etwas Immanentes. Aber die wahre Buddha-Natur ist weder transzendent noch immanent, noch irgendwie in der Mitte, sondern ist ewige Gegenwart, die all dies überschreitet"[100]. Es gibt in dieser Dimension überhaupt keine Beziehung mehr, es bleibt „leerelose Leere". Aber diese Leere ist zugleich die große Bejahung oder die Fülle, das „wunderbare Sein".

Diese „Leere", das „Nichts" oder das „wunderbare Sein" kann nicht anschaulich gemacht, noch irgendwie bestimmt werden. Es ist jenseits aller Begriffe und jenseits allen Be-greifens *zu erfahren* und widersetzt

---

[97] M. Abe, Non-Being and Mu. The Metaphysical Nature of Negativity in the East and the West, in: Religious Studies 11, S.184ff. 188ff. Vgl. auch S. Hisamatsu, Die Fülle des Nichts (Pfullingen ²1980). S.11-39.
[98] S. Ueda, Die Gottesgeburt in der Seele und der Durchbruch zur Gottheit. Die mystische Anthropologie Meister Eckharts und ihre Konfrontation mit der Mystik des Zen (Gütersloh 1965) S.148f.
[99] Ebd.
[100] S. Hisamatsu, Satori S.136.

sich jeder Aussage. Alle negativen Umschreibungen und Begriffe für die letzte Wirklichkeit, die für den Buddhismus so charakteristisch sind, wollen nur eines zum Ausdruck bringen: Die letzte Wirklichkeit entzieht sich dem menschlichen Begreifen.

Sicher ist die Aussage eines buddhistischen Dialogteilnehmers zu bedenken:

> ,,Können Sie wirklich diese Dinge derart objektivieren, daß man über sie diskutieren kann? Können Sie ,,Nichts", ,,Leere", ,,Nirvana" und ,,Gott" in objektiv verständliche Begriffe fassen? Letztlich sind sie Teil des Nichts, sie sind in der Leere, sie sind tief in Gott einbezogen. Es ist unmöglich, diese Dinge vom Standpunkt eines unbeteiligten Zuschauers aus zu betrachten"[101].

Für den christlich-buddhistischen Dialog drängt sich die Frage auf: Läßt sich das buddhistische *Konzept der Leere* noch vereinbaren mit einer *biblisch verstandenen personalen Gottesvorstellung?* Sollte in der Gottesfrage also kein Gespräch möglich sein zwischen Buddhisten und Christen? — Gewiß: Buddhistisch bedeutet ,,Leere" nicht das, was biblisch unter ,,Gott" verstanden wird. Sollte gar die *buddhistische Kritik am christlichen personalen Gott* berechtigt sein?

Gerade hinsichtlich des Problems der *Personalität und Impersonalität in Gott*, sind im religiösen Dialog zwischen Buddhisten und Christen noch viele Fragen offen: Bildet die Konzeption der buddhistischen impersonal verstandenen Leere oder des Absoluten Nichts so etwas wie eine höhere Synthese, demgegenüber der christlichen personalen Vorstellung Gottes schon immer der Geruch allzu menschlichen Machwerks anhaftet? Oder ist die Idee des personal Göttlichen von Anfang an die ursprünglichere, die aber im Laufe der philosophischen Reflexion einer impersonal gefaßten letzten Wirklichkeitsauffassung weichen mußte? —

Für den Buddhisten ist die Vorstellung eines personalen, höchsten Gottes unannehmbar, nur menschliche Projektion. Ein personal verstandener Gott kann, nach ihrer Kritik, nur ein Seiendes neben anderen Seienden sein, niemals aber die letzte Wirklichkeit, denn — so Masao Abe:

> ,,Der Grund unserer Existenz ist Nichts, Sunyata, weil es niemals objektiviert werden kann. Dieses Sunyata ist tief genug, um selbst Gott, das ,,Objekt" der mystischen Vereinigung wie auch das Objekt des Glaubens, zu umfassen. Denn Sunyata ist nicht das Nichts, aus dem Gott alles geschaffen hat, sondern das Nichts, aus dem Gott hervorging. Sunyata ist der wahre Grund des Selbst und darin der Grund von allem, auf das wir bezogen sind"[102].

---

[101] Zitiert nach *W. Johnston*, Dialog mit dem Zen, in: Conc. 11 (1969) S.715.
[102] *M. Abe*, God, Emptiness and the True Self, in: EBud NS II/2 (1969) S.28.; siehe auch *K. Nishida*, Was liegt dem Selbstsein zugrunde?, S.97.99; *M. Abe*, Buddhism and Christianity as a Problem of Today, in: JapRel III/2 (1963) S.13ff; *H. Dumoulin*, Fragen

Wie *können Christen auf die buddhistischen Anfragen angemessen reagieren?* Wir sind hier bei dem zentralen Thema über Gott selbst — an den schwierigsten Punkt des Gesprächs gekommen. Nirgendwo wird soviel Sorgfalt nötig sein wie hier. Und nirgendwo werden die Religionen auf ihre genuine Identität so sehr bedacht sein wie hier. So sieht gerade die christliche Theologie — und in anderer Weise auch die jüdische und die islamische Theologie — in ihrem personal bestimmten Gottesverständnis, in ihrem lobenden, bittenden und denkenden Gebetsvollzug, in ihrem Vertrauen auf Gott einen Gott der Güte, der Barmherzigkeit, der Liebe, einen ihrer unaufgebbaren Schätze, die sie ins Gespräch der Weltreligionen einbringen wird. Und gewiß wird man der Bibel und der biblisch inspirierten Tradition nicht jegliches Recht absprechen dürfen, personhaft von der letzten absoluten Wirklichkeit zu sprechen.

Es sollte auch nicht übersehen werden, daß der christliche Gottesbegriff von den Buddhisten oft sehr undifferenziert gebraucht wird.

Alle die Differenzierungen schon der altkirchlich-patristischen, der mittelalterlichen und erst recht die der neuzeitlichen Theologie, zumal aber die lange orthodoxe Tradition der negativen Theologie, ebenso wie das Analogiedenken werden nicht beachtet. Eine teilweise ungerechtfertigte Kritik ist die Folge. So weist H. Waldenfels darauf hin:

> ,,Christliche Theologen, die das Gespräch mit buddhistischen Gelehrten suchen, sollten sich der Tatsache bewußt sein, daß die starke Betonung der absoluten Transzendenz Gottes, seines Ganz-anders-Seins gegenüber aller Kreatur und seiner Ferne und Trennung von der Schöpfung in der Dialektischen Theologie zu dem bedauerlichen Ergebnis geführt hat, daß Gottes fundamentale und gleichfalls absolute Immanenz weithin übersehen wird und höchstens in der Lehre von der Menschwerdung Gottes und der Erlösung in Jesus Christus wiederentdeckt wird. Es ist dies nicht der Platz, *K. Barths* Theologie gegen seine Anhänger in Asien zu schützen. Diese Option zugunsten seiner Theologie als *der*, nicht als *einer* Weise der Interpretation der christlichen Lehre ist erneut ein Grund, auf die Methodologie des interreligiösen Gesprächs zu achten und dabei sicherzustellen, daß die Gesprächspartner sich auf gemeinsamen Grund bewegen, wenn sie von ,,Gott'' sprechen''[103].

Auch der Gott der Bibel ist kein höchstes endliches Seiendes, sondern das Unendliche im Endlichen, die alles durchdringende und umfassende Wirklichkeit. Es ist zu bedenken, was Hans Küng wie folgt ausdrückt:

---

an das Christentum aus buddhistischer Sicht, in: GuL 48/1 (1975) S.50-62; *M. Anesaki*, How Christianity Appeals to a Japanese Buddhist, in: Christianity Some Non-Christian Appraisals, edited by D.Mc Kain (o.O. 1964); *J. J. Spae*, Buddhist Impressions of Christianity, in: The Japan Missionary Bulletin 26 (1972) S.448f.
[103] *H. Waldenfels*, Faszination des Buddhismus S.38f.

„Gott ist durch keinen Begriff zu begreifen, durch keine Aussage voll auszusagen, durch keine Definition zu definieren: er ist der Unbegreifliche, Unaussagbare, Undefinierbare... Gott übersteigt so Welt und Mensch und durchdringt sie zugleich: unendlich fern und uns doch näher als wir uns selbst; nicht greifbar auch bei erfahrener Anwesenheit; anwesend auch bei erfahrener Abwesenheit.

Er wohnt der Welt inne und geht doch nicht in ihr auf; er umgreift sie und ist doch nicht mit ihr identisch: So fallen bei Gott Transzendenz und Immanenz ineins.

Jede Gottesaussage muß also die Dialektik von Affirmation und Negation, jede Gotteserfahrung die Ambivalenz von Sein und Nichtsein durchstehen. Vor Gott kommt alles Reden aus hörendem Schweigen und führt hinein ins redende Schweigen"[104].

Sehr gut stellt Waldenfels das Problem des Sprechens vom Absoluten dar:

„Schweigend lebt also der erfahrene Buddhist in der lebendigen Offenheit und Ungeschütztheit des Namenlosen. Sprechend möchte der gläubige Christ dem Anspruch seines Gottes antworten. Gesteht sich aber der Christ von heute ein, daß ihm das Du-Sagen zu Gott so einfach nicht fällt, dann beginnt es auch ihm vielleicht neu zu dämmern, daß das wirkliche Anreden Gottes das persönliche Verhältnis zu ihm, so selbstverständlich nicht ist. Ja das Nicht-Selbstverständliche des Du-sagen-Könnens müßte mit *Rahner* gar als ein Grundzug heutiger Gotteserfahrung angesprochen werden; er sagt dazu: „Es ist nur gut, wenn der Mensch dieses wirkliche Anreden Gottes als unerhörtes Wagnis, ja in der Konkretheit dieses Wagnisses als reine Gnade empfindet, in der Gott von ihm selbst her den Menschen zu solchem Wagnis ermächtigt, das alles andere als selbstverständlich ist, wozu aber zu ermächtigen er die Möglichkeit Gott nicht absprechen darf, will er Gott nicht doch wieder nach des Menschen Maß denken. Und schließlich: Es schadet nichts, wenn wir den Mut zu solcher Anrede Gottes nur im Blick auf Jesus finden, der es im Tod noch fertigbrachte, das Geheimnis, das sich ihm, ihn tötend, entzog und ihn in die unbegreiflichste Gottverlassenheit stürzte, Vater zu nennen, in dessen Hände er sich ergab"[105].

Übereinstimmung mit ihrem eigenen Denken finden die Buddhisten vor allem in der negativen Redeweise der christlichen Mystiker, in dem Schweigen vor dem unaussprechlichen Geheimnis[106]. Die „Gottheit" der Mystiker scheint dem buddhistischen Denken viel näher zu kommen. Trotzdem aber dürfen die Unterschiede nicht übersehen werden! Bei al-

---

[104] *H. Küng*, Existiert Gott? Antwort auf die Gottesfrage der Neuzeit (München 1978) S.659.
[105] *H. Waldenfels*, aaO. S.54; *K. Rahner*, Schriften zur Theologie IX, S.174.
[106] In „Östliche Meditation und christliche Mystik" hat sich *H. Dumoulin* intensiv mit dieser Problematik auseinandergesetzt; siehe dazu auch: *M. Abe*, God, Emptiness and the True Self, S.22; *K. Nishida*, Towards a Philosophy of Religion with the Concept of Pre-Established Harmony as Guide, in: EBud NS III/1 (1970) S.35; *H. Waldenfels*, aaO. S.56f.

ler Verborgenheit und Nicht-Aussagbarkeit des Gottes der christlichen Mystik, so bleibt doch dieser Gott, selbst wenn zur Über-Transzendenz erhoben oder als identisch mit der eigenen Seele Grund erfahren, *Schöpfergott*, der sich als *Gegenüber* zu erkennen gibt und mit *Du* angesprochen werden kann. Als *das* unterscheidende Merkmal zum Buddhismus wird man so die christliche Vorstellung des *personalen Gottes* herausstellen können.

Was bedeutet nach christlicher Auffassung aber eigentlich ,,Personsein'' Gottes? Wurde bisher vielleicht die Vorstellung Gottes als Person zu rasch abgetan von buddhistischer Seite, nämlich im Sinne eines anthropomorphen Wesen, allzu vermenschlicht, eine Vorstellung, wie sie in dieser Weise gar nicht zu verstehen ist? Müßte nicht bedacht werden, daß ,,Personsein'' Gottes selbst im Christentum nicht einfach mit ,,anthropomorph'' gleichzusetzen ist?

W. Kasper weist in einer Untersuchung des Person-Begriffs darauf hin, daß der Begriff Person von seinem Ursprung her ,,das Moment eines im Dialog und in Relationen (Rollen) sich vollziehenden Geschehens'' hat, d.h. konkret, daß sich die Person nur in Relationen verwirklicht: Indem sie beim andern ist, ist sie bei sich. Dies impliziert eine unbegrenzte Offenheit und Einmaligkeit. D.h. ,,Das Wesen der Person ist die Liebe''[107].

Den Begriff ,,Person'' auf Gott übertragen, bedeutet: Gott erweist sich als ,,ein Gott der Menschen, als ein sich radikal wegschenkender, sich selbst mitteilender. ,Gott ist die Liebe' ''[108].

Gottes Gottsein ,,besteht in der Souveränität seiner Liebe. Deshalb kann er sich radikal wegschenken, ohne sich aufzugeben. Gerade wenn er eingeht ins andere seiner Selbst, ist er bei sich selbst. Gerade in der Selbstentäußerung zeigt er sein Gottsein ...''[109]. Genau an dieser Stelle erhebt sich unweigerlich die Frage: Kommen sich im Gedanken der Manifestation des Absoluten Christentum und Buddhismus nicht nahe? Wir sahen: Amida Buddha ist Ausdruck oder Manifestion der letzten Wirklichkeit: ,,Der Nyorai ist der Körper der Wirklichkeit-wie-sie-ist, die sich in verschiedenen Gestalten manifestiert den (Bedürfnissen der) Wesen entsprechend''[110]. Anders ausgedrückt: Amida als Selbstmitteilung des Absoluten ist *Liebe*. So erklärt Bandō Shōjun:

,,Es ist nicht so, daß es eine Sache gäbe, die dann Erbarmen hat, sondern die Barmherzigkeit selbst ist Amida, abgesehen davon gibt es Amida nicht. Dies ist so, weil Amida, wie die ursprüngliche Bedeutung dieses Wortes

---

[107] *W. Kasper*, Jesus der Christus S.291.
[108] AaO. S.293.
[109] AaO. S.97f; vgl. auch *K. Rahner*, Grundkurs des Glaubens S.12
[110] *Shinran*, Kyōgyōshinshō S.91/III, 11.

andeutet, die unendliche Weisheit (das Licht) und die ewige Barmherzigkeit (das Leben) selbst ist, und gleichzeitig das Tun, in welchem Weisheit und Barmherzigkeit sich den lebenden Wesen zuwenden. So ist das, was das Sein Amidas genannt wird, in Wirklichkeit nichts anderes als dieses Tun selbst. Sein Sein (die Wahrheit ,,so-wie-sie-ist'') und sein Tun (die Wahrheit als ,,Mittel'') — die zwei in einem, das eine in zweien — sind Amida''[111].

Das Christentum spricht von einem Gott, dessen Wesen ,,Liebe'', ,,Selbstentäußerung'' ist: Im Philipperbrief 2,5-8 ist von der *Kenosis* Gottes die Rede, von der Selbstentäußerung oder Selbstmitteilung Gottes an die Welt:

,,Solche Gesinnung habt untereinander, wie sie auch in Christus Jesus war. Er, der in Gottesgestalt war, erachtete das Gottgleichsein nicht als Beutestück; sondern er entäußerte sich selbst, nahm Knechtsgestalt an und ward den Menschen gleich. In seiner äußeren Erscheinung als ein Mensch erfunden, erniedrigte er sich selbst und wurde gehorsam bis zum Tode, bis zum Tod am Kreuz''.

In der Gestalt Jesu hat sich Gott selbst entäußert:

"Dieser Mensch ist genau als Mensch die Selbstentäußerung Gottes in ihrer Selbst*ent*äußerung, weil Gott gerade *sich* äußert, wenn er sich *ent*äußert, *sich* selbst als die Liebe kundmacht, wenn er die Majestät dieser Liebe verbirgt und sich zeigt als die Gewöhnlichkeit des Menschen''[112].

Die Selbstentäußerung Gottes ist die ,,Urtat'' der ,,sich selbst verschenkenden Liebe[113]. Nur in ihr kann "der an sich selbst Unveränderliche ... selber am anderen veränderlich sein''[114]. Er vermag so ,,geschichtlich'' zu werden; das heißt, in der Sendung des Sohnes teilt er sich den Menschen mit[115]: Fragt man nach dem Grund der Selbstentäußerung Gottes, so muß man sagen: ,,... sie geschieht grund-los, selbst-los. Wo aber Gott sich grund-los, selbst-los verhält, ist höchstens Liebe eine Bezeichnung für das Motiv''[116]. Jesus bezeugte radikal diese Liebe Gottes; in seinem Gehorsam, in seiner totalen Bezogenheit auf den Vater: ,,Ich und der Vater sind eins''[117]. Gott zeigt sich so dem Menschen als sich selbst mitteilende und verschenkende Liebe. Leben und Wirken Jesu sind Ausdruck oder Erscheinung der Liebe Gottes[118]. Im Kreuzes-

---

[111] *S. Bandō*, Jesus Christus und Amida S.83.
[112] *K. Rahner*, Schriften zur Theologie IV, S.148; siehe auch S.137-155; ders., Grundkurs des Glaubens (Freiburg ⁶1976) S. 123ff.
[113] AaO. S.222; siehe auch S.148.
[114] AaO. S.147; vgl. Bd. I/S.182f. S.196. S.202.
[115] AaO. Bd. IV/S.125f. *M. Shimizu*, Das ‚Selbst' im Mahāyāna-Buddhismus und die ‚Person' im Christentum S.96-112.
[116] *H. Waldenfels*, Absolutes Nichts S.204.
[117] Jo 10,30; *H. Waldenfels*, aaO. S.197-207; *M. Shimizu*, aaO. S.103ff.
[118] 1 Jo 3,1f.

tod Jesu erreicht die absolute Selbsthingabe, die totale Ich-losigkeit ihre Vollendung. Gott in seiner Selbstoffenbarung — ein sich absolut schenkender, sich restlos mitteilender Gott: ,,Gott ist die Liebe''[119].

---

[119] 1 Jo 4,8.

SCHLUSSWORT

Und hier sind wir am Eigentlichsten angelangt. Wir sehen: Es geht im echten Dialog nicht einfach um die abstrakte Beziehung zweier Religionen. Es geht um die Wirklichkeit des Menschen, die für den Buddhisten wie für den Christen je die gleiche Wirklichkeit ist. Śākyamuni ging es wie Jesus um ,,die Wirklichkeit des noch nicht zu sich gekommenen Menschen, um einen befreienden Weg aus der menschlichen Entfremdung''[120]. Aus dieser Einsicht heraus kann es gar kein Gefühl der Überlegenheit oder einen Anspruch auf Absolutheit geben: Es kann nicht um ,,die arrogante Herrschaft einer Religion'' gehen, die ,,missionarisch exklusiv die Freiheit verachtet. Ein bornierter, eingebildeter, exklusiver Partikularismus, der die anderen Religionen global verdammt, ein Proselytismus, der unlauteren Wettbewerb betreibt, denkt zu gering nicht nur von den Religionen, sondern auch vom Evangelium''[121].

Was bedeutet das alles für das Christentum? Wir müssen zugeben: Auch der Christ ist nicht einfach im Besitz der Wahrheit. Es gibt auch für ihn eine je größere Wahrheit des Glaubens, ein ständiges Suchen, ein ständiges Neuverstehen, einen geschichtlich (und eschatologisch) offenen Prozeß von Wahrheitsgewinn, von Überprüfung der je eigenen Praxis, von Relativierung und Vertiefung in einem. Mit Hans Küng formuliert: ,,So bliebe denn auch die Christenheit auf ihrem eigenen Felde nicht einfach im Besitz der bekannten Wahrheit, sondern auf der Suche nach der immer größeren und so immer neu unbekannten Wahrheit: in freier Diskussion, der eigenen Tradition verpflichtet, aber ohne dogmatische Fixierung für jedes Argument offen. Gerade so könnte die Christenheit leichter zurückfinden zur einfachen Größe ihrer Botschaft in ihrer Einzigartigkeit. Mit dieser Botschaft hat sie die Welt überzeugt, und sie wird heute wieder neu von ihr gefordert''[122].

Die christliche Wahrheit ist so reich, daß sie sich nicht nur in einer einzigen religiösen Auslegung und Erlebnisweise kundtut. In diesem Sinne könnte sich ein noch sehr viel tieferer Dialog zwischen beiden Religionen eröffnen, der nicht stehenbleibt bei oberflächlichen Vergleichen und Parallelitäten, sondern der *die Wahrheit zur Sprache kommen* läßt. Dabei geht es nicht mehr darum herauszustellen, wer die Wahrheit hat, wer der Sieger ist. Mit Waldenfels muß darauf hingewiesen werden:

---

[120] *W. Kohler*, Zen-Buddhismus und Christentum, in: Begegnung mit dem Zen-Buddhismus, hrsg. v. H. Waldenfels (Düsseldorf 1980) S.40.
[121] *H. Küng*, Christ sein S.104.
[122] *H. Küng*, aaO. S.107.

"Doch selbst wenn die abendländischen Christen ihn (Wettstreit) theoretisch für sich entscheiden sollten, bliebe dennoch an sie die Frage zu stellen, ob sie als die vermeintlich Besitzenden — sie "haben" ja das Wort Gottes, den Gott der Offenbarung — nicht doch die Ärmeren sind, wenn sie nicht von außereuropäischen Völkern wieder lernen, daß allein Selbstlosigkeit den Weg zum wahren Selbst darstellt, zumal die eigene christliche Verkündigung bestätigt: Unser Gott, der Gott mit einem menschlichen Antlitz, ist ein selbstloser, sich entäußernder Gott der Liebe, und Christ ist nur der, der sich von ihm in die Nachfolge der sich selbst entäußernden Liebe locken läßt und sich selbst gewinnt, indem er sich selbst verliert. Denn wie im Buddhismus der "große Tod" die große Eröffnung darstellt, so gilt auch im Christentum: "Wenn das Weizenkorn nicht in die Erde fällt und stirbt, bleibt es für sich allein: stirbt es hingegen, so bringt es reiche Frucht" (Joh 12,24). Das Gesetz der Praxis ist damit am Ende in beiden großen Weltreligionen gleich"[123].

Je nach der Erkenntnis des einzelnen wird die letzte Wirklichkeit verschieden erfahren und in verschiedener Sprache ausgedrückt. So verwirklicht ein Buddhist seine religiöse Existenz auf eine andere Art in seinem konkreten Leben, auf eine andere Art sucht er Vollkommenheit zu erreichen. Seine religiöse Erfahrung wird von einer anderen Art sein als die des Christen.

So kann man Bandō zustimmen:

"Ist es nicht das Weiseste, darauf zu sehen, ob der Weg, dem man sein Leben und seinen Tod anvertraut, *für einen selbst* geeignet ist oder nicht? Gleichzeitig sollte man von Grund seines Herzens bitten, daß die Menschen, die einen anderen Weg gewählt haben und ihn gehen, auf jenem Weg ihrem irdischen Selbst sterben, damit sie ihrem wahren Selbst wiedergeboren werden, und so zur Reinheit des Herzens gelangen, frei von Eigenmächtigkeit werden, zu dem Herzen eines neugeborenen Kindes zurückkehren, ganz mit ihrem eigenen Handeln eins werden, und das Glück — das eigene und das anderer — erreichen"[124].

Selbsterfahrung, Wirklichkeitserfahrung und Akkulturation spielen im religiösen Prozeß eine konstitutive Rolle. Der Erkenntnisweg ist eng damit verbunden: Das Absolute kommt nur vermittelt zum Menschen. Der Christ erfährt sich ähnlich dem Buddhisten als Erlöser, als Erleuchteter, als Mensch mit neuem Herzen. Er erfährt ähnlich dem Buddhisten die Wirklichkeit des Ganzen. Er stößt im religiösen Vollzug an jene letzte Wirklichkeit, die er nie adäquat verbalisieren kann.

Für unsere Zukunft ist so, wie es Dumoulin ausdrückt: "...das Miteinandersprechen aller religiösen Menschen eine der großen Hoffnungen der Menschheit..."[125].

---

[123] H. *Waldenfels*, Faszination des Buddhismus S.55.
[124] S. *Bandō*, Jesus Christus und Amida S.90.
[125] H. *Dumoulin*, Begegnung mit dem Buddhismus S.150.

Nach der Meinung Nishitanis haben Christentum und Buddhismus ihren vollen Ausdruck noch nicht erreicht. 2000 Jahre repräsentieren nur einen winzigen Teil der Menschheitsgeschichte. Beide Religionen haben noch unbegrenzte Möglichkeiten für eine weitere Entwicklung. Der religiöse Gedanke muß international und universal werden. Religiöse Menschen müssen keine Philosophen sein, aber sie brauchen den philosophischen Geist des ,,freien Denkens''[126].

In diesem Sinn ist der zwischenreligiöse Dialog eine einmalige Chance, gemeinsam mit den anderen, der Wahrheit und Wirklichkeit des Menschen einen Schritt näher zu kommen, jener letzten Wirklichkeit, die die Christen ,,Gott'' nennen. Ob man dieses letzte und erste große Geheimnis der Wirklichkeit ohne Wahrheitsverlust nicht auch mit anderen Worten umschreiben und bezeichnen kann? Ob mit ,,Amida'', mit der unbenennbaren ,,Leere'', die zugleich ,,Fülle'', dem unbegreifbaren ,,Nichts'', das zugleich ,,wunderbares Sein'', dem ,,wahren Selbst'', das zugleich von mir verschieden und doch nicht verschieden ist — ob mit solchen Worten nicht vielleicht doch dieselbe letzte Wirklichkeit gemeint sein könnte?

Fragen über Fragen. Offene Fragen, wie wir im Titel dieses letzten Abschnittes formulierten, die wir nicht als von uns beantwortet, sondern als Aufgaben für den Dialog der Zukunft verstehen wollten. Dieser christlich-buddhistische Dialog, zunächst eine gewaltige Herausforderung für beide Seiten, könnte zu einer jetzt noch unübersehbaren gegenseitigen Bereicherung führen.

---

[126] Zitiert in *N. R. Thelle*, Buddhist Views on Interfaith Dialogue, in: JapRel X/4 (1979) S.47f.

BIBLIOGRAPHIE

Abkürzungen

Conc	Concilium
CRJ	Contemporary Religions in Japan
EBud (NS)	The Eastern Buddhist (New Series)
EMZ	Evangelische Missionszeitschrift
ER	Ecumenical Review
EvTh	Evangelische Theologie
EW	East and West
GuL	Geist und Leben
HR	History of Religions
Hochl	Hochland
IPQ	International Philosophical Quarterly
JapJRS	Japanese Journal of Religious Studies
JapRel	Japanese Religions
JES	Journal of Ecumenical Studies
JR	The Journal of Religion
LThK	Lexikon für Theologie und Kirche
MN(M)	Monumenta Nipponica (Monographs)
MWAT	Missionswissenschaftliche Abhandlungen und Texte
NOAG	Nachrichten der Gesellschaft für Natur- und Völkerkunde Ostasiens
NZSTh	Neue Zeitschrift für Systematische Theologie
OAZ	Ostasiatische Zeitschrift
OrEx	Oriens Extremus
PSJ	Philosophical Studies in Japan
RelStJ	Religious Studies in Japan
RGG	Religion in Geschichte und Gegenwart
Saec	Saeculum
StPh	Studia Philosophica
TASJ	Transactions of the Asiatic Society of Japan
ThPh	Theologie und Philosophie
ThQ	Theologische Quartalschrift
ThZ	Theologische Zeitschrift
Univ	Universitas
ZM	Zeitschrift für Missionswissenschaft und Religionswissenschaft
ZMR	Zeitschrift für Missionskunde und Religionswissenschaft
ZRGG	Zeitschrift für Religions- und Geistesgeschichte

I. LEXIKA - WÖRTERBÜCHER - BIBLIOGRAPHIEN

Handbuch Philosophischer Grundbegriffe, Bd. I-VI. Hrsg. v. H. Krings, M. Baumgartner, Ch. Wild (München 1973/74).
Lexikon für Theologie und Kirche, Bd. I-X. Hrsg. v. J. Höfer und K. Rahner (Freiburg ²1957ff).
Die Religion in Geschichte und Gegenwart, Bd. I-VI. Hrsg. v. K. Galling (Tübingen ³1957ff).
Sacramentum Mundi. Theologisches Lexikon für die Praxis, Bd. I-VI. Hrsg. v. K. Rahner und A. Darlap (Freiburg-Basel-Wien 1967).
Theologisches Wörterbuch zum Neuen Testament. Hrsg. v. W. Kittel (Stuttgart 1933-1979) (= ThWb).

Bukkyō Go Daijiten, Bd. I-III. Dt.: Großes Wörterbuch des Buddhismus. Hrsg. v. H. Nakamura (Tokyo ²1975).
A Dictionary of Chinese Buddhist Terms. Compiled by W. Soothill and L. Hodous (London 1937; repr. Taipei 1975).
Shin-Bukkyō-Jiten, dt.: Neues Wörterbuch des Buddhismus. Hrsg. v. H. Nakamura (Tokyo 1962).
Shinshū Jiten, dt.: Shinshū Wörterbuch. Hrsg. v. H. Kawano und R. Kumoyama (Kyoto ¹²1978).
Bandō, S., Bibliography on Japanese Buddhism (Tokyo 1958).
Benz, E. und Nambara, M., Das Christentum und die Nicht-christlichen Hochreligionen. Begegnung und Auseinandersetzung. Eine internationale Bibliographie (Leiden 1960).
Centre for East Asian Cultural Studies (Ed.), Bibliography of bibliographies of East Asian Studies in Japan (Tokyo 1964).
Earhart, H. B., The New Religions of Japan: A Bibliography of Western-Language Materials (Tokyo 1970).
Hanayama, S., A Bibliography of Buddhism (Tokyo 1960).
Inada, H. I., Bibliography of translations from the Japanese into Western languages. From the 16th Century to 1912 (Tokyo 1971).
Swyngedouw, J., A Brief Guide to English-Language Materials on Japan's Religions, in: CRJ XI/1-2 (1970) S.80-97.

II. PRIMÄRTEXTE

1. Hīnayāna- und Mahāyāna-Buddhismus: Texte aus dem Pāli und Sanskrit

Aśvaghosa, Mahāyāna Śraddhotpāda. The Awakening of Faith. Translated by Y. S. Hakeda (New York-London 1967).
Beckh, H., Der Hingang des Vollendeten. Parinibbāna-Sutra (Stuttgart ²1960).
Conze, E. (Transl.), Buddhist Scriptures (London ²1975).
ders., Buddhist Texts through the Ages (New York 1964).
ders., Buddhist Wisdom Books. The Diamond and the Heart Sutra (London ²1975).
ders., Im Zeichen Buddhas. Buddhistische Texte (Frankfurt 1957).
ders., Selected Sayings from the Perfection of Wisdom (London ²1975).
Cowell, E. B. (Ed.), Buddhist Mahāyāna Texts. Übersetzung nach der Reihe: The Sacred Books of the East vol. XLIX, edited by F. M. Müller (New York 1969).
Dahlke, P. (Hrsg.), Buddha. Die Lehre des Erhabenen (München 1960).
Fischer, J. and Yokota, T. (Übers.), Vimalakīrti-Nirdeśa. Das Sutra Vimalakīrti (Das Sutra über die Erlösung) (Tokyo ²1969).
Glasenapp, H. v., Der Pfad zur Erleuchtung. Grundtexte der buddhistischen Heilslehre (Düsseldorf-Köln 1956).
Katō, B. (Transl.), The Sutra of the lotus flower of the wonderful law. Saddharma-Puṇḍarīka-Sūtra (Tokyo 1971).
Kern, H. (Transl.), Saddharma-Puṇḍarīka or The Lotus of the True Law (New York 1963).
Lehmann, E. and Haas, H. (Hrsg.), Textbuch zur Religionsgeschichte (Leipzig-Erlangen ²1922).
Mensching, G., Buddhistische Geisteswelt. Vom historischen Buddha zum Lamaismus (Darmstadt 1955).
Müller, F. M. (Ed.), Sacred Books of the East (Oxford 1894).
Neumann, K. E., Die Reden Gotamo Buddhas. Übertragungen aus dem Pāli-Kanon. 3 Bde. (Zürich-Wien 1956/57).
Nyanaponika, S.-N., Der einzige Weg. Buddhistische Texte zur Geistesschulung in rechter Achtsamkeit (Konstanz 1956).
ders., Frühbuddhistische Lehrdichtungen aus dem Pāli-Kanon, in: Buddhistische Handbibliothek, Bd.6 (Konstanz 1955).

ders., Satipatthāna. Der Heilsweg buddhistischer Geistesschulung. Die Lehrrede von der Vergegenwärtigung der Achtsamkeit. Satipatthāna-Sutta (Konstanz 1950).
Nyānatiloka, Die Lehrreden des Buddha. 5 Bde. (Köln 1969).
ders., Visuddhi-Magga. Der Weg zur Reinheit (Konstanz 1952).
ders., Der Weg zur Erlösung in den Worten der buddhistitschen Urschriften, in: Buddhistische Handbibliothek, Bd. 8 (Konstanz 1956).
Schmidt, K., Buddhas Reden: Majjhimanikāya. Die Sammlung der mittleren Texte des buddhistischen Pāli-Kanons (Hamburg 1960).
ders., Sprüche und Lieder: Dhammapāda — Das Buch der Sprüche; Udāna — Aphorismen Buddhas, in: Buddhistische Handbibliothek, Bd. 4 (Konstanz 1953).
Suzuki, D. T. (Transl.), The Lankāvatara-Sutra. A Mahayana Text (London 1930. ^{6}1973).
Waldschmidt, E., Die Legende vom Leben des Buddha (Graz 1982).
ders., (Übers.), Mahāparinirvāna-sūtra. Abhandlungen der Deutschen Akademie der Wissenschaften zu Berlin, Jhg. 1950, Nr. 3 (Berlin 1951).
Walleser, M., Die Mittlere Lehre des Nāgārjuna nach der chinesischen Version (Heidelberg 1912).
der., Die Mittlere Lehre des Nāgārjuna nach der tibetischen Version (Heidelberg 1911).
Winternitz, M., Der ältere Buddhismus. Religionsgeschichtliches Lesebuch, Heft XI (Tübingen 1929).
ders., Der Mahayana-Buddhismus. Religionsgeschichtliches Lesebuch, Heft XV, hrsg. v. A. Bertholet (Tübingen 1930).

2. Mahāyāna-Buddhismus: Texte aus dem Chinesischen und Japanischen.

Dumoulin, H. (Übers.), Mumonkan. Die Schranke ohne Tor. Meister Wu-men's Sammlung der 48 Kōan (Mainz 1975).
ders., Das Buch Genjōkōan. Aus dem Shōbōgenzō des Zen-Meisters Dōgen, in: MN XV/3-4 (Tokyo 1959/60) S.217-232.
Gundert, W. (Übers.), Bi-Yän-Lu, Meister Yüan-wu's Niederschrift von der Smaragdenen Felswand. Bd. I-III (München 1964-1973).
Nishiyama, K. and Stevens, J. (Transl.), Dōgen: Shōbōgenzō (The eye and treasure of the true law), vol. I, Chapters 1-35 (Sendai 1975).
The Seikyo Times (Ed. and Transl.), Nichiren Daishōnin. The major writings. Vol. I (Tokyo 1980).
Waddell, N. and Abe, M. (Transl.), Dōgen, Shōbōgenzō; dt.: Die Schatzkammer der Erkenntnis des Wahren Dharma.
— Bendōwa, in: EBud NS IV/1 (1971) S.124-157.
— Ikka Myoju, in: EBud NS IV/2 (1971) S.108-118.
— Zenki and Shōji, in: EBud NS V/1 (1972) S.70-80.
— Genjōkōan, in: EBud NS V/2 (1972) S.129-140.
— Fukanzazengi and Shōbōgenzō zazengi, in: Ebud NS VI/2 (1973) S.115-128.
— Shōbōgenzō Sammai-O-Zammai, in: EBud NS VII/1 (1974) S.118-123.
— Shōbōgenzō Busshō (Part I), in: EBud NS VIII/2 (1975) S.94-112; (Part II), in: EBud NS IX/1 (1976) S.87-105.
— Hōkyō-ki (Part I), in: EBud NS X/2 (1977) S.102-139; (Part II), in: EBud NS XI/1 (1978) S.66-84.
— Uji, in: EBud NS XII/1 (1979) S.114-129.
Yampolsky, Ph.B. (Transl.), The Zen Master Hakuin: Selected Writings (New York 1971).
ders., The Platform Sutra of the Sixth Patriarch. (New York 1967).

3. Reine-Land-Buddhismus

Haas, H. (Übers.), Amida Buddha unsere Zuflucht. Urkunden zum Verständnis des japanischen Sukhāvatī-Buddhismus. Quellen der Religionsgeschichte, Bd.2 (Göttingen 1910).

Higashi Honganji (Ed.), Shinshū Seiten; dt.: Heilige Schriften der Shinshū (Kyoto 1978).
Hirota, D. (Transl.), The Record of Ippen: Letters, in: EBud NS XI/1 (1978) S.50-65.
ders., The Record of Ippen: Sayings Handed Down by Disciples (Part I), in: EBud NS XI/2 (1978) S.113-131; (Part II) in: EBud NS XII/2 (1979) S.130-147; (Part III) in: EBud NS XIII/1 (1980) S.104-115.
ders., The Record of Ippen: Verse in Chinese, in: EBud NS XIV/2 (1981) S.95-104.
Kaneko, D. (Ed.), Shinshū Seiten; dt.: Heilige Schriften der Shinshū (Kyoto ²1977).
Kōkyō Shoin (Ed.), Shinshū Shōgyō Zenshō; dt.: Gesammelte Heilige Schriften der Shinshū, 5 Bde. (Kyoto 1953).
F. M. Müller (Transl.), The Larger Sukhāvatī-vyūha-Sūtra, in: Buddhist Mahāyāna Texts, edited by E. B. Cowell (New York 1969) S.1-85.
ders. (Transl.), The Smaller Sukhāvatī-vyūha-Sūtra, in: Buddhist Mahāyāna Texts, edited by E. B. Cowell (New York 1969) S.87-107.
Rhodes, R. F., Saichō's Mappō Tōmyōki: The Candle of the Latter Dharma, in: EBud NS XIII/1 (1980) S.79-103.
Reischauer, K. A. (Transl.), A Catechism of the Shin-Sect (Buddhism), in: TASJ XXXVIII/5 (1910/12) S.332-395.
ders., Genshin's Ōjōyōshu, in: TASJ (2nd series) VII (1950) S.16-97.
Pruden, L. (Transl.), T'an-luan, A Short Essay on the Pure Land, in: EBud NS VIII/1 (1975) S.74-95.
Takakusu, J. (Transl.), The Amitāyur-Dhyāna-Sūtra, in: Buddhist Mahāyāna Texts, edited by E. B. Cowell (New York 1969) S.159-203.
Yamamoto, K. (Transl.), The words of St. Rennyo. (Ube-shi 1968).
ders., The Shinshū Seiten. The Holy Scriptures of Shinshū (Honolulu, Hawai ²1961).

4. Shinran Shōnin

Shinran Shōnin, Gesamtwerke in Japanisch, in: Shinshū Seiten; dt.: Heilige Schriften der Shin-shū, edited by Higashi Honganji (Kyoto 1978) S.149-642.
Kakunyo Shōnin, Godenshō. The Life of Shinran Shōnin; translated by G. Sasaki and D. T. Suzuki, in: D. T. Suzuki (Ed.), Collected Writings on Shin Buddhism (Kyoto 1973) S.165-190.
Shinran, Ichinen-tanen mon'i. Notes on Once-Calling and Many-Calling; ed. by Y. Ueda. Shin Buddhism Translation Series III (Kyoto 1980).
Shinran, Jōdo Wasan. The Hymns on the Pure Land; translated by R. Fujimoto, H. Inagaki, L. S. Kawamura, in: Ryukoku Translation Series IV (Kyoto 1965).
ders., Jōdo monrui jushō. Passages on the Pure Land Way; ed. by Y. Ueda. Shin Buddhism Translation Series V (Kyoto 1982).
ders., Kōsō Wasan. The Hymns on the Patriarchs; translated by R. Fujimoto, H. Inagaki, L. S. Kawamura, in: Ryukoku Translation Series VI (Kyoto 1974).
ders., The Kyōgyōshinshō. The Collection of Passages Expounding the True Teaching, Living, Faith and Realizing of the Pure Land; translated by D. T. Suzuki (Kyoto 1973);
— translated by K. Yamamoto: The Kyōgyōshinshō, or the Teaching, Practice, Faith and Attainment (Ube 1958. ²1975).
— translated by R. Fujimoto, H. Inagaki, L. S. Kawamura (in Auszügen): Teaching, Practice, Faith and Attainment; in: Ryukoku Translation Series V (Kyoto 1966).
ders., Mattōshō. Letters of Shinran, edited by Y. Ueda. Shin Buddhism Translation Series I (Kyoto 1978).
ders., San Amida-butsu-ge Wasan. Songs in Praise of Amitābha; translated by B. Suzuki, in: Collected Writings on Shin Buddhism, edited by D. T. Suzuki (Kyoto 1973) S.111-115.
ders., Shōshin Ge. Das Gāthā über den wahren Glauben an das Nembutsu; übersetzt von K. Masuyama. Ryukoku Translation Pamphlet Series II (Kyoto 1966).
ders., Shūji-shō. Tract on Steadily Holding to the Faith; translated by K. Yokogawa, in: D. T. Suzuki (Ed.), Collected Writings on Shin Buddhism (Kyoto 1973) S.120-128.

ders., Songō shinzō meimon. Notes on the Inscriptions Sacred Scrolls, ed. by Y. Ueda. Shin Buddhism Translation Series IV (Kyoto 1981).

ders., Tannishō. Tract on Deploring the Heterodoxies. Compiled by Yuiembō;
— translated by T. Imadate, in: D. T. Suzuki (Ed.), Collected Writings on Shin Buddhism (Kyoto 1973) S.207-222.
— übersetzt von E. Ikeyama: Das Büchlein vom Bedauern des abweichenden Glaubens (Tokyo 1965).

ders., Tannishō.
— übersetzt von M. Sato: Das Büchlein vom Bedauern des Abweichenden Glaubens (Kyoto 1977).
— übersetzt von R. Okochi und K. Otte: Tan-ni-sho. Die Gunst des Reinen Landes (Bern 1979).
— translated by S. Bandō and H. Stewart: Passages Deploring Deviations of Faith, in: EBud NS XIII/1 (1980) S.57-78.

ders., Yuishinshō-mon'i. Notes on ,,Essentials of Faith Alone", edited by Y. Ueda. Shin Buddhism Translation Series II (Kyoto 1979).

III. SEKUNDÄRLITERATUR

1. Buddhismus allgemein

Abe, M., Buddhist Nirvana: Its Significance in Contemporary Thought and Life, in: ER 25 (1973) S.158-168.
Bareau, A., Die Erfahrung des Leidens und der menschlichen Lebensbedingungen im Buddhismus, in: Conc 6/7 (1978) S.348-352.
Benz, E., Buddhas Wiederkehr und die Zukunft Asiens (München 1963).
ders., Grundformen buddhistischer Meditation, in: Das Große Gespräch der Religionen, hrsg. v. E. v. Dungern (München-Basel 1964) S.47-89.
Boyd, J. W., Der Pfad der Befreiung vom Leid im Buddhismus, in: Conc. 14.Jhg., Heft 6/7 (1978) S.352-358.
Bukkyō Dendo Kyōkai (Ed.), The Teaching of the Buddha (Tokyo ³²1977).
Conze, E., Der Buddhismus (Stuttgart ⁶1977).
ders., Buddhist Meditation (London 1956).
ders., Buddhist Thought in India (London 1962).
ders., Thirty Years of Buddhist Studies (Oxford 1968).
Dhavamony, M., Der Buddha als Erlöser, in: Conc. 6/7 (1978) S.369-376.
Doi, T., Das Kegon Sutra. Eine Einführung. Mitteilungen der Deutschen Gesellschaft für Natur- und Völkerkunde Ostasiens, Bd. XXXIX, Teil C (Tokyo 1957).
Dumoulin, H., Die Bedeutung des Kultes im Buddhismus, in: Der Kult und der Mensch, hrsg. v. M. Schmaus und K. Forster (München 1961) S.19-34.
ders., Befreiung im Buddhismus. Die frühbuddhistische Lehre in moderner Sicht, in: Conc. 6/7 (1978) S.359-363.
ders., Buddha-Symbole und Buddha-Kult, in: Religion und Religionen: Festschrift G. Mensching, hrsg. v. R. Thomas (Bonn 1967) S.50-63.
ders., Lebenswerte im Buddhismus, in: GuL 47/2 (1974) S.112-126.
ders., Das Problem der Person im Buddhismus. Religiöse und künstlerische Aspekte, in: Saec. XXXI/1 (1980) S.78-92.
Gard, R. A., Der Buddhismus (New York 1972).
Glasenapp, H.v., Buddha (Zürich 1950).
ders., Der Buddhismus. Eine A-theistische Religion (München 1966).
ders., Die Weisheit des Buddha (Baden-Baden 1946).
Govinda, A., The Importance of Prayer in Buddhism, in: The Middle Way. Journal of the Buddhist Society XXXIX/2 (1964) S.46-53.
Grimm, G., Die Lehre des Buddho. Die Religion der Vernunft und der Meditation (Baden-Baden 1957).
Heiler, F., Der Buddhismus, in: Die Religionen der Menschheit Bd.1 (Stuttgart 1959).

ders., Die buddhistische Versenkung (München 1922).
Horner, J. B., Women under Primitive Buddhism (London 1930).
Humphreys, C., Buddhism (Harmondsworth 1951).
ders., Buddhism Teaches Rebirth, in: The Middle Way XLIII/3 (1968) S.123-128.
ders., The Buddhist Conception of Immanence, in: The Middle Way XL/3 (London 1965) S.108-113.
ders., The Buddhist Way of Life (London 1969).
ders., Dharma. How it Works, in: The Middle Way XLI/2 (1966) S.56-59.
Karwath, W., Buddhismus für das Abendland (Wien 1971).
Leverrier, R., Experience of the Supernatural in Buddhism (Christian Monks and Asian Religious Proceeding of the Second Asian Monastic Congress in Bangalore 1973), in: Cistercian Studies. Quarterly Review IX/2 + 3 (1974) S.137-147.
Mensching, G., Zum Streit um die Deutung des buddhistischen Nirvāna, in: ZMR 48 (1933) S.33-57.
Murti, T. R. V., The Central Philosophy of Buddhism. A Study of the Mādhyamika-System (London ²1960).
Nagao, G., On the Theory of Buddha-Body (Buddha-kāya), in: EBud NS VI/1 (Kyoto 1973) S.25-53.
Nagao, M. (Ed.), Sekai no Meicho: Daijō Bukkyō; dt.: Mahāyāna Buddhismus (Kyoto ²1967).
Nakamura, H., Die Grundlehren des Buddhismus. Ihre Wurzeln in Geschichte und Tradition, in: Buddhismus der Gegenwart, hrsg. v. H. Dumoulin (Freiburg 1970) S.9-34.
ders., Der Erlösungsprozeß im Buddhismus, in: Bsteh, A. (Hrsg.), Erlösung im Christentum und Buddhismus. Beiträge zur Religionstheologie 3 (St.Gabriel, Mödling 1982) S.88-111.
Nyānaponika (Ed.) and M.O'C. Walshe (Select.), Pathways of Buddhist Thought. Essays on the Wheel (London 1971).
Oldenberg, H., Buddha. Sein Leben. Seine Lehre. Seine Gemeinde (München 1961).
Paul, D. Y., Women in Buddhism. Images of the Feminine in Mahāyāna Tradition (Berkeley, California 1979), dt.: Die Frau im Buddhismus. Das Bild des Weiblichen in Geschichten und Legenden (Hamburg 1981).
Rahula, W., What the Buddha Taught (Bedford ²1967).
Rosenkranz, G., Der Weg des Buddha. Werden und Wesen des Buddhismus als Weltreligion (Stuttgart 1960).
Saddhatissa, H., Buddhist Ethics. Essence of Buddhism (London 1970).
Schlingloff, D., Die Religion des Buddhismus, Bd. I-II (Berlin 1962-63).
Schulemann, G., Die Botschaft des Buddha vom Lotus des Guten Gesetzes. Saddharmapundarīka-Sūtra (Freiburg 1937).
Schumann, H. W., Buddhismus. Ein Leitfaden durch seine Lehren und Schulen (Darmstadt 1973).
ders., Buddhismus, Stifter, Schulen und Systeme (Olten 1976).
ders., Philosophie zur Erlösung. Die Großen Denksysteme des Hīnayāna und Mahāyāna (Bern-München 1963).
Stcherbatsky, Th., The Conception of Buddhist Nirvana (Leningrad 1927).
Suzuki, D. T., The Buddhist Conception of Reality, in: EBud NS VII/2 (1974) S.1-21.
ders., Faith in Buddhism, in: The Middle Way XLII/2 (1967) S.61-64.
ders., Outlines of Mahāyāna Buddhism (New York 1963).
ders., Studies in the Lankāvatāra Sūtra (London ⁵1932).
Takakusu, J., The Essentials of Buddhist Philosophy (Honolulu ³1956).
Takeuchi, Y., The Heart of Buddhism (New York 1983).
ders., Probleme der Versenkung im Ur-Buddhismus. Beihefte der ZRGG XVI (Leiden 1972).
Ui, H., Bukkyō Hanron; dt.: Grundriß des Buddhismus (Tokyo ⁶1976).
Waldenfels, H., Wort und Wortlosigkeit im Buddhismus, in: Conc. XII/2 (1976) S.89-98.

Watanabe, S., Bukkyō; dt.: Buddhismus (Tokyo 1974).
Yamamoto, K., Mahāyānism. A critical exposition of the Mahāyāna Mahāparinirvāṇa-sūtra (Ube 1975).

2. Japanischer Buddhismus

Anesaki, M., Nichiren the Buddhist Prophet (Cambridge 1916).
Bloom, A., Observations in the Study of Contemporary Nichiren Buddhism, in: CRJ VI/1 (1965) S.58-74.
Borsig, M. v., Leben aus der Lotusblüte. Nichiren Shōnin: Zeuge Buddhas — Kämpfer für das Lotos-Gesetz — Prophet der Gegenwart (Freiburg 1976).
Dumoulin, H., Buddhismus im modernen Japan, in: Buddhismus der Gegenwart, hrsg. v. H. Dumoulin (Freiburg 1970) S.127-187.
ders., The Consciousness of Guilt and the Practice of Confession in Japanese Buddhism, in: Studies in Mysticism and Religion: Festschrift für Gershom G. Scholem, hrsg. v. E. E. Urbach, R. J. ZwiWerblowsky, Ch. Wirzubski (Jerusalem 1967) S.117-129.
Eder, M., Geschichte der japanischen Religion, 2.Bd.: Japan mit und unter dem Buddhismus (Nagoya 1978).
Eliot, C., Japanese Buddhism (London 1935).
Franck, F. (Ed.), The Buddha Eye. An Anthology of the Kyoto School (New York 1982).
Haas, H., Beiträge zur ältesten Geschichte des Buddhismus in Japan, in: ZMR 18 (1903) S.332-342; ebd. S.353-369; in: ZMR 26 (1911) S.257-267.
ders., Christliche Klänge im japanischen Buddhismus, in: ZMR 27 (1912) S.1-13.
ders., Grundlehren des japanischen Buddhismus, in: ZMR 30 (1915) S.40-53.
ders., Der Heilige Kanon des Buddhismus in Japan, in: Mitteilungen der Deutschen Gesellschaft für Natur- und Völkerkunde Ostasiens X/Teil 1 (Tokyo 1904) S.79-132.
ders., Japans Zukunftsreligion (Berlin ²1907).
ders., Das Moralsystem des japanischen Buddhismus, in: ZMR (1912) S.193-209 (I); ebd. S.227-241 (II); ebd. S.257-269 (III).
ders., Die Sekten des japanischen Buddhismus, in: ZMR 20 (1905) S.235-249; ebd. S.266-270.
Hanayama, S., A History of Japanese Buddhism (Tokyo 1960).
Hasumi, T., Die Wandlung des Buddhismus im heutigen Japan, in: Christentum und Buddhismus. Verwandtes und Unterscheidendes, hrsg. v. E. Benz (München 1959) S.48-60.
Kitagawa, J. M., The Buddhist Transformation in Japan, in: HR IV/2 (1965) S.319-336.
Matsunaga, D. und Matsunaga, A., Foundation of Japanese Buddhism, Vol. I-II (Los Angeles ²1978.1979).
Reischauer, A. K., Studies in Japanese Buddhism (New York 1923).
Saunders, E. D., Buddhism in Japan (Tokyo 1972).
Tamura, Y. and Woodard, W. (Ed.), Living Buddhism in Japan (Tokyo ²1965).
Ueda, S., Der Buddhismus und das Problem der Säkularisierung. Zur gegenwärtigen geistigen Situation Japans, in: Hat die Religion Zukunft?, hrsg. v. O. Schatz (Graz-Wien-Köln 1971) S.255-275.
Waldenfels, H., Das Gebet im japanischen Buddhismus, in: Studia Missionalia 24 (1975) S.103-126.
Watanabe, S., Japanese Buddhism. A Critical Appraisal (Tokyo 1970).

3. Reine-Land-Buddhismus

Anesaki, M., Honen: The Pietist Saint of Japan. Transactions of the Third International Congress for the History of Religions (Oxford 1908).

Bandō, S., Jesus Christus und Amida. Zu K. Barths Verständnis des Buddhismus vom Reinen Land, in: Gott in Japan, hrsg. v. U. Luz und S. Yagi (München 1973) S.72-93.
ders., Myoe's Criticism of Hōnen's Doctrine, in: EBud NS VII/1 (1974) S.37-54.
ders., In the Pure Land, in: Conversation: Christian and Buddhist. Encounters in Japan, edited by Don Aelred Graham (Kyoto 1968) S.165-177.
ders., Shinran's Indebtedness to T'an-luan, in: EBud NS IV/1 (1971) S.72-87.
ders., The Significance of the Nenbutsu, in: CRJ VII/3 (1966) S.193-208.
ders., Soteriology in Shin Buddhism and its Modern Significance, in: JapRel VI/1 (1969) S.24-32.
ders., D. T. Suzuki and Pure Land Buddhism, in: EBud NS XIV/2 (1981) S.116-121.
ders., Zettai kie hyōgen; dt.: Ausdruck der absoluten Hingebung (Tokyo 1969).
Bloom, A., The Life of Shinran Shonin: The Journey to Self-Acceptance (Leiden 1968).
ders., Shinran's Gospel of Pure Grace. The Association For Asian Studies: Monographs and Papers No. XX (Tucson, Arizona ⁴1977).
ders., Shinran's Philosophy of Salvation by Absolute Other Power, in: CRJ V/2 (1964) S.119-142.
ders., Shinran's Vision of Absolute Compassion, in: EBud NS XI/1 (1978) S.111-123.
ders., Shinran's Way in Modern Society, in: EBud NS XI/1 (1978) S.85-97.
Buri, F., Der Begriff der Gnade bei Paulus, Shinran und Luther, in: ThZ 31 (1975) S.274-288.
Fujimoto, R., Honen and His Doctrine of the Pure Land. Journal of Ryukoku University 345 (Kyoto 1950).
Haas, H., Die japanische Umgestaltung des Buddhismus durch Hōnen Shōnin (1133-1212) und Shinran Shōnin (1173-1262), in: ZMR 27 (1912) S.129-145.
ders., Shinran Shōnin. Der Begründer der Shin-shū oder Hongwanji Sekte des japanischen Buddhismus, in: OAZ 5 (1916/17) S.90-104.
Hara, S., „Mappō"-Gedanke bei Shinran. Ein japanischer buddhistischer Endzeit-Gedanke, in: R. Kilian, K. Funk, P. Fassl (Hrsg.), Eschatologie. Bibeltheologische und philosophische Studien zum Verhältnis von Erlösungswelt und Wirklichkeitsbewältigung. Festschrift für Engelbert Neuhäusler (St. Ottilien 1981) S.145-206.
Higashi Honganji (Ed.), Shinran no sekai; dt.: Die Welt Shinrans (Kyoto ²1965).
Hoshino, G., Shinran (Tokyo 1971).
Hoshino, M., Ishida, R., Ienaga, S. (Ed.), Nihon shisō taikei 11: Shinran; dt.: Reihe „Japanischer Gedanke" Bd. 11, Shinran (Tokyo ⁴1974).
Ingram, P. O., The Dharma of Faith: An Introduction to Classical Pure Land Buddhism (Washington 1977).
ders., Honen's and Shinran's Justification by Faith Through „Other Power", in: CRJ IX/3 (1968) S.233-251.
ders., The Symbolism of Light and Pure Land Buddhist Soteriology, in: Japanese Journal of Religious Studies 4 (1974) S.331-345.
Ishida, R., Nihon no Meicho 6: Shinran; dt.: Reihe „Berühmte Japanische Werke" Bd. 6, Shinran (Tokyo ⁴1969).
Ishizuka, R. and Coates, H. H., Hōnen, the Buddhist Saint. Vol. I-V (Kyoto 1949).
Kaneko, D., Jōdo kyō engi; dt.: Die Reine Land Lehre (Kyoto 1973).
ders., The Meaning of Salvation in the Pure Land Buddhism, in: EBud NS I/1 (1965) S.48-63.
ders., Nembutsu (Kyoto 1974).
ders., Nigatoe; dt.: Parabel „Die zwei Ströme und der weiße Pfad" (Kyoto 1972).
ders., Shinran no sekai; dt.: Die Welt Shinrans, 2 Bde. (Tokyo ⁵1975).
ders., Shinshū gaku yosetsu; dt.: Einführung in die Wissenschaft der Shinshū (Kyoto ³1978).
Kiyozawa, M., The Great Path of Absolute Other Power and My Faith, translated by S. Bandō, in: EBud NS V/2 (1972) S.141-152.
Lenel, C., Lotosblüten im Sumpf. Überlieferung der wunderbar gütigen Menschen. Aus dem japanischen Jodo-Shin-Buddhismus (Freiburg 1983).

Lloyd, A., Shinran and His Work. Comparative Studies in Shinshū Theology (Tokyo 1910).
Lubac, H. de, Aspects du Bouddhisme: Amida (Paris 1955).
Mensching, G., Luther und Amida Buddha, in: ZMR 51 (1936) S.339-350.
Nishi Honganji Commission on the Promotion of Religious Education (Ed.), Shinran in the Contemporary World (Kyoto 1974).
Nishitani, K., The Problem of Time in Shinran, in: EBud NS XI/1 (1978) S.13-26.
Ōchō, E., From the Lotus Sutra to the Sutra of Eternal Life, in: EBud NS XI/1 (1978) S.27-36.
Okazaki, J., Pure Land Buddhist Painting (Tokyo-New York 1977).
Okochi, R., Absolute Wahrheit: Ihre Selbstverneinung als Selbstverwirklichung. Das Problem des Hōben im Jōdo-Buddhismus, in: Transzendenz und Immanenz. Philosophie und Theologie in der veränderten Welt, hrsg. v. D. Papenfuss und J. Söring (Stuttgart-Berlin-Köln-Mainz 1977) S.277-281.
ders., Der Mensch als Bodhisattva — zur interkulturellen Verständigung, in: Denken und Umdenken. Zu Werk und Wirkung W. Heisenberg, hrsg. v. H. Pfeiffer (München-Zürich 1977) S.217-245.
ders., Tan-ni-shō. Die Gunst des Reinen Landes. Begegnung zwischen Buddhismus und Christentum (Bern 1979).
Sasaki, G., The Enlightened Mind of the Buddha and the Shin Teaching, in: EBud II/3-4 (1922) S.154-162.
ders., The Philosophical Foundation of the Shin-shū Doctrine, in: EBud I/1 (1921) S.38-46.
ders., The Religion of Shinran Shōnin, in: EBud II/5 (1923) S.236-259.
ders., A Study of Shin Buddhism (Kyoto 1925).
ders., The Teaching of the Shin-shū and the Religious Life, in: EBud III/3 (1921) S.195-205.
ders., What is the True Sect of the Pure Land?, in: EBud I/3 (1921) S.167-179.
Soga, R., Dharmakara Bodhisattva, in: EBud NS I/1 (1968) S.64-78.
Sugihara, S., Rennyo Shōnin, the Great Teacher of Shin Buddhism, in: EBud VIII/1 (1949) S.5-35.
ders., Hōnen Shōnin and Shinran Shōnin: Their Nembutsu Doctrine, in: EBud VII/3-4 (1939) S.342-362.
ders., The Teaching of Ippen Shōnin (1239-1289), in: EBud VI/3 (1934) S.287-300.
Suzuki, D. T., Amida. Der Buddha der Liebe (Bern-München-Wien 1974).
ders. (Ed.), Collected Writings on Shin Buddhism (Kyoto 1973).
ders., The Development of the Pure Land Doctrine in Buddhism, in: EBud III/4 (1925) S.285-326.
ders., Infinite Light, in: EBud NS IV/2 (1971) S.1-29.
ders., Jōdo kei shisōron, Zenshū 6; dt.: Abhandlung über den Reinen-Land-Gedanken. Gesammelte Werke Bd.6 (Kyoto 1943).
ders., A Preface to the Kyōgyōshinshō (unfinished), in: EBud NS VI/1 (1973) S.1-24.
ders., Sayings of a Modern Tariki Mystic, in: EBud III/2 (1924) S.93-116.
ders., The Shin Sect of Buddhism, in: EBud VII/3-4 (1939) S.227-284.
ders., Thoughts on Shin Buddhism, in: EBud NS XIII/2 (1980) S.1-15; XIV/1 (1981) S.13-25.
ders., What is Shin Buddhism? (posthumous), in: EBud NS V/2 (1972) S.1-11.
Takeuchi, Y., The Meaning of Other Power in the Buddhist Way of Salvation, in: EBud NS XV/2 (1982) S.10-27.
ders., Das Problem der Eschatologie bei der Jōdo-Schule des japanischen Buddhismus und ihre Beziehung zu seiner Heilslehre, in: OrEx VIII (1961) S.84-94.
ders., Shinran and Contemporary Thought, in: EBud NS XIII/2 (1980) S.26-45.
Tamura, Y., Kamakura Shinbukkyō shisō no kenkyū; dt.: Studie über das Denken des Kamakura Reform-Buddhismus (Kyoto 1966).
Ueda, S., Der Glaubensbuddhismus. Über das ,,Nenbutsu", in: NOAG 88 (1960) S.32-44.

Ueda, Sh., Shūkyō genshō ni okeru ninkakushō. Hininkakushō no kenkyū; dt.: Studie über Person und Nicht-Person in der Religionsphänomenologie (Tokyo 1979).
Winemiller, P., Shin Buddhism, in: CRJ VI/1 (1965) S.75-101.
Yamabe, S., Amida as Saviour of the Soul, in: EBud I/2 (1921) S.123-130.
ders., The Buddha and Shinran, in: EBud II/5 (1923) S.262-277.
ders., The Way to the Land of Bliss, in: EBud I/5-6 (1922) S.337-340.
Yamabe, S. und Akanuma, C., Kyōgyōshinshō Kōgi 3 vols; dt.: Kommentar zu Kyōgyōshinshō (Kyoto 1976).
Yamaguchi, S., The Concept of the Pure Land in Nāgārjuna's Doctrine, in: EBud NS I/2 (1966) S.34-47.
Yokogawa, K., Shin Buddhism as the Religion of Hearing, in: EBud VII/3-4 (1939) S.296-341.

4. Zen-Buddhismus

Abe, M., Dōgen on Buddha Nature, in: EBud NS IV/1 (1971) S.28-71.
ders., Emptiness is Suchness, in: EBud NS XI/2 (1978) S. 132-136.
ders., God, Emptiness and the True Self, in: EBud NS I/2 (1969) S.15-30.
ders., Zen and Compassion, in: EBud NS II/1 (1967) S.54-68.
ders., Zen and Western Thought, in: IPQ X/4 (1970) S.501-541.
Benl, O., Die Anfänge der Sōtō-Mönchsgemeinschaften, in: OrEx VII (1960) S.31-50.
Dumoulin, H., Der Erleuchtungsweg des Zen im Buddhismus (Frankfurt 1976).
ders., Die östliche Eigenart der Zen-Mystik, in: Kairos 4 (1962) S.29-41.
ders., Selbstzeugnisse japanischer Zen-Jünger über die seelischen Haltungen während der Zen-Meditation, in: Asien. Tradition und Fortschritt. Festschrift für H. Hammitzsch zu seinem 60. Geburtstag, hrsg. v. L. Brüll und U. Kemper (Wiesbaden 1971) S.85-102.
ders., Die Zen-Erleuchtung in neueren Erlebnisberichten, in: Numen X/2 (1963) S.133-152.
ders., Zen. Geschichte und Gestalt (Bern 1959).
Dürckheim, Graf K., Zen und wir (Frankfurt 1974).
Enomiya-Lassalle, H. M., Experience of God in Zen and Methods Towards It, in: Christian Monks and Asian Religious Proceeding of the Second Asian Monastic Congress in Bangalore (Oct. 1973), in: Cistercian Studies. Quarterly Review IX/2-3 (1974) S.200-209.
ders., Zen-Buddhismus (Köln 1966. ²1972).
ders., Zen. Weg zur Erleuchtung (Wien ⁴1973).
Faust, A., Zen. Der lebendige Buddhismus in Japan (Darmstadt ²1968).
Heinemann, R. K., Der Weg des Übens im ostasiatischen Mahayana. Grundformen seiner Zeit-Relation zum Übungsziel in der Entwicklung bis Dōgen (Wiesbaden 1979).
ders., Shushō-ittō und Genjō-kōan. Welterkenntnis und Verwirklichung bei Dōgen, in: Asien. Tradition und Fortschritt. Festschrift für H. Hammitzsch zu seinem 60. Geburtstag, hrsg. v. L. Brüll und U. Kemper (Wiesbaden 1971) S.184-192.
Herrigel, E., Zen in der Kunst des Bogenschießens (München-Planegg ⁷1957).
ders., Der Zen-Weg (München 1958).
Hisamatsu, Sh., Atheismus, in: ZM 62 (Münster 1978) S.272-296.
ders., The Characteristics of Oriental Nothingness, in: PSJ II (1960) S.65-97.
ders., Die Fülle des Nichts. Vom Wesen des Zen (Pfullingen 1976).
ders., Die fünf Stände von Zen-Meister Tosan Ryokai. Strukturanalyse des Erwachens (Pfullingen 1980).
ders., Satori (Selbsterwachen). Zum post-modernen Menschenbild, in: Gott in Japan, hrsg. v. U. Luz und S. Yagi (München 1973) S.127-138.
ders., Ultimate Crisis and Resurrection, in: EBud NS VIII/1 (1975) S.12-19; VIII/2 (1975) S.37-65.
ders., Zen: Its Meaning For Modern Civilisation, in: EBud NS I/1 (1965) S.22-47.
Humphreys, Ch., A Western Approach to Zen (London 1971).

Izutsu, T., Philosophie des Zen-Buddhismus (Hamburg 1979).
Kadowaki, K., Die Dynamik des ,,Nicht-Geistes", in: Munen musō, ungegenständliche Meditation. Festschrift für Pater H. M. Enomiya-Lassalle zum 80. Geburtstag, hrsg. v. G. Stachel (Mainz 1980) S.81-95.
ders., Towards a Better Understanding of Zen Buddhism, in: The Missionary Bulletin XXIII/10 (1969) S.611-619.
Kapleau, P., Die drei Pfeiler des Zen. Lehre — Übung — Erleuchtung (Weilheim 1972).
Kim, H. J., Dōgen Kigen — Mystical Realist (Arizona 1975).
Nagashima, T., Truths and Fabrications in Religion. An Investigation from the Documents of the Zen Sect (London 1978).
Nishitani, K., The Awakening of Self in Buddhism, in: EBud NS I/2 (1966) S.1-11.
ders., On the I-Thou Relation in Zen Buddhism, in: EBud NS II/2 (1969) S.71-87.
ders., Science and Zen, in: EBud NS I/1 (1965) S.79-108.
Oshida, S., Zen und das Wort, in: Munen musō, ungegenständliche Meditation. Festschrift für Pater H. M. Enomiya-Lassalle zum 80. Geburtstag, hrsg. v. G. Stachel (Mainz 1978) S.36-41.
Raguin, Y., Die Meditation ohne Gegenstand und ohne Gedanken oder die Rückkehr zur reinen Spontaneität der ursprünglichen Natur, in: Munen musō, ungegenständliche Meditation. Festschrift für Pater H. M. Enomiya-Lassalle zum 80. Geburtstag, hrsg. v. G. Stachel (Mainz 1980) S.64-80.
Rzepkowski, H., Das Menschenbild bei Daisetz Teitaro Suzuki. Gedanken zur Anthropologie des Zen-Buddhismus (St. Augustin 1971).
Shibayama, Z., A Flower Does Not Talk. Zen Essays (Kyoto 1970).
ders., Zen in Gleichnis und Bild (Bern-München-Wien 1974).
Suzuki, D. T., The Awakening of Zen (London 1980).
ders., Dōgen, Hakuin, Bankei: Three Types of Thought in Japanese Zen, in: EBud NS IX/1 (1976) S.1-17.
ders., Enlightenment and Ignorance, in: EBud III/1 (1924) S.1-31.
ders., Essays in Zen Buddhism 3 vols. (London (I) ³1975; (II) ⁵1974; (III) ²1973).
ders., Die große Befreiung. Eine Einführung in den Zen-Buddhismus (Leipzig 1939. Frankfurt 1980).
ders., Leben aus Zen (München-Planegg 1955).
ders., On the Hekigan Roku (The Blue Cliff Records), in: EBud NS I/1 (1965) S.5-21.
ders., The Revelation of a New Truth in Zen Buddhism, in: EBud I/3 (1921) S.194-228.
ders., The Secret Message of Bodhi-Dharma or the Content of Zen Buddhism, in: EBud IV/1 (1926) S.1-26.
ders., The Seer and the Seen, in: EBud NS V/1 (1972) S.1-25.
ders., Self the Unattainable, in: EBud NS III/2 (1970) S.1-8.
ders., Some Aspects of Zen Buddhism, in: EBud I/5-6 (1922) S.341-365.
ders., The Ten Cow-Herding Pictures, in: EBud II/3-4 (1922) S.176-195.
ders., Vom Leben angesichts der Ewigkeit, in: Sinn und Sein. Ein philosophisches Symposion, hrsg. v. R. Wisser (Tübingen 1960) S.417-432.
ders., What is ‚I'?, in: EBud NS IV/1 (1971) S.13-27.
ders., Der Weg zur Erleuchtung. Die Übung des Koan als Mittel, Satori zu verwirklichen oder Erleuchtung zu erlangen (Baden-Baden 1957).
ders., What is Zen?, in: EBud V/4 (1931) S.324-334.
ders., Zen Buddhism and a Commonsense World, in: EBud NS VII/1 (1974) S.1-18.
ders., Zen-Buddhismus und Psychoanalyse (Frankfurt 1972).
ders., Zen Buddhism. Selected Writings (New York 1956).
ders., Die Zen-Lehre vom Nicht-Bewußtsein. Die Bedeutung des Sutra des Huineng (Wei-Lang) (München-Planegg 1957).
ders., Zen und die Kultur Japans (Hamburg 1958).
ders., Zen and Jōdo. Two Types of Buddhist Experience, in: EBud IV/2 (1924) S.89-121.
ders., Zen and Psychology, in: EBud NS VIII/1 (1975) S.1-11.

Tsujimura, K. und Buchner, H., Der Ochs und sein Hirte. Eine altchinesische Geschichte, erläutert von Meister Daizōkutsu R. Ōtsu mit japanischen Bildern aus dem 15.Jahrhundert (Pfullingen ²1973).
Vos, F., Die Entdeckung der eigenen Buddha-Natur: Die plötzliche Erleuchtung im Zen, in: Conc. 6/7 (1978) S.364-368.
Waldenfels, H. (Hrsg.), Begegnung mit dem Zen-Buddhismus (Düsseldorf 1980).
Watts, A. W., The Way of Zen (New York 1957).
Yampolski, P. B., The Zen Master Hakuin (Columbia 1971).
Yokoi, Y., Zen Master Dōgen. An Introduction with Selected Writings (Tokyo 1976).

5. Neue Religionen

Brannen, N. S., Religion And Politics. Sidelights On Sōka Gakkai, in: JapRel IV/4 (1966) S.79-99.
Gerlitz, P., Gott erwacht in Japan. Neue fernöstliche Religionen und ihre Botschaft vom Glück (Freiburg 1977).
Hammer, R. J., Popular Religion And The ,,New Religions'' of Japan, in: JapRel III/2 (1963) S.1-9.
Ikeda, D., The Human Revolution. Soka gakkai and Nichiren Shoshu. 3 vols. (Tokyo 1976).
ders., The living Buddha. An interpretative biography (Kyoto 1967).
Jaeckel, Th., Psychological and sociological Approaches to Japan's New Religions, in: JapRel II/1 (1960) S.6-13.
Kobayashi, S., Omoto. A Religion of Salvation, in: JapRel II/1 (1960) S.38-50.
Kohler, W., Die Bedeutung der Modernen Religionen in Japan für uns Abendländer, in: Das Große Gespräch der Religionen, hrsg. v. E. v. Dungern (München-Basel 1964) S.28-46.
ders., Die Lotus-Lehre und die modernen Religionen in Japan (Zürich 1962).
Laube, J., Oyagami. Die heutige Gottesvorstellung der Tenrikyō (Wiesbaden 1978).
McFarland, N., The Rush Hour of the Gods (New York 1967).
Murata, K., Japan's New Buddhism. An Objective Account of Soka Gakkai (New York-Tokyo 1969).
Offner, C. B. and van Straelen, H., Modern Japanese Religions; With Special Emphasis upon Their Doctrines of Healing (Tokyo 1963).
Swearer, D. K., Contemporary Japanese Religions. An Interpretative Dilemma, in: JapRel VII/4 (1972) S.35-49.
Taniguchi, M., Erziehung zum Göttlichen durch geistige Belehrung der Menschheit (Pfullingen o.D.).
ders., Hochschule des Glücklichseins und Glücklichwerdens (Freiburg 1965).
Thomsen, H., New Religions of Japan (Rutland Vermont and Tokyo 1963).
Tsurumi, S., A Brief History of Sōka Gakkai, in: JapRel III/3 (1963) S.32-40.
Watanabe, E., Rissho Koseikai: A Sociological Observation of Its Members. Their Conversations and their Activities, in: CRJ IX/1-2 (1968) S.75-151.

IV. BEGEGNUNG BUDDHISMUS/CHRISTENTUM

Abe, M., Buddhism and Christianity as a Problem of Today, in: JapRel III/2 (1963) S.11-22; III/3 (1963) S.8-31.
ders., Christianity and Buddhism Centering around Science and Nihilism, in: JapRel V/3 (1968) S.36-62.
ders., Christianity and the Encounter of the World Religions. Review Article: P. Tillich, in: EBud NS I/1 (1966) S.109-122.
ders., God, Emptiness and the True Self, in: EBud NS II/2 (1969) S.15-30.
ders., Man and Nature in Christianity and Buddhism, in: JapRel VII/1 (1971) S.1-10.
ders. u.a., A Symposium on Christianity and Buddhism. A Reply to Professor Abe, in: JapRel IV/1 (1964) S.5-52 (I); IV/2 (1966) S.3-57 (II).

Anesaki, M., How Christianity Appeals To A Japanese Buddhist, in: Christianity. Some Non-Christian Appraisals, edited by D. W. Mc Kain (o.O. 1964) S.95-109.
Bandō, S., Jesus Christus und Amida. Zu Karl Barths Verständnis des Buddhismus vom Reinen Land, in: Gott in Japan, hrsg. v. U. Luz und S. Yagi (München 1973) S.72-93.
Benz, E., Buddhism and Christianity. A Reply to Professor Abe, in: JapRel VIII/4 (1975) S.10-18.
ders. (Hrsg.), Christentum und Buddhismus. Verwandtes und Unterscheidendes (München 1959).
ders., The Present Meeting between Christianity and the Oriental Religions, in: EW VIII (1957) S.16-22.
Bragt, J. v., The Interfaith Dialogue and Philosophy, in: JapRel X/4 (1979) S.27-45.
ders., Notulae on Emptiness and Dialogue — Reading Professor Nishitani's ,,What is Religion?'', in: PSJ II (1960) S.21-64.
Buri, F., Begegnung mit buddhistischem Denken in Japan, in: ThZ 26 (1970) S.338-356.
ders., Der Buddha-Christus als der Herr des wahren Selbst. Die Religionsphilosophie der Kyoto-Schule und das Christentum (Bern-Stuttgart 1982).
ders., Encounter on the basis of the question of meaning, in: JapRel IX/1 (1976) S.12-25.
Butschkus, H., Luthers Religion und ihre Entsprechung im japanischen Amida-Buddhismus (Diss. Bonn 1940; Emsdetten 1940).
Cobb, J. B., Beyond Dialogue. Toward a Mutual Transformation of Christianity and Buddhism (Philadelphia 1982).
ders., Buddhism and Christianity as Complementary, in: EBud NS XIII/2 (1980) S.16-25.
ders., Can a Christian be a Buddhist too?, in: JapRel X/3 (1978) S.1-20.
ders., Can a Buddhist be a Christian too?, in: JapRel XI/2-3 (1980) S.35-55.
Concilium, Buddhismus und Christentum 6/7 (1978).
Corless, R., Der buddhistische Befreiungsweg in christlicher Sicht, in: Conc. 6/7 (1978) S.387-394.
Cuttat, J. A., ,,Buddhismus des Glaubens'' und Mysterium Fidei, in: GuL 32 (1959) S.352-358.
Dammann, E. (Hrsg.), Glaube, Liebe, Leiden in Christentum und Buddhismus. Weltmission heute 26/27 (Stuttgart 1965).
Dumoulin, H., Begegnung mit dem Buddhismus. Eine Einführung (Freiburg 1978).
ders., Christianity meets Buddhism (La Salle, Illinois 1976).
ders., Christentum und Buddhismus in der Begegnung, in: Christ in der Gegenwart (26.7.81) S.245-246; (2.8.81) S.253-254.
ders., Christlicher Dialog mit Asien (München 1970).
ders., Dialog im Aufbau, in: Conc. 3 (1967) S.763-771.
ders., Exkurs zum Konzilstext über den Buddhismus, in: LThK Das Vatikanische Konzil II S.482-485.
ders., Fragen an das Christentum aus buddhistischer Sicht, in: GuL 48 (1975) S.50-62.
ders., Gibt es Verständigungsbrücken zwischen christlicher und buddhistischer Spiritualität, in: GuL 50 (1977) S.350-364.
ders., Die Not mit der Religion. Christen und Buddhisten diskutieren in Tokyo, in: Christ in der Gegenwart 38 (1975) S.299-300.
ders., Östliche Meditation und christliche Mystik (Freiburg-München 1970).
ders., Theologische Aspekte des christlichen Dialogs mit dem Buddhismus, in: ZM 55 (1971) S.161-170.
Enomiya-Lassalle, H., Buddhistisch-christlicher Dialog in Japan heute, in: Conc. 6/7 (1978) S.409-411.
ders., Gibt es in der Mystik eine Solidarität zwischen Ost und West?, in: Kairos 4 (1962) S.189-212.
ders., Meditation und Gotteserfahrung (Köln 1972).
ders., Zen-Meditation für Christen (München-Bern 1973).

Fernando, A., Die christliche Offenbarung und die buddhistische Erleuchtung, in: Conc. 2 (1976) S.99-106.
Fernando, M., Die buddhistische Herausforderung an das Christentum, in: Conc. 6/7 (1978) S.395-400.
Fox, D. A., Soteriology in Jodo Shin and Christianity, in: CRJ IX/1-2 (1968) S.30-51.
Gogler, E., Die ,,Liebe'' im Buddhismus und Christentum, in: Glaube, Liebe, Leiden in Christentum und Buddhismus. Weltmission heute 26/27, hrsg. v. E. Dammann (Stuttgart 1965) S.27-49.
Graham, D. A. (Ed.), Conversations: Christian and Buddhist. Encounters in Japan (Kyoto 1968).
Hasumi, Th., Über die Vereinbarkeit der Zen-Meditations-Methode mit dem Christentum, in: ZM 43 (1959) S.289-296.
Heinrichs, M., Katholische Theologie und asiatisches Denken (Mainz 1963).
Ingram, P. O., Shinran Shonin and Martin Luther: A soteriological comparison, in: Journal of the American Academy of Religion 39 (1971) S.430-447.
Holstein, H., Buddhistische Erkenntnis und christlicher Glaube, in: Glaube, Liebe, Leiden im Christentum und Buddhismus. Weltmission heute 26/27, hrsg. v. E. Dammann (Stuttgart 1965) S.9-26.
Hoshino, G., Das Verhältnis des buddhistischen Denkens zu Karl Barth, in: Antwort. Karl Barth zum 70. Geburtstag (Zürich 1965) S.423-434.
Ishida, M. und Takizawa, K., Jōdo Shinshū to Kiristokyō; dt.: Jōdoshinshū und Christentum (Kyoto 1974).
Johnston, W., Buddhists and Christians Meet, in: EBud NS III/1 (1970) S.141-146.
ders., Dialog mit dem Zen, in: Conc. 2 (1969) S.713-718.
ders., Der ruhende Punkt. Zen und christliche Mystik (Freiburg-Basel-Wien 1974).
ders., Zen. Ein Weg für Christen (Mainz 1977).
Kadowaki, K., Way of Knowing: A Buddhist-Thomist Dialogue, in: The Missionary Bulletin XXIII/8 (1969) S.467-474; XXIII/9 (1969) S.515-530.
McKain, D. W., Christianity. Some Non-Christian Appraisals (o.O. 1964).
King, W. L., Buddhism and Christianity. Some Bridges of Understanding (London 1963).
ders., The Impersonal Personalism and Subjectivism of Buddhist Nihilism, in: JapRel VIII/4 (1975) S.37-53.
ders., Zen and the Death of God, in: JapRel V/2 (1967) S.1-21.
Knitter, P. F., Horizons on Christianity's New Dialogue with Buddhism, in: Horizons 8/1 (1981) S.40-61.
Kohler, W., Mission als Ruf zur Identität. Vergleichende Hinweise zum Missionsverständnis in Zusammenhang mit Religionskritik und Buddhismus, in: Fides pro mundi vita. Missionstheologie heute. H. W. Gensichen zum 65. Geburtstag, hrsg. v. Th. Sundermeier (Gütersloh 1980) S.79-87.
Kreeft, P., Zen Buddhism and Christianity: An Experiment in Comparative Religion, in: JES 8 (1971) S.513-538.
Laube, J., Der Glaubensakt bei Luther und bei Shinran, in: ZM 67/1 (1983) S.31-49.
Lubac, H., La Recontre du Bouddhisme et de l'Occident (Paris 1952) S.33-48.
Luz, U. und Yagi, S. (Hrsg.), Gott in Japan (München 1973).
Mangold, U.v., Das Unterscheidende zwischen Buddhismus und Christentum, in: Christentum und Buddhismus. Verwandtes und Unterscheidendes, hrsg. v. E. Benz (München 1959) S.164-183.
Masutani, F., Bukkyō to Kiristokyō no hikaku kenkyū; dt.: Vergleichendes Studium von Buddhismus und Christentum (Tokyo ^{15}1979).
ders., A Comparative Study of Buddhism and Christianity (Tokyo ^{2}1959).
Mensching, G., Die Bedeutung des Leidens im Buddhismus und Christentum (Gießen 1930).
Merton, Th., Weisheit der Stille. Die Geistigkeit des Zen und ihre Bedeutung für die moderne christliche Welt (Bern-München-Wien 1975).

Mineshima, T. (Ed.), Jōdokyō to Kiristokyō - Hikaku shukyō tetsugaku ronshū; dt.: Reine-Land-Lehre und Christentum — Vergleichende religionsphilosophische Abhandlung (Tokyo 1977).
Nambara, M., Die Idee des Absoluten Nichts in der deutschen Mystik und seine Entsprechungen im Buddhismus (Bonn 1960).
Niles, D. T., Buddhism and the Claims of Christ (Richmond Virginia 1967).
Nishitani, K., Der Buddhismus und das Christentum, in: NOAG 88 (1960) S.5-32.
Ohm, Th., Asiens Ja und Nein zum westlichen Christentum (München 1960).
Ohtani, K., The Attitude of Buddhism Toward Other Religions, in: Relations among Religions Today. A Handbook of Policies and Principles, edited by M. Jung, S. Nikhilananda, H. W. Schneider (Leiden 1963) S.33-35.
Okumura, I., Eine Herausforderung. Zen und Christentum, in: Munen musō, ungegenständliche Meditation: Festschrift für Pater H. M. Enomiya-Lassalle zum 80. Geburtstag, hrsg. v. G. Stachel (Mainz 1980) S.397-404.
Ratschow, C. H., Leiden und Leidensaufhebung im Buddhismus und Christentum, in: Weltmission heute 26/27, hrsg. v. E. Dammann (Stuttgart 1965) S.50-68.
Rosenkranz, G., Die biblische Botschaft gegenüber dem Amida-Buddhismus, in: RGG I (1957) Sp. 1484-1486; 1486-1489.
Rzepkowski, H., Daisetz T. Suzuki und das Christentum, in: ZRGG 23 (1971) S.104-116.
Sangharakshita, M. S., Dialog zwischen Buddhismus und Christentum, in: Conc. 6/7 (1978) S.376-386.
Schurhammer, G., Die Disputationen des P. Cosme de Torres mit dem Buddhismus im Jahre 1551 (Tokyo 1929).
Secretariatus Pro Non Christianis (Hrsg.), Toward the Meeting with Buddhism (Ancora-Roma 1970).
Shimizu, M., Das ,,Selbst'' im Mahāyāna-Buddhismus in japanischer Sicht und die ,,Person'' im Christentum im Licht des Neuen Testaments (Leiden 1981).
Siegmund, G., Buddhismus und Christentum. Vorbereitung eines Dialogs (Frankfurt 1968).
Silva, L. A. de, Why Believe in God? The Christian Answer in Relation to Buddhism (Colombo 1970).
Spae, J. J., Buddhist Impressions of Christianity, in: The Japan Missionary Bulletin 26 (1972) S.448ff.
ders., Catholicism in Japan (Tokyo 1964).
ders., Buddhist-Christian Empathy (Chicago/Tokyo 1980).
ders., Christian Corridors to Japan (Tokyo 1965).
ders., Christianity Encounters Japan (Tokyo 1968).
ders., Contents of the Christian-Buddhist Dialogue, in: ZM 57 (1973) S.187-201.
ders., Redemption, Japanese and Christian. An Essay to Comparative Theology, Japanese and Christian, in: JapRel IV/3 (1964) S.35-47.
ders., Three Notes on the Christian-Buddhist Dialogue, in: ZM 59/1 (1975) S.20-29.
Stachel, G. (Hrsg.), Munen musō, ungegenständliche Meditation. Festschrift für Pater H. M. Enomiya-Lassalle zum 80. Geburtstag (Mainz 1978).
Suzuki, D. T., Buddhism and Other Religions, in: Relations among Religions Today. A Handbook of Policies and Principles, edited by M. Jung, S. Nikhilananda, H. W. Schneider (Leiden 1963) S.35-37.
ders., Talks on Buddhism II: Buddhism and Christianity, in: EBud NS XVI/2 (1983) S.1-8.
ders., Der westliche und der östliche Weg. Essays über christliche und buddhistische Mystik (Frankfurt-Berlin-Wien 1974).
Takizawa, K., ,,Rechtfertigung'' im Buddhismus und im Christentum, in: EvTh 39 (1979) S.182-195.
ders., Reflexion über die universale Grundlage von Buddhismus und Christentum (Studien zur interkulturellen Geschichte des Christentums Bd.24) (Frankfurt 1980).

ders., Zen-Buddhismus und Christentum im gegenwärtigen Japan, in: Gott in Japan, hrsg. v. U. Luz und S. Yagi (München 1974) S.139-159.
Thelle, N. R., Buddhist Views on Interfaith Dialogue, in: JapRel X/4 (1979) S.46-50.
ders., Prospects and Problems of the Buddhist-Christian Dialogue. A Report, in: JapRel X/4 (1979) S.51-65.
Tillich, P., ,,Ein christlich-buddhistischer Dialog", in: ders., Das Christentum und die Begegnung der Weltreligionen (Stuttgart 1964) S.35-46.
Tillich, P. and Hisamatsu, Sh., Dialogues East and West, in: EBud NS IV/2 (1971) S.89-107; V/2 (1972) S.107-128.
Tucker, N. C., The Contrast between Christian Ethics and the Ethics of Japanese Buddhism, in: JapRel I/4 (1960) S.12-18.
Ueda, S., Ascent and Descent: Zen in Comparison with Meister Eckhart (I), in: EBud NS XVI/1 (1983) S.52-73; (II) in: EBud NS XVI/2 (1983) S.72-91.
ders., Die Gottesgeburt in der Seele und der Durchbruch zur Gottheit. Die mystische Anthropologie Meister Eckharts und ihre Konfrontation mit der Mystik des Zen (Gütersloh 1965).
ders., Das Nichts und das Selbst im buddhistischen Denken: Zum west-östlichen Vergleich des Selbstverständnisses des Menschen, in: StPh XXXIV (1974) S.144-161.
Waldenfels, H., Absolutes Nichts. Zur Grundlegung des Dialogs zwischen Buddhismus und Christentum (Freiburg 1976).
ders., Absolute Nothingness. Preliminary Considerations on a Central Notion in the Philosophy of Nishida Kitarō and the Kyoto School, in: MN XXI/3 (1966) S.354-391.
ders., Christlicher Glaube und Zen, in: Munen musō, ungegenständliche Meditation. Festschrift für Pater H. M. Enomiya-Lassalle, Hrsg. v. G. Stachel (Mainz 1978) S.405-418.
ders., Der Dialog mit dem Zen-Buddhismus — eine Herausforderung für die europäischen Christen, in: Begegnung mit dem Zen-Buddhismus, hrsg. v. dems., (Düsseldorf 1980) S.62-85.
ders., Faszination des Buddhismus. Zum christlich-buddhistischen Dialog (Mainz 1982).
ders., Im Gespräch mit Buddhisten: Die Frage nach dem persönlichen Gott, in: Fides pro mundi vita, Missionstheologie heute. Festschrift für H. W. Gensichen, hrsg. v. Th. Sundermeier (Gütersloh 1980) S.184-196.
ders., Japans Gespräch mit dem Christentum Europas, in: StZ 177 (1966) S.81-92.
ders., Meditation — Ost und West, in: Theologische Meditation Bd.37, hrsg. v. H. Küng (Einsiedeln-Zürich-Köln 1975) S.34-40.
ders., Das schweigende Nichts angesichts des sprechenden Gottes. Zum Gespräch zwischen Buddhismus und Christentum in der japanischen Kyoto-Schule in: NZSTh 13 (1971) S.315-334.
ders., Searching for Common Ways, in: JapRel IX/1 (1976) S.36-56.

V. THEOLOGISCHE LITERATUR

Barth, K., Kirchliche Dogmatik I/2 (Zürich [5]1960).
Bornkamm, G., Paulus (Stuttgart [3]1977).
Brunner, E., Erlebnis, Erkenntnis und Glaube ([3]1941)
Bultmann, R., Glaube und Verstehen. Gesammelte Aufsätze I-IV (Tübingen [8]1980(I); [5]1968(II); [3]1965(II); [3]1975(IV)).
ders., Theologie des Neuen Testaments (Tübingen [7]1977).
Conzelmann, H., Grundriß der Theologie des Neuen Testaments (München [3]1976).
Cullmann, O., Heil als Geschichte. Heilsgeschichtliche Existenz im Neuen Testament (Tübingen 1965).
Ebeling, G., Jesus und Glaube, in: ZThK 55 (1958) S.64-110.
ders., Wort und Glaube (Tübingen [3]1967).
Gogarten, F., Von Glauben und Offenbarung (1923).
ders., Die Wirklichkeit des Glaubens (1957).
Häring, H., Die Macht des Bösen (Gütersloh 1979).

Jüngel, E., Gott als Geheimnis der Welt. Zur Begründung der Theologie des Gekreuzigten im Streit zwischen Theismus und Atheismus (Tübingen 1977).
Käsemann, E., Exegetische Versuche und Besinnungen I-II (Göttingen ⁶1975).
Kasper, W. (Hrsg.), Absolutheit des Christentums (Freiburg 1977).
ders., Absolutheitsanspruch des Christentums, in: Sacramentum Mundi I (Freiburg 1967) S.39-44.
ders., Der christliche Glaube angesichts der Religionen. Sind die nichtchristlichen Religionen heilsbedeutsam?, in: Wort Gottes in der Zeit: Festschrift für K.-H. Schelkle zum 65. Geburtstag, hrsg. v. H. Feld und J. Nolte (Düsseldorf 1973) S.347-360.
Kraus, G., Vorherbestimmung. Traditionelle Prädestinationslehre im Licht gegenwärtiger Theologie (Freiburg 1977).
Kümmel, W. G., Einleitung in das Neue Testament (Heidelberg ¹⁸1973).
Küng, H., Christsein (München 1974).
ders., Existiert Gott? Antwort auf die Gottesfrage der Neuzeit (München 1978).
ders., Rechtfertigung. Die Lehre Karl Barths und eine katholische Besinnung (Einsiedeln 1957).
Kuss, O., Der Römerbrief (Regensburg I/1957; II/1959).
Lohfink, G., Universalismus und Exklusivität des Heils im Neuen Testament, in: Absolutheit des Christentums, hrsg. v. W. Kasper (Freiburg 1977) S.63-82.
Margull, H. J., Zu einem christlichen Verständnis des Dialogs zwischen Menschen verschiedener religiöser Traditionen, in: EvTh 39 (1979) S.195-211.
Olivier, D., Luthers Glaube. Die Sache des Evangeliums in der Kirche (Stuttgart 1972).
Rahner, K., Grundkurs des Glaubens. Einführung in den Begriff des Christentums (Freiburg 1976).
ders., Schriften zur Theologie (Einsiedeln-Zürich-Köln 1954ff).
Ratzinger, J., Einführung in das Christentum (München 1968).
Schelkle, K. H., Paulus (Darmstadt 1981).
Schillebeeckx, E., Christus und die Christen. Die Geschichte einer Lebenspraxis (Freiburg 1977).
ders., Jesus. Die Geschichte von einem Lebenden (Freiburg-Basel-Wien ³1975).
Schlier, H., Besinnung auf das Neue Testament. Exegetische Aufsätze und Vorträge II (Freiburg 1964).
ders., Grundzüge einer paulinischen Theologie (Freiburg 1978).
ders., Der Römerbrief (Freiburg 1977).
Schoonenberg, P., Gott als Person/ als persönliches Wesen, in: Conc 13 (1977) S.172-179.
Seckler, M., Hoffnungsversuche (Freiburg-Basel-Wien 1972).
Tillich, P., Wesen und Wandel des Glaubens (Frankfurt-Berlin-Wien 1975).
Waldenfels, H., Der Absolutheitsanspruch des Christentums, in: Hochl. 62 (1970) S.202-217.
ders., Anmerkungen zum Gespräch der Christenheit mit der nichtchristlichen Welt, in: Kirche in der außerchristlichen Welt, hrsg. v. W. Böld/ H.-W. Gensichen/ J. Ratzinger/ H. Waldenfels (Regensburg 1967) S.95-141.
ders., Das geistige Klima Japans und das Christentum. Dokumentation Concilium, in: Conc. 2 (1966) S.730-739.
ders., Zum Gespräch der Christenheit mit der nichtchristlichen Welt, in: Kairos 8 (1966) S.179-192.
ders., Glaube hat Zukunft (Freiburg 1970).
ders., Zur Heilsbedeutung der nicht-christlichen Religionen in katholischer Sicht, in: ZM 53 (1969) S.257-278.
ders., Die neuere Diskussion um die ,,anonymen Christen'' als Beitrag zur Religionstheologie, in: ZM 60 (1976) S.161-180.
ders., Offenbarung als Selbstmitteilung Gottes im Sinne des Spezifisch-Christlichen, in: G. Oberhammer (Hrsg.), Epiphanie des Heils. Zur Heilsgegenwart in indischer und christlicher Religion (Wien 1982), S.131-147.
ders., Überlegungen zu einer japanischen Theologie, in: ZM 55 (1971) S.241-265.

ders., Unfähigkeit und Bedürfnis zu glauben. Versuch einer Diagnose unserer Zeit. (Theol. Meditationen 29) (Zürich-Einsiedeln-Köln 1972).
ders., Das Verständnis der Religionen und seine Bedeutung für die Mission in katholischer Sicht, in: EMZ 27/1 (1970) S.125-159.
Welte, B., Auf der Spur des Ewigen. Philosophische Abhandlungen über verschiedene Gegenstände der Religion und Theologie (Freiburg-Basel-Wien 1965).
ders., Heilsverständnis. Philosophische Untersuchung einiger Voraussetzungen zum Verständnis des Christentums (Freiburg-Basel-Wien 1966).
ders., Versuch zur Frage nach Gott, in: J. Ratzinger (Hrsg.); Die Frage nach Gott (Quaestiones Disputatae 56) (Freiburg-Basel-Wien 1972) S.13-26.
ders., Was ist Glauben. Gedanken zur Religionsphilosophie (Freiburg 1982).
Wilckens, U., Der Brief an die Römer Bd.1 (Köln 1978), Bd.2 (Köln 1980).

VI. RELIGIONSWISSENSCHAFTLICHE ABHANDLUNGEN

Anesaki, M., History of Japanese Religion (London 1930).
Asmussen, J. P. und Laessøe, J. (Hrsg.), Handbuch der Religionsgeschichte, 3Bde (Göttingen 1971).
Benz, E., Mystik als Seinserfüllung bei Meister Eckhart, in: Sinn und Sein. Ein philosophisches Symposion, hrsg. v. R. Wisser (Tübingen 1960) S.399-415.
Boxer, C. R., The Christian Century in Japan (London 1951).
Bsteh, A., Erlösung im Christentum und Buddhismus. Beiträge zur Religionstheologie 3 (St. Gabriel, Mödling 1982).
Bunce, W. K., Religions in Japan (Tokyo 1955).
Clemen, C. (Hrsg.), Die Religionen der Erde (München ²1949).
Cros, L. J. M., Saint François de Xavier, sa vie et ses lettres II (Toulouse 1900).
Cuttat, J.-A., Asiatische Gottheit — christlicher Gott. Die Spiritualität der beiden Hemisphären (Einsiedeln 1965).
ders., Begegnung der Religionen (Einsiedeln 1956).
ders., Zur christlichen Erfahrung und Spiritualität des Ostens, in: Conc. 5 (1969) S.708-713.
Delplace, L., Le catholicisme au Japan 1, Saint François Xavier et ses premiers successeurs 1540-93 (Bruxelles 1909).
Dürckheim, K. Graf, Vom doppelten Ursprung des Menschen in unserer Zeit. Seinsfühlung — Seinserfahrung (Freiburg i.Br. 1973).
Dungern, v. E. (Hrsg.), Das große Gespräch der Religionen (München-Basel 1964).
Edsman, C.-M., Die Hauptreligionen des heutigen Asiens (Tübingen UTb 1976).
Eliade, M., Patterns of Comparative Religion (London 1958).
Fischer-Barnicol, H. A., Denken in Meditation und mystischer Erfahrung, in: Munen musō, ungegenständliche Meditation: Festschrift für Pater H. M. Enomiya-Lassalle zum 80. Geburtstag, hrsg. v. G. Stachel (Mainz 1980) S.243-267.
Florenz, K., Die Japaner, in: Lehrbuch der Religionsgeschichte, hrsg. v. A. Bertholet und E. Lehmann (Tübingen 1924).
Glasenapp, H. v., Die Fünf Weltreligionen (Düsseldorf-Köln ²1967).
ders., Die Religionen der Menschheit. Ihre Gegensätze und Übereinstimmungen (Wien 1954).
Goldammer, K., Zur Idee des Dialogs und des dialogischen Denkens in den interkonfessionellen und interreligiösen Beziehungen und Erwägungen, in: Erneuerung der einen Kirche. Kirche und Konfession: Festschrift für H. Bornkamm, hrsg. v. J. Lell (Göttingen 1966) S.127-139.
Gundert, W., Japanische Religionsgeschichte. Die Religionen der Japaner und Koreaner in geschichtlichem Abriß dargestellt (Tokyo 1935. Stuttgart ²1943).
Heiler, F., Erscheinungsformen und Wesen der Religion (Stuttgart 1961).
ders., Das Gebet. Eine religionsgeschichtliche und religionspsychologische Untersuchung (München 1918. ⁵1923).

Henne, H., Die Religionen Japans, in: Handbuch der Religionsgeschichte Bd.3, hrsg. v. P. Asmussen und J. Lässe (Göttingen 1975) S.69-134.
James, W., The Varieties of Religious Experience. A Study in Human Nature (New York 1902; Tb London 1960); dt.: Die Religiöse Erfahrung in ihrer Mannigfaltigkeit. Materialien und Studien zu einer Psychologie und Pathologie des religiösen Lebens (Leipzig 1907).
Kitagawa, J. M., Religion in Japanese History (New York-London 1966).
Kohler, W., Der Wahrheitsanspruch des Christentums in einer pluralistischen Welt, in: Wahrheit und Toleranz: Das Gespräch der Religionen 2, hrsg. v. W. Kurtz (Stuttgart 1964) S.19-29.
Kuroki, M., Die Frage nach Gott in der modernen japanischen Philosophie — Nishida Kitarō und Tanabe Hajime, in: Verbum SVD (Societas Verbi Divini) (1975) S.273-305.
Küng, H., Der Gott der nichtchristlichen Religionen, in: H. Küng, Existiert Gott? Antwort auf die Gottesfrage der Neuzeit (München 1978) S.643-670.
ders., Die Herausforderung der Weltreligionen, in: H. Küng, Christ sein (München 1974) S.81-108.
ders., Die Religionen als Anfrage an die Theologie des Kreuzes, in: EvTh 33 (1973) S.401-431.
ders., u. van Ess, J., v. Stietencron, H., Bechert, H., Christentum und Weltreligionen (München 1984).
Kurtz, W., Wahrheit und Toleranz. Die Begegnung mit dem indischen Geist, in: Das Gespräch der Religionen 2, hrsg. v. W. Kurtz (Stuttgart 1964).
Lanczkowski, G., Begegnung und Wandel der Religionen (Düsseldorf-Köln 1971).
Leeuw, G. van der, Phänomenologie der Religion (Tübingen ²1956).
Ling, T., A History of Religion East and West. An Introduction and Interpretation (London 1968); dt.: Die Universalität der Religion. Geschichte und vergleichende Deutung (München 1971).
Loth, H.-J., Mildenberger, M., Tworuschka, U., Christentum im Spiegel der Weltreligionen. Kritische Texte und Kommentare (Stuttgart 1978).
Lüth, P., Die Japanische Philosophie der Gegenwart (Tübingen 1944).
Mensching, G., Buddha und Christus (Stuttgart 1978).
ders., Das Christentum in den Auseinandersetzungen der Religionen heute, in: Das Große Gespräch der Religionen, hrsg. v. E. v. Dungern (München-Basel 1964) S.11-27.
ders., Die Idee der Sünde. Ihre Entwicklung in den Hochreligionen des Orients und Occidents (Leipzig 1931).
ders., Der offene Tempel. Die Weltreligionen im Gespräch miteinander (Stuttgart 1974).
ders., Die Religion. Eine umfassende Darstellung ihrer Erscheinungsformen, Strukturtypen und Lebensgesetze (Stuttgart 1959).
ders., Die Religionen und die Welt (Bonn 1949).
ders., Die Söhne Gottes. Aus den Heiligen Schriften der Menschheit (Wiesbaden o.D.).
ders., Soziologie der großen Religionen (Bonn 1966).
ders., Soziologie der Religion (Bonn ²1968).
ders., Toleranz und Wahrheit in der Religion (1955; Tb-Ausgabe München-Hamburg 1966).
ders., Vergleichende Religionswissenschaft (Heidelberg ²1949).
ders., Die Weltreligionen im Gespräch untereinander, in: Transzendenz und Immanenz. Philosophie und Theologie in der veränderten Welt, hrsg. v. D. Papenfuss und J. Störing (Stuttgart-Berlin-Köln-Mainz 1977) S.309-316.
ders., Zur Metaphysik des Ich (Gießen 1934).
Nakamura, K. (Hrsg.), Women and Religion, JapJRS X/2-3 (1983).
Nishida, K., Fundamental problems of philosophy. The world of action and the dialectical world (Tetsugaku no kompon mondai), translated by D. A. Dilworth (Tokyo 1970).

ders., Die intelligible Welt. Drei philosophische Abhandlungen, übersetzt und eingeleitet v. R. Schinzinger (Berlin 1943).
ders., A Study of Good — Zen no Kenkyū, translated by H. v. Viglielmo (Tokyo 1960).
ders., Towards a Philosophy of Religion with the Concept of a Pre-established Harmony as Guide, in: EBud NS III/1 (1970) S.19-46.
ders., Was liegt dem Selbstsein zugrunde?, in: Gott in Japan, hrsg. v. U. Luz und S. Yagi (München 1973) S.94-112.
Nishitani, K., The Awakening of Self in Buddhism, in: EBud NS I/2 (1966) S.1-11.
ders., Die religiös-philosophische Existenz im Buddhismus, in: Sinn und Sein. Ein philosophisches Symposion, hrsg. v. R. Wisser (Tübingen 1960) S.381-398.
ders., Shūkyō to wa nani ka (Was ist Religion?) (Tokyo 1976). Deutsche Übersetzung: Was ist Religion?, übers. v. D. Fischer- Barnicol (Frankfurt 1982). Englische Übersetzungen der einzelnen Kapitel:
— What is Religion? (1), in: PSJ II (1960) S.21-64.
— The Personal and the Impersonal in Religion (2), in: EBud NS III/1 (1970) S.1-19; III/2 (1970) S.71-89.
— Nihilism and Śūnyatā (3), in: EBud NS IV/2 (1971) S.30-49; V/1 (1972) S.55-69; V/2 (1972) S.95-106.
— The Standpoint of Śūnyatā (4), in: EBud NS VI/1 (1973) S.68-91; VI/2 (1973) S.58-86.
— Emptiness and Time (5), in: EBud NS IX/1 (1976) S.42-71; X/2 (1977) S.1-30.
— Emptiness and History (6), in: EBud NS XII/1 (1979) S.49-82; XII/2 (1979) S.55-71; XIII/1 (1980) S.9-30.
Piovesana, G. K., Recent Japanese Philosophical Thought, 1862-1962. A Survey. MNM 29 (Rev. ed. Tokyo 1968).
Radhakrishnan, S., Eastern Religions and Western Thought (London 1939).
Raguin, Y., Personal Experience of God in Christianity, in: Christian Monks and Asian Religious Proceedings of the Second Asian Monastic Congress in Bangalore (Oct. 1973), in: Cistercian Studies. Quarterly Review IX/2-3 (1974) S.158-172.
Reischauer, A. K., The Nature and Truth of the Great Religions. Toward a Philosophy of Religion (Tokyo 1966).
Riesenhuber, K., Gebet als menschlicher Grundakt, in: Munen musō, ungegenständliche Meditation: Festschrift für Pater H. M. Enomiya-Lassalle zum 80. Geburtstag, hrsg. v. G. Stachel (Mainz 1980) S.317-339.
Schinzinger, R., Über Kitarō Nishidas Philosophie, in: MN III/1 (1940) S.28-39.
Schlette, H. R., Colloquium Salutis. Christen und Nichtchristen heute (Köln 1965).
ders., Die Konfrontation mit den Religionen (Köln 1964).
ders., Die Religionen als Thema der Theologie. Quaestiones Disputatae 22 (Freiburg-Basel-Wien 1964).
Schoeps, H.-J., Religionen. Wesen und Geschichte (Gütersloh 1961).
Schröder, Ch. M. (Hrsg.), Die Religionen der Menschheit (Stuttgart 1960ff).
Schütte, J., Valignanos Missionsgrundsätze für Japan I-II (Rom 1958).
Seckler, M., Sind Religionen Heilswege?, in: StZ 95 (1970) S.187-194.
Spae, J. J., Japanese Religiosity (Tokyo 1960).
Strolz, W. u. Ueda, Sh. (Hrsg.), Offenbarung als Heilserfahrung in Christentum, Hinduismus und Buddhismus (Freiburg-Basel-Wien 1982).
Suzuki, D. T., Japanese Spirituality; translated from the Japanese by N. Waddell (Tokyo 1972).
ders., Moral Principles of Action (New York 1952).
ders., Vom Leben angesichts der Ewigkeit, in: Sinn und Sein. Ein philosophisches Symposion, hrsg. v. R. Wisser (Tübingen 1960) S.417-432.
Takeuchi, Y., The Philosophy of Nishida, in: JapRel III/3 (1963) S.1-32.
Takizawa, K., Über die Möglichkeit des Glaubens, in: EvTh 2 (1935) S.376-402.
ders., Was hindert mich noch, mich taufen zu lassen? Antwort, in: Antwort. Karl Barth zum 70. Geburtstag (Zürich 1956) S.911-925.

Tsujimura, K., Die Seinsfrage und das absolute Nichts — Erwachen, in: Transzendenz und Immanenz. Philosophie und Theologie in der veränderten Welt, hrsg. v. D. Papenfuss und J. Söring (Stuttgart-Berlin-Köln-Mainz 1977) S.289-301.
Ueda, S., Das menschliche Selbst und das Nichts. Philosophische Aspekte, in: Universitas 30. Jhg./10 (1975) S.1047-1052.
Varen, B., Tractatus de religione in regnis Japoniae (Amstelodami, apud Ludovicum Elzevirium 1649).
Wach, J., Typen religiöser Anthropologie. Ein Vergleich der Lehre vom Menschen im religionsphilosophischen Denken von Orient und Okzident (Tübingen 1932).
ders., Vergleichende Religionsforschung (Stuttgart 1962).
Widengren, G., Religionsphänomenologie (Berlin 1969).
Yagi, S., Selbsterwachen und Liebe. Zur Überwindung des objektivierenden Denkens, in: Munen musō—ungegenständliche Meditation: Festschrift für Pater Hugo M. Enomiya-Lassalle zum 80. Geburtstag, hrsg. v. G. Stachel (Mainz 1980) S.268-285.
Zaehner, R. C., Mystik, religiös und profan (Stuttgart 1961).

VII. HISTORISCH-KULTURELLE SCHRIFTEN

DeBary, W. T./ R. Tsunoda/ D. Keene, (Ed.), Sources of Japanese Tradition (New York-London 1958).
Basabe, F. M., Religious Attitudes of Japanese Men. A Sociological Survey. MNM 29 (Tokyo 1968).
Benl, O., Japanische Geisteswelt vom Mythos zur Gegenwart (Baden-Baden 1956).
Brinker, H., Die zen-buddhistische Bildnismalerei in China und Japan von den Anfängen bis zum Ende des 16. Jahrhunderts. Eine Untersuchung zur Ikonographie, Typen- und Entwicklungsgeschichte (Münchner Ostasiatische Studien Bd.10) (Wiesbaden 1973).
Haas, W. S., Östliches und westliches Denken. Eine Kulturmorphologie (Hamburg 1967).
May, J., Vom Vergleich zur Verständigung. Die unstete Geschichte der Vergleiche zwischen Buddhismus und Christentum, 1880-1980 in: ZM 66 (1982) S.58-66.
Moore, Ch. A., (Ed.), The Japanese Mind. Essentials of Japanese Philosophy and Culture (Tokyo 1973).
Nakamura, H., A History of the Development of Japanese Thought. 2 vols. (Tokyo 1967).
ders., Ways of Thinking of Eastern People (Honolulu 1974).
Reischauer, E. O., The Japanese (Tokyo 1978).
ders., Japan Past and Present (London 1964).
Roggendorf, J., Studies in Japanese Culture (Tokyo 1963).
Saeki, Y., The Nestorian Documents and Relics in China (Tokyo 1937).
Samson, G. B., Japan. A Short Cultural History (Tokyo ²1974).
Schinzinger, R., Der Denkstil Ostasiens, in: NOAG 73 (1952) S.13-23.
Schurhammer, G.-Voretzsch, E. A. (Übers.), Die Geschichte Japans von P. Luis Frois (Leipzig 1926).
Schurhammer, G.-Wicki, J. (Ed.), Epistolae S. Francisci Xaverii II (Rom 1945).
Schurhammer, G., Der hl. Franz Xaver in Japan (Schöneck-Beckenwied 1947).
Schwebell, G. C. (Hrsg.), Die Geburt des modernen Japan in Augenzeugenberichten (München dtv-Tb 1981).
Seckel, D., Buddhistische Kunst Ostasiens (Stuttgart 1957).
ders., Grundzüge der buddhistischen Malerei (Tokyo 1945).
ders., Die Kunst des Buddhismus (Baden-Baden 1962).
Isuda, N., Handbook of Japanese Art (Tokyo 1976).
Vitzthum, E. (Hrsg.), Die Briefe des Francisco de Xavier 1542-1552 (München ³1950).

INDEX

Ajatasatrū 8
akunin 31, 111
aman 137
Amida-Buddha 1, 6, 7, 8, 9, 10, 11, 13, 15, 17, 26, 27, 28, 29, 30, 31, 33, 34, 35, 36, 37, 38, 39, 40, 41, 42, 44, 45, 46, 47, 48, 49, 50, 51, 52, 53, 54, 55, 57, 58, 59, 62, 63, 64, 65, 67, 68, 69, 71, 76, 77, 91, 92, 93, 96, 97, 98, 109, 110, 111, 112, 113, 118, 119, 121, 122, 123, 125, 127, 131, 133, 135, 136, 142, 144, 148, 151, 152, 153, 154, 155, 160, 161, 165
Amida-Buddhismus 1, 2, 3, 4, 6, 107, 116, 122, 127, 132, 154
amida-butsu 8
Amida-kyō 7
Amitābha 8, 27, 112
Amitāyur-dhyāna-sūtra 7
Amitāyus 8, 27, 112
Ānanda 7, 27
anārya 31
anattā 143
Andere Kraft 6, 9, 11, 21, 26, 30, 32, 33, 34, 36, 44, 46, 47, 49, 50, 52, 53, 55, 57, 60, 61, 64, 67, 70, 97, 111, 114, 117, 118, 132, 133, 148, 155
Anraku-shū 10
anuttarā samyak sambodhi 76/77
Arhat 5, 6, 143
asaṃskṛta 80
Asita 104
Aśvaghoṣa 22, 83
ātman 5, 23, 143
anātman 5, 23, 143, 146
attan 23
Aufnehmen und nicht wieder verlassen 28, 42, 67
Augenblick, Ein 58, 60, 62, 68, 134
Aussprechen des Namens Amida Buddhas 8, 10, 11, 13, 15, 16, 21, 30, 33, 35, 42, 43, 44, 46, 47, 48, 51, 53, 70, 78, 113, 114, 126, 132, 143, 148
avaivartika 67
Avalokiteśvara 14
Avataṃsaka-sūtra 9, 66, 89, 96
avidyā 21

bāla 24
Befreiung (Erlösung) 4, 9, 10, 11, 13, 14, 15, 16, 17, 21, 25, 30f, 35f, 39, 43ff,
67, 70, 73, 74, 76, 78, 79, 80, 91f, 96, 97f, 111, 117, 125, 126, 131, 133, 136, 142, 147, 149, 150, 152, 154, 158
berith 111
bhūta-tathatā 5, 22, 83
Bimbisara, König 8
bodai 77
bodaishin 39, 52
bodhicitta 39, 52
Bodhiherz 35
Bodhisattva 5, 6, 9, 16, 27, 37, 38, 39, 40, 41, 43, 53, 63, 68, 90, 91, 95, 101, 121, 133, 152, 153
Bodhisattvaschaft 9
bonbu 24
bonno 23
bosatsu 38
Buddha 4, 5, 7, 10, 12, 21, 28, 32, 41, 42, 43, 47, 50, 51, 58, 66, 74, 78, 79, 89, 96, 97, 112, 115, 132, 133, 134, 136, 148, 152, 154
Buddhas 8, 13, 16, 43, 52, 88, 90, 112, 126
Buddhaheit (Buddhasein) 65, 88, 97, 98
Buddha-Herz 52, 57, 96
Buddhanatur 12, 21, 76, 79, 89, 94, 95, 96, 156
buddha nusmṛiti 42
buddha nusmṛiti samādhi 43
Buddhaschaft 15, 35, 39, 42, 48, 74, 77, 95, 112, 127
buddhatā 94
Buddha-Werden 40, 54, 64, 65, 69, 74, 75, 94, 95, 149
bushidō 109

Cakravartin, König 34
charis 139
chie 27, 40, 84
chigan 30

Daichido-ron 9
Daimuryōjukyō 7
daishin 57
Daseinsfaktoren 23
Daśabhūmika-vibhāsa-śāstra 9
Dharma 4, 28, 49, 64, 66, 88, 90, 91, 92, 97
  der Eine 83, 90
  der Nicht-Dualität 84
Dharma an sich 88, 90, 91

INDEX

Dharmākara 7, 27, 29
Dharmakāya 5, 88f, 90f, 93, 95, 120, 154f
  (manifestierter) 29, 88, 90ff, 155
  (formloser) 29, 88, 91
  (ungeschaffener) 76, 89f
Dharmakörper 5, 28f, 77, 79, 82, 88ff, 90, 92, 144, 155
dharmatā 82
Dharma-Natur 76, 79, 82, 84, 90, 95
dikaiosüne 138
Dōgen 12, 17, 108
Donran 9, 14
Dōshaku 10
dōsō 36
duṣkara 60

edō 73
Eigene Kraft (Anstrengung) 6, 9, 25, 30ff, 33f, 36, 38, 50f, 53, 55f, 61, 64, 71, 73, 97, 114, 117, 126, 132, 134, 136, 140, 148
Eisai 12
eka-kṣaṇa 62
ekō 37, 93
  fuekō 38
  ganriki — 38
  gensō — 37f, 90
  hotsugan — 38
  ōsō — 37f, 60
  shishin — 53
  — shin 56
  tariki — 37
Entstehen in Abhängigkeit 142f
Erleuchtung (Erwachen) 6, 8, 10, 13, 21ff, 26f, 34f, 37ff, 40, 42, 48, 62, 68ff, 73f, 76ff, 80, 82, 84, 93ff, 96, 121f, 143, 149, 152f
eshin 61
Eshin-ni 14f

fide (sola) 114, 140
fides qua 137
fides quae 137
fuō no ō no ōjō 72
fushō no shō 72

ganriki 89
Gautama 4, 104
Geburt im Reinen Land (Buddha-Land, Land der Erfüllung) 15, 21, 31f, 35, 37f, 40, 43ff, 48f, 51ff, 55f, 58ff, 62, 64, 68ff, 71f, 74, 75f, 87, 95, 112, 137, 144, 149
  (in den Randgebieten) 70

Geburt (Leben) und Tod (Samsara) 24f, 30f, 38, 47, 62, 68, 72f, 77, 80, 86
Gedanke, Ein 62, 63, 91
gedatsu 25
Gelöbnis (Gelübde) 16, 26, 29, 42, 44, 46ff, 56, 64f, 73, 77, 92, 95, 97f, 111f, 113, 121, 126, 132, 152
18. Gelöbnis 35f, 49, 52, 54
19. Gelöbnis 35
20. Gelöbnis 35
22. Gelöbnis 38, 95
17. Gelöbnis 42
11. Gelöbnis 77
48 Gelöbnisse 7, 36
Genku 12
Genshin 3, 11, 13
Gesetz von Ursache und Wirkung 24
Gestalt, Wahre 65, 79, 82
Gifte (drei) 26
Glaube(n) Wahrer 2, 15, 17, 21, 26, 30, 33ff, 36ff, 42, 44ff, 47ff, 50, 51ff, 56f, 58f, 60, 61f, 64ff, 67, 68ff, 71, 72, 76, 78f, 83f, 87, 95f, 105, 111, 113f, 116ff, 119, 122ff, 126f, 132f, 135f, 142, 148, 152, 157; (christlich): 137ff, 140f, 144, 147, 151
  – Glaube und Freude (freudiger Glaube) 31, 55
  – Tariki-Glaube 34, 36, 53
Glaube (tiefer) 13, 51
Erwachen (Entstehen) des Glaubens 22, 47, 49, 62, 70, 72, 73, 76, 134, 148
Gnade 124, 138, 140f
gō 25
Godenshō 110
gokuraku 113
Gruppe der wahrhaft Bestimmten (Stand der rechten Gewißheit) 24, 67ff, 70, 76f, 118
Gutoku-shō 17
gyō 2, 42

hakarai 36, 49
Hanjusan 11
Hannen 14
Heian-Periode 12, 14
Heil 139ff, 150, 152f
Herz
  – aufrichtiges 43, 50f, 54ff, 58, 67
  – aufrichtiges Herz Buddhas 38, 50ff, 53ff, 68
  – wahres, wirkliches Herz Buddhas 52f, 55, 56f, 95, 134
  – Herz aus Diamant 57, 59, 66f
  – dreifach gläubiges Herz 54, 57f

- drei Herzen des Meditations-Sutra 56f
- Ein Herz 46, 57f, 91
- Herz der Erleuchtung 39
- Herz das Geburt ersehnt 55f, 59
- gläubiges, vertrauendes Herz 13, 16, 31, 43, 50f, 54, 57f, 60, 95, 144, 149
- Herz und Geist 50, 73
- tiefes Herz 56
- wahres, wirkliches Herz 26, 52, 56, 60, 64, 66f, 71, 96f
higan 30
higyō 35, 44
hizen 35, 44
Hīnayāna 4, 22, 79
hō 64
hōben 29, 40, 46, 51, 56, 74, 91, 136
hōben hosshin 88, 90, 91, 92, 95, 121
hōbutsu hōdo 71
Hokke-kyō 12
hōjin 76, 91f
Hōjisan 11
hongan 16, 26f, 29ff, 32ff, 35ff, 38f, 41f, 45ff, 48ff, 52f, 55, 57ff, 60ff, 64, 68, 71, 73, 77f, 91, 95, 133ff
  (Kraft des hongan) 39, 50f, 53, 57, 60, 62, 64, 68, 78, 134
Hōnen 2f, 12ff, 15ff, 32, 35, 43f, 56, 70, 114, 117, 125f
hosshin 88, 90, 92, 121
hosshō 82
hosshō hosshin 88, 90, 92, 120
mui hosshin 89
Hossō-shū 70
Hōzō (Bodhisattva) 7, 27, 29, 92, 112, 121, 152, 154

Ich 5f, 23ff, 34, 44, 47, 51, 60f, 81, 117, 132ff, 135ff, 142
- Nicht-Ich 6, 23, 142f, 146f
ichinen 62f
Ichinen-tanen mon'i 17
ichinyo 82
igyōdō 9, 60
Igyōhon 9
Ippen Shōnin 17, 47
ippoku 83
isshin 57
isshō fusho 95

Jātakas 104
Jesus (Christus) 104, 114, 121f, 124, 128ff, 137, 139, 140f, 147, 150f, 154, 161ff
jiga (ga) 23, 143

jihi 28, 40, 89
jinen 63ff, 73, 98
jinen hōni 64
jinshin 56f, 60
jinyūhitsujō 68
jiri 39f
jiriki 9ff, 16, 21, 34
Ji-shū 17, 47
jissō 82
jōbutsu 74f, 94, 97, 113
jōdo 69, 72
Jōdo-mon 10, 117
Jōdo monrui jushō 17
Jōdo-ron 9, 57f, 83
Jōdo-ronchū 9
Jōdo sangyō ōjō shinan shō 17
Jōdo-shin-shū 2, 6, 14, 16, 18, 108, 110
Jōdo-shū 2, 6, 13, 110
Jōdowasan 17
Johannes 139f, 151
jōzabu 4
Jūjūbibasha-ron 9
juni innen 142

Kakunyo Shōnin 16, 63, 110
Kamakura-Periode 12, 17
Kangyō-gi 11, 13
Kanmuryōjukyō 7
Kannon 14
Karma 5, 25, 45, 53, 63f, 66, 71, 79f, 119, 121f
karuṇā 6, 28, 40, 89
Kegon-gyō 9
Kegon-shū 12
Ken-Jōdo-Shinjitsu-Kyōgyōshinshō-monrui 16
Kenosis 161
keshin 76, 91f
kihō ittai 97, 136, 144, 154
Kishinron 22
kleśa 23
Körper
  (der Erfüllung) 76, 91
  (der Entsprechung) 76
  (der Transformation) 91
kongō-shin 57
Kleinodien, drei 4
Konstituenten aller Wesen 59
Kōsō wasan 17
kreuzweise springen 60, 62
kū 9, 82, 85
kukyō hosshin 89
kyō 2, 38
Kyōgō 70, 73
Kyōgyōshinshō 2f, 16f, 58, 76, 82, 90, 111

Land (Buddha-) 13, 27, 32, 35, 37, 39f, 47f, 59, 62, 71ff, 74, 76f, 115, 122, 149
Leben, ewiges 7, 27, 44, 46, 112, 126, 151, 154
Leere 9, 29, 76, 79, 82, 85ff, 88, 90, 93, 94f, 143, 148, 153ff, 156f, 165
Lehre 2, 33, 38
Leiden 21f, 24ff, 29, 30f, 39, 55, 59, 66, 73, 79, 91, 105, 116, 143, 148, 149
Leidenschaften 21, 23ff, 30ff, 33, 35, 50, 52f, 59f, 66, 69, 71, 73, 77ff, 80, 85, 94, 97, 133
Licht, unbegrenztes 7, 26f, 44, 46, 53, 63, 71, 78, 91, 112, 125, 151, 153f
Liebe, unbegrenzte (Erbarmen) 6, 8, 26ff, 29f, 32, 33, 40, 46, 51f, 53ff, 65, 67, 73, 80f, 89, 91, 96, 98, 105, 112, 121f, 125, 144, 152, 154f, 158, 160ff, 164; (christlich): 140, 147
Lokeśvara Buddha 27
Lotus-Sutra 12

Madhyāmika 8, 86
Madhyāmika kārikā Vrtti 80
Madhyāmika śāstra 80
Maitreya Buddha 74
Mahāyprajñā pāramitā-śāstra 9
Mahāyprajñā pāramitā-sūtra 86
Mahāyāna 4ff, 9, 22, 69, 76, 79f, 119, 143, 153, 155
Mahāyāna Śraddhotpāda 22, 83
Mañjuśrī (Bodhisattva) 84
mappō 10f, 117
Mattōshō 17
Meditations-Sutra 8, 10, 55ff
Memyō 22
metanoia 137
metsudo 79
Mittel/Mittler 39f, 46, 51, 56f, 61, 65, 74, 88, 93, 128, 136, 140, 150, 161
mu 85
muga 23, 143, 146
muge 143
mui 80
mujōshogaku 77
mumyō 21f, 79
myōgaku 39
myōgō 44, 46
Myōhō Rengekyō 12
myōkōnin 2, 66
myō-u 156

Nāgārjuna 3f, 8f, 68, 80, 85f
namadheya 44
Name (Amida Buddhas) 8, 10, 13, 17, 27, 35, 42ff, 44, 45ff, 53, 57, 71f, 84, 91f, 112, 114, 135f

Name Jesus Christus 124, 128
namo amitābha buddha 44
namu-amida-butsu 13, 42, 44, 46f, 135ff
nangyōdō 9, 60
Natürlichkeit 63f, 65, 73
nehan 69, 78
nenbutsu 8, 10f, 13ff, 17, 21, 28, 32, 36, 42ff, 47ff, 52, 60, 64, 67, 69ff, 114, 134ff, 143, 149, 154
nenbutsu sammai 43
Neue Religionen 1, 6
Nichiren 12, 17
 (Nichiren-Buddhismus) 1, 2, 6
Nichts, absolutes 143, 145, 153, 155ff, 165
nigatoe 58
nirmānakāya 91, 121
Nirvāṇa 5f, 27, 39, 46, 64ff, 69, 74, 76ff, 79, 80, 84, 86, 90, 113, 122f, 127, 148f, 152, 157
Nirvāṇa-sūtra 87, 92ff
niyatarāṣi 68
nyorai 29, 33, 36f, 62, 64, 68, 90ff, 93f, 95, 96, 112, 160
nyorai tōdo 97
nyūshōjōjushishū 68

ōchō 62
ōjin 76, 91f
ōjō 15, 21, 69ff, 74f
 – großes 70
 henji no 70
 junji 70
 ketsujō 70
 kleines 70
Ōjō raisan 11
Ōjō yōshū 11, 13

Parabel (Die zwei Ströme und der weiße Pfad) 58
parigrhṇiyam saṃgram 67
Parinirvāṇa 94
pariṇāmanā 6, 37
Paulus 107, 130, 137f, 140, 144
Person 88, 108, 121, 143ff, 147, 160
Personalität 120f, 144, 157
 Impersonalität 120f
 personaler Gott 155, 157, 160
Pfad (Weg) 60, 71
 – achtgliedriger 5
 – heiliger 13, 25, 117, 125
 – leichter 9, 60, 71
 – Reiner Land-Pfad 13
 – schwieriger 9, 60
pistis 137
prajñā 26f, 89, 90
praṇidhāna bala 89

INDEX

pratītya samutpāda 142
Praxis 2, 119, 164
- leichte 9
- rechte/wahre 33, 38, 42, 47f, 53, 69
- schwierige 9
pūrva praṇidhāna 27, 29

Realisation (Verwirklichung) 2, 33, 38, 76
Reich Gottes 150
Reine-Land-Buddhismus 1, 2, 17, 76f, 88, 107, 109f, 116, 127
Reine-Land-Lehre 3, 9, 11, 16f, 27, 33, 36, 51, 77, 107f, 111, 114ff, 123ff, 127, 154
Reine-Land-Lehrer 3, 9, 34, 53, 56, 96
Reine-Land-Schulen 2, 6, 8f, 109, 125, 127
Reine-Land-Sutren 109, 125, 127
Reines Land (Buddha Land) 1, 6, 8ff, 11, 27f, 31f, 40, 43ff, 49, 56, 60, 69f, 72ff, 78, 83f, 109, 111, 113, 122, 127, 131, 147ff, 152
Rennyo Shōnin 17, 97
rinne 25
Rinzai-Zen 12
rita 39f, 81, 90
rūpakāya 91
Ryuju 8

Saddharma Puṇḍarika-sūtra 12
sahā-lokadhātu 73
Saichi 136
Saihō shinanshō 17
Śākyamuni 4f, 7f, 10, 23, 27, 29, 51, 59, 115, 152, 163
samādhi 47
samgha 4f
sammai 47
samsāra 6, 25, 57, 73, 90
San-Amida-butsu-ge 9
sangantennyu 35f
sanjin 56f
sanshin 50, 56, 58
satori 21, 25
seigan 30
Selbst (wahres) 23, 34, 75, 78, 105, 108, 134ff, 137, 142f, 146f, 148, 153, 155ff, 164f
senjaku hongan 30
senjaku hongan nenbutsu shū 13
senshin 14
Seshin 9
sesshu fusha 67
shaba 73
Shakkū 14

Shan-tao 3, 10f, 13, 28, 43, 45, 51, 56, 58f, 67, 95f
shijōshin 56
shin 2, 49
Shin-Buddhismus 2, 9, 97, 107, 131, 140, 142, 154
Shingon 6, 11f
shingyō 54f, 57f
shinjin 50, 52, 54, 58
shinnyo 22, 82f, 120
Shinran 2f, 8, 12f, 14ff, 17f, 21, 24f, (26), 28, 30, (31), 32ff, 35ff, 38f, (40), 42f, (45), 46f, 49, 51ff, 54, (56), 57, (58), 60, (61), 62, 62ff, 65f, (67), 68ff, 72, 73, 74, 76ff, 79f, (81), 82, 86f, 90, (91), 92, 93f, (95), 96, 97, 107ff, 110f, 114, 117, 126, 136, 149, 152
shintai 119
shishin 54f, 57f
shō 2, 76
shōbō 10f
shōdōmon 10
shōmyō 43f, 46
shōjō 4
shōjōju 67f
Shōshinge 111
Shotoku Taishi 14
Shōzōmatsu wasan 17
skandha 23
soku shin soku butsu 96
Sosein/Soheit 5f, 21, 23, 29, 65, 75f, 79, 82, 84f, 88f, 91ff, 148
So-wie-es-ist (sein) 21f, 25, 54, 75f, 82ff, 86, 88, 161
Sōtō-Zen 12
sukhāvatī 72, 113
Sukhāvatī-vyūha-sūtra
  (Größeres) 7, 9, 27, 50, 52, 54, 56, 61
  (Kleineres) 7
sulabha 60
śunyā 5, 85, 87
śūnyatā 9, 82f, 85ff, 88, 143, 155, 157
aśūnyatā 83
Sutra vom Ewigen Leben 7

T'an-luan 3, 9f, 14, 34, 37f, 43, 51, 68, 72, 74f, 80, 84, 86, 91, 97
Tannishō 17, 77, 107, 111
Tao-ch'o 3, 10f, 43
tariki 9, 21, 33ff, 49, 96f, 111, 114, 117, 132
tathāgata 29, 91f, 94, 96, 112, 155
tattva 5
tattvasya lakṣaṇam 82
Tendai 6, 11ff, 14, 32, 36
Tenjin 9

Theravāda 4ff, 153
Tokugawa Ieyasu 103
Tore der Meditation (fünf) 40
Tripitaka 110

Umkehr 61f, 72, 137, 139, 144
un 23
ungeboren 86, 94
ungeschaffen 79f, 82f, 87
Unklarheit 21ff, 24ff, 29ff, 39f, 42, 45, 50, 54, 57, 59f, 63, 71f, 73, 78f, 82, 94, 133, 135, 148
upāya 39f, 46, 91

Vaidehi 8
varṇa 43
vajra 57
Vasubandhu 3, 8f, 14, 37f, 40, 57, 80, 82, 90
Verbrechen, fünf schwere 49
Verlassen, niemals wieder 66f, 68
Verlöschen 79
Versprechen (Amidas) 16, 21, 26f, 29f, 32, 38f, 42, 45ff, 49, 53, 62, 65, 67, 96, 126, 132f, 136, 148, 152
48 Versprechen 27
vijnānvāda 9
Vimalakīrti 84

Wahre (letzte) Wirklichkeit 21, 24f, 27ff, 46, 54, 60, 63, 65, 74, 76, 79f, 82f, 84f, 88, 91, 92, 135f, 148, 155ff, 158, 160, 163f
Wahrheiten, vier heilige 5
Weisheit 8, 26ff, 29ff, 40, 45, 46, 54, 62, 64, 65, 80f, 84, 89ff, 96, 121, 148, 152f, 155, 161
Wende des Herzens 61, 63, 116, 118, 144
Wesen (törichte, irrende) 24, 26, 31, 35, 134

Yogācāra 9, 82
yokushō 54, 57
yokushōshin 55, 58
Yuien 17, 77
Yuima 84
Yuima-kyō 84
yuishiki 6
Yuishinshō-mon'i 17, 50, 63

Zen 1, 2, 6, 18, 78, 156
Zendō 10
zōbō 10f
zoe 139
zokutai 119
Zurückfallen (nicht wieder) 40, 53, 66ff, 69f, 79
Zuwenden (Übertragung) 33, 37f, 39f, 41, 51, 53, 55, 60f, 91, 93, 95, 161
— Verdienst - 37f, 69, 76

NAMEN-VERZEICHNIS

Abe, M. 103, 157
Albertus Magnus 2
Amore, R. G. 104

Bandō, Sh. 136, 148f, 160, 164
Banyū, N. 103
Bareau, A. 103
Barth, K. 3, 107f, 124, 132f, 154, 158
Bechert, H. 103
Beckh, H. 103
Bertholet, A. 105
Bloom, A. 108
Buri, F. 107
Butschkus, H. 3, 107f, 116, 132, 154f

Cantwell Smith, W. 106
Capra, F. 105
Cobb, J. B. 108
Coelho, C. 102
Conze, E. 103

Dammann, E. 105
Darwin, Ch. 105
De Bunsen, E. 104
De Krester, B. 105
De Silva, L. 105
Dharmasiri 105
Dumoulin, H. 7, 105, 164

Edmunds, A. J. 104

Faber, G. 104
Florenz, K. 125
Foucher, A. 103
Fox, D. A. 105
Francisco de Xavier 101
Franz v. Assisi 105
Frauwallner, E. 103

Garbe, R. 103
Glasenapp, H. v. 103

Grimm, G. 105

Haas, H. 3, 107ff, 110, 131f, 154
Heidegger, M. 105
Hideyoshi Toyotomi 102
Hisamatsu, Sh. 156
Hoshino, G. 155

Jaspers, K. 105
Jitsuzen 110
Johnston, W. 105

Kaempfer, E. 102
Kant, E. 105
Kasper, W. 140, 147, 160
Kellogg, S. H. 104
Kenntner, K. 105
King, W. L. 105, 146
Kohler, W. 131
Küng, H. 130, 158, 163

Lamotte, E. 103
Lassalle-Enomiya, H. 105
Laube, J. 108
Lenel, C. 108
Lévis, S. 103
Lillie, A. 104
Lloyd, A. 116
Lubac, H. de 105, 108
Luther, M. 2, 105, 107, 140

Masutani, F. 105
May, J. 103, 105
Mensching, G. 3, 105, 107
Merton, Th. 105
Mineshima, H. 105
Mokurai 110
Morgan, R. 106
Müller, M. 110

Nakamura, H. 23, 143
Neumann, K. E. 105
Nietzsche, F. 105
Nishitani, K. 18, 105, 145
Nyānatiloka, M. 103

Obermiller, E. 103
Okochi, R. 107
Oldenberg, H. 103
Otte, K. 108

Otto, R. 105

Panikkar, R. 106
Pieris, A. 106
Pischel, R. 103
Plotin 105
Pye, M. 106

Rahner, K. 105, 159
Ratzinger, J. 147
Regamey, C. 103
Reischauer, A. 116, 122
Rhys Davids, T. W. 103
Rosenberg, O. 103

Sasaki, G. 110
Schlingloff, D. 103
Schmidt, K. 103
Schomerus, H. W. 105
Schopenhauer, A. 105
Schweitzer, A. 105
Seidenstücker, K. 103
Seydel, R. 104
Shimizu, M. 108
Smart, N. 106
Spae, J. J. 105, 108
Stcherbatsky, Th. 103
Streeter, B. H. 105
Suzuki, D. T. 5f, 17, 88, 105, 110

Thomas v. Aquin 2
Thomas, E. J. 104
Tiele, C. P.-Söderblom, N. 125
Tillich, P. 105
Tokugawa, Ieyasu 103

Ueda, Sh. 105, 156

Vallee Poussin, de la L. 103
Van den Berg v. Eysinga, G. A. 104

Waldenfels, H. 105, 132, 144, 146, 158f, 163
Waldschmidt, H. 103
Walleser, M. 103
Wecker, O. 105
Weinrich, F. 105
Weizsäcker, C. F. von 105
Whitehead, A. N. 105
Windisch, E. 103